高等院校会计学专业应用型人才培养系列教材

基础会计

范 抒 隋志纯 曾 婷 主 编

李争艳 关玉红 郑新娜 赵 伟 副主编

清华大学出版社

北 京

内 容 简 介

本书依据新修订的企业会计准则、《会计基础工作规范》《中华人民共和国会计法》等法规制度,系统地阐述了会计的基本理论、基本方法和基本操作技术,培养学生的会计理念和职业思维,为后续专业课程的学习奠定基础。本书从会计的基本含义入手,阐述了会计的历史、职能、特征、对象、会计核算的基本前提和一般原则,重点介绍了设置会计科目与账户、借贷记账法原理、会计凭证和账簿、制造业企业主要经济业务的核算和财务会计报告等主要内容。为了方便教师教学和学生学习,每章末配有复习思考题和业务题,以强化学生对理论知识的理解和把握。本书可作为高等院校会计学专业和其他经济管理类专业的学生教材,也可作为企业财会人员及各类管理人员的培训教材和参考书。

图书在版编目(CIP)数据

基础会计/范抒,隋志纯,曾婷主编 .—北京:清华大学出版社,2021.8
高等院校会计学专业应用型人才培养系列教材
ISBN 978-7-302-58259-5

Ⅰ. ①基… Ⅱ. ①范… ②隋… ③曾… Ⅲ. ①会计学-高等学校-教材 Ⅳ. ①F230

中国版本图书馆 CIP 数据核字(2021)第 105739 号

责任编辑:左卫霞
封面设计:傅瑞学
责任校对:袁　芳
责任印制:刘海龙

出版发行:清华大学出版社
　　　　网　　　址:http://www.tup.com.cn, http://www.wqbook.com
　　　　地　　　址:北京清华大学学研大厦 A 座　　　　邮　　编:100084
　　　　社 总 机:010-62770175　　　　邮　　购:010-62786544
　　　　投稿与读者服务:010-62776969,c-service@tup.tsinghua.edu.cn
　　　　质量反馈:010-62772015,zhiliang@tup.tsinghua.edu.cn
　　　　课件下载:http://www.tup.com.cn,010-83470410
印 装 者:三河市科茂嘉荣印务有限公司
经　　销:全国新华书店
开　　本:185mm×260mm　　　　印　　张:19.25　　　　字　　数:466 千字
版　　次:2021 年 8 月第 1 版　　　　印　　次:2021 年 8 月第 1 次印刷
定　　价:58.00 元

产品编号:085444-01

PREFACE

前　言

高等院校会计学专业应用型人才培养系列教材

　　基础会计是会计学专业入门的必修课程,同时也是经济管理类专业的专业基础课程,为今后学习专业会计和有关管理课程提供了必要的理论基础。经济越发展,会计越重要,在现代社会,不懂会计知识、不善于利用会计信息的人,是很难从事经济管理工作的。基础会计作为会计专业的入门课程,对初学者来说,具有一定的难度。本书以会计核算方法为主要内容,即以凭证、账簿和会计报表为核心,对会计的基础理论、基本知识和基本操作技术进行阐述,具体特色如下。

　　(1)新颖性。本书以财政部新修订的企业会计准则为依据,并且吸收了近年来的财会教学研究成果,着重体现新会计准则精神,将新会计准则中涉及的基本理论和理念变化融入相关章节。

　　(2)宽泛性。本书不仅适用于普通高校会计学专业,而且适用于经济、管理类各专业基础会计课程,内容上更加注重体系的完整和知识的饱满,能够为学生后续的专业学习和未来职业奠定专业基础。

　　(3)实践性。为了帮助学生掌握会计基本理论、基本方法和基本技能,增强感性认识,本书设置了复习思考题及业务题,学生可以全面系统地理解会计基本知识,处理一些常见的企业经济业务,提高分析问题和解决问题的能力。

　　本书由长期从事会计专业教学和研究的专家、教授共同编写完成。本书在编写过程中参考或借鉴了业内专家、学者的教材,并得到了沈阳理工大学、沈阳工学院等高校领导和教师的大力支持和帮助。本书由范抒、隋志纯、曾婷担任主编,李争艳、关玉红、郑新娜、赵伟担任副主编。各章的撰写分工如下:第一章、第八章由曾婷、李争艳编写,第二章、第九章由刘胜英编写,第三章、第五章由陈园编写,第四章、第十章由薛启芳编写,第六章由范抒、隋志纯编写,第七章、第十二章由关玉红编写,第十一章由赵伟、郑新娜编写。范抒负责全书的总纂、修改与定稿。

　　本书无论在内容上还是在体例上,都做了新的尝试,但由于编者水平有限,加之会计理论与实务均处于不断的发展过程当中,仍有许多问题等待我们去探索和解决,恳请各位专家、同行和读者批评、指正书中的不足之处。

编　者

2021 年 1 月

目 录

CONTENTS

高等院校会计学专业应用型人才培养系列教材

第一章

总 论

◆ **学习目标** ▊▊▊▊▊▊▊▊▊▊

　　通过本章的学习,学生应了解会计产生和发展的历史;掌握会计的概念、会计的职能、会计目标、会计核算方法等相关知识;充分认识会计核算方法以及它们之间的关系。

第一节　会计的产生与发展

　　在原始社会末期,随着生产力的发展,人们需要对剩余产品的分配、储备及消费进行记录、计算,由于没有文字,于是就创造"结绳记事""绘图记事""刻木求事"等原始会计行为,来进行简单的记录、计算活动。人类要生存,社会要发展,就要进行物质资料的生产。生产活动一方面创造物质财富,另一方面要发生劳动耗费,包括人力和物力的耗费。人们进行生产活动时,总是力求以尽可能少的劳动耗费,取得尽可能多的劳动成果。因此,就必须在不断改革生产技术的同时,采用一定的方法对劳动耗费和劳动成果进行记录、计算,并加以比较和分析,这就产生了会计。

一、我国会计的产生和发展

　　在我国历史上,把"会计"两个字加以连用,作为一个独立的概念,最早见之于史书《周礼》。据《周礼》记载,早在西周时期,周王朝就设立了"司会"官职,专门掌管政府的钱粮收支。当时把每个月的零星计算称为"计",把年终的总和计算称为"会"。司会"以一岁之会计,考当岁之成事文书",即根据当年的会计记录考核当年的钱粮收支情况。这时的会计主要是对国库钱粮收支进行记录和计算,也包含考核的意思。

　　在宋朝出现了"四柱清册"的记账方法。所谓"四柱",是指把账簿分成"旧管(期初结存)""新收(本期增加)""开除(本期减少)""实在(期末结存)"四个部分,其关系是:旧管+新收-开除=实在。四柱清册法奠定了中式簿记的理论基础,把中式簿记提高到一个较高的层次。

到了明朝末年和清朝，我国民间商业企业采用了"龙门账"，将经济业务分为"进（收入）""缴（费用）""存（资产）""该（负债及业主权益）"四大类，其关系是：进—缴＝存—该，作为试算平衡公式，当该公式相等时称为合龙门。

清朝后期又创立了"天地合账"，对每一笔经济业务都从"来源"和"去向"两个方面登记，以全面反映经济业务的内容和来龙去脉。"天地合账"属于中式复式记账法，这种方法在我国一直沿用到20世纪上半叶。

20世纪初期，借贷记账法从日本传入我国，主要用于官僚买办企业和大型民族工商业，大量的中小型企业都采用传统的中式簿记。

新中国成立后，我国沿用了苏联计划经济模式下的会计核算体系，与西方经济发达国家的会计理论和方法有很大差异，影响了我国的改革开放和对外交流，不适应发展社会主义市场经济的要求。因此，从1992年起我国进行了全面的会计改革，颁布了企业会计准则、企业财务通则，以及分行业的企业会计制度和财务制度，简称两则两制，自1993年7月1日起实施。此后，一直在陆续制定和颁布具体会计准则，并对分行业的会计制度进行了统一。2000年颁布了全国统一的《企业会计制度》。2002年颁布了《金融企业会计制度》。2004年颁布了《小企业会计制度》。2006年2月，财政部修订和颁布了《企业会计准则——基本准则》和38个具体会计准则，使之更符合我国经济体制改革的需要。2014年修订部分企业会计准则，包括《企业会计准则第9号——职工薪酬》《企业会计准则第30号——财务报表列报》《企业会计准则第33号——合并财务报表》《企业会计准则第2号——长期股权投资》。新增会计准则《企业会计准则第39号——公允价值计量》《企业会计准则第40号——合营安排》《企业会计准则第41号——在其他主体中权益的披露》，进一步保持了中国企业会计准则与国际财务报告准则的持续趋同。

2017年企业会计准则又迎来了一次重大的变化，印发修订了《企业会计准则第16号——政府补助》《企业会计准则第22号——金融工具确认和计量》《企业会计准则第23号——金融资产转移》《企业会计准则第24号——套期保值》《企业会计准则第37号——金融工具列报》《企业会计准则第42号——持有待售的非流动资产、处置组和终止经营》。2017年10月24日，财政部印发了《政府会计制度——行政事业单位会计科目和报表》（财会〔2017〕25号），自2019年1月1日起施行。财政部2017年12月25日印发了对一般企业财务报表格式的修订通知。财政部和国家档案局联合发布的新《会计档案管理办法》，自2016年1月1日起施行。财政部和国家税务总局发布《关于调整增值税税率的通知》，自2018年5月1日起执行。

这一系列改革，使我国会计理论和实务获得了前所未有的发展，走上与国际会计惯例趋同的道路，使会计真正成为世界通用的商业语言。

二、外国会计的产生和发展

根据史料，世界上一些著名的文明古国，如巴比伦、埃及、希腊、罗马、印度等，都有类似于会计的记录或会计管制与会计活动的记载。据马克思考证，在"原始的规模小的印度公社"里，已经有了"一个记账员，登记农业账目，登记和记录与此有关的一切事项"。

　　到了 12 世纪,随着地中海地区海上贸易的发展,促进了地中海沿岸城市的经济繁荣,意大利的佛罗伦萨、威尼斯等城市成为当时的商业中心和金融中心,为适应这种新的经济环境,一种新的记账方法——借贷记账法应运而生。借贷记账法在意大利得到广泛的应用,又很快流传到欧洲各国,经过不断改进和完善,到 15 世纪时便形成了一套比较科学完备的记账方法。意大利数学家卢卡·帕乔利在 1494 年所著的《算术、几何、比及比例概要》(又译为《数学大全》)一书中对借贷记账法作了详细系统的介绍,该书对借贷记账法的广泛传播起了重要作用,使借贷记账法成为世界上绝大多数国家所采用的记账方法。借贷记账法的出现是近代会计发展的重要标志,它以企业会计为主体,主要用于反映企业经济业务所引起的财务收支活动,计算企业盈亏。

　　18 世纪以后,英国的工业革命促进了社会生产力的飞速发展,企业之间的竞争日益激烈,为了提高产品价格上的竞争力,企业必须加强对劳动耗费的控制,降低产品成本,于是出现了以计算和控制产品成本为目标的成本会计。同时,生产规模的扩大和所需投资的增加,使企业组织形式发生了重大变革,出现了股份公司制,使企业的经营权和所有权相分离。股东和债权人主要通过企业会计报表来了解企业的财务状况和经营成果,要求由独立的第三方对企业的会计资料进行审查验证,以确保会计报表的客观性和公正性,于是出现了专门以查账为职业的会计师。1853 年,在英国的苏格兰出现了世界上第一个特许会计师协会——英国的爱丁堡会计师公会。从此,会计的服务对象从记账、算账、报账扩展到审查验证会计报表。

　　20 世纪以后,美国经济迅速崛起,使之取代欧洲成为世界上会计的发展中心,许多现代会计理论和方法均产生和发展于美国。第二次世界大战后,特别是 20 世纪 50 年代以后,以美国为首的资本主义国家科学技术和经济飞速发展,各垄断集团之间的竞争加剧,迫使企业加强内部管理,重视经济预测和决策,于是出现了专门为企业内部管理服务的管理会计。管理会计逐渐从传统会计中分离出来,成为与财务会计并列的独立工作,并形成独立学科,现代会计形成了财务会计和管理会计两大领域。管理会计的出现被誉为会计发展史上的里程碑。管理会计在进行预测和决策时要应用运筹学、概率与数理统计、线性规划等知识,从而使高等数学和电子计算机进入会计领域,并带动传统的财务会计核算由手工操作发展到电算化,使会计核算方法有了飞跃。美国在第二次世界大战后大量对外输出资本,开办跨国公司。跨国公司的出现带来了一系列新的会计核算问题,包括会计准则的国际协调、外币折算、合并会计报表的编制等,出现了国际会计。经历两次世界大战,美国成为世界头号经济强国。美国会计取代英国会计成为世界会计的领头羊。1929—1933 年世界经济大危机后,美国迅速颁布《证券法》和《证券交易法》,从而确立了会计与审计在资本证券市场中的法律地位。为了使会计工作规范化,提高会计报表的真实性和可比性,美、英、德、法等西方各国先后研究和制定了会计与审计准则,进一步把会计理论和方法推上一个新的水平。20 世纪 50 年代以后,由于信息论、控制论、系统论、行为科学、现代数学等引入会计,丰富了会计学的内容,管理会计随之出现。由于电子计算机引进会计领域,使会计信息的搜集、分类、处理、反馈等操作程序摆脱了手工操作,实现了自动化、电子化。近年来,由于电子技术和高等数学在会计工作中的广泛应用,会计学正在向交叉学科的方向发展。

　　到了 20 世纪 70 年代,以美国为首的资本主义国家发生恶性通货膨胀,由此出现了通货膨胀会计。随着知识经济的到来,西方会计学者开始研究人力资源会计,随着人类对环境的重视,又有研究核算和监督环境问题的环境会计。

总之,经济越发展,会计越重要。会计是以货币作为主要的计量单位,运用一系列专门方法,对企事业单位经济活动进行连续、系统、全面和综合的核算和监督,并在此基础上对经济活动进行分析、预测和控制,以提高经济效益的一种管理活动。

第二节 会计的概念

什么是会计?会计的内涵是什么?古今中外却一直没有一个明确、统一的说法。究其原因在于人们对会计本质的认识存在着不同的看法,而不同的会计本质观对应着不同的会计含义。关于会计含义目前国内外的观点很多,具有代表性的观点有"会计信息系统论"和"会计管理活动论"。

一、会计信息系统论

会计信息系统是指在企业或其他组织范围内,旨在反映和控制企业或组织的各种经济活动,而由若干具有内在联系的程序、方法和技术所组成,由会计人员加以管理,用以处理经济数据、提供财务信息和其他有关经济信息的有机整体,即会计是一个经济信息系统。

会计信息系统论的思想最早起源于美国会计学家 A. C. 利特尔顿。他在 1953 年出版的《会计理论结构》一书中指出:"会计是一种特殊门类的信息服务。""会计的显著目的在于对一个企业的经济活动提供某种有意义的信息。"20 世纪 60 年代后期,随着信息论、系统论和控制论的发展,美国的会计学界和会计职业界开始倾向于将会计的本质定义为会计信息系统。20 世纪 70 年代以来,将会计定义为"一个经济信息系统"的观点在许多会计著作中流行。如 S. 戴维森在其主编的《现代会计手册》一书的序言中写道:"会计是一个信息系统。它旨在向利害攸关的各个方面传输一家企业或其他个体的富有意义的经济信息。"此外,在斐莱和穆勒氏《会计原理——导论》、凯索和威基恩特合著的《中级会计学》等著作中也都有类似的论述。

我国较早接受会计是一个信息系统的观点的会计学家是余绪缨教授。他于 1980 年在《要从发展的观点看会计学的科学属性》一文中首先提出了这一观点。我国会计界对"信息系统论"具有代表性的提法是由葛家澍教授、唐予华教授于 1983 年提出的。他们认为:"会计是为提高企业和各单位的经济效益,加强经济管理而建立的一个以提供财务信息为主的经济信息系统。"

二、会计管理活动论

会计管理活动论认为会计的本质是一种经济管理活动。它继承了会计管理工具论的合理内核,吸收了最新的管理科学思想,从而成为在当前国际国内会计学界极具影响的观点。

将会计作为一种管理活动并使用"会计管理"这一概念在西方管理理论学派中早已存

在。"古典管理理论"学派的代表人物法约尔把会计活动列为经营的六种职能活动之一；美国人卢瑟·古利克则把会计管理列为管理化功能之一；20 世纪 60 年代后，出现的"管理经济会计学派"则认为进行经济分析和建立管理会计制度就是管理。

我国最早提出会计管理活动论的当属杨纪琬教授、阎达五教授。1980 年在中国会计学会成立大会上，他们做了题为"开展我国会计理论研究的几点意见——兼论会计学的科学属性"的报告，指出：无论从理论上还是从实践上来看，会计不仅是管理经济的工具，它本身就具有管理的职能，是人们从事管理的一种活动。

之后，杨纪琬教授、阎达五教授对会计的本质又进行了深入探讨，逐渐形成了较为系统的"会计管理活动论"。杨纪琬教授指出，"会计管理"的概念是建立在"会计是一种管理活动，是一项经济管理工作"的基础上。"会计"和"会计管理"是同一概念，"会计管理"是"会计"这一概念的深化，反映了会计工作的本质属性。

阎达五教授认为，会计作为经济管理的组成部分，它的核算和监督内容以及应达到的目的受不同社会制度的制约，"会计管理这个概念绝不是少数人杜撰出来的，它有充分的理论和实践依据，是会计工作发展的必然产物"。

我们认为"会计管理活动论"的观点代表了我国会计改革的思路与方向，是对会计本质问题的科学论断，我们倾向于选择"会计管理活动论"。在"会计管理活动论"前提下，完全有理由认为会计是经济管理的重要组成部分，是以提供经济信息、提高经济效益为目的的一种管理活动。它以货币为主要计量单位，采用一系列专门的程序和方法，反映和监督社会再生产过程中的资金运动。

综上所述，会计是以货币为主要计量单位，采用专门方法和程序，对企事业、机关单位或其他经济组织的经济活动进行连续、系统、全面的反映和监督，以提供经济信息和反映受托责任履行情况为主要目的的一项经济管理活动。

第三节　会计职能与会计目标

一、会计的职能

会计职能就是会计内在的固有的功能，是会计工作本质的体现，会随社会经济等环境变化而变化。会计职能是客观存在的，会计的职能就是会计在经济管理中所具有的最基本功能，即会计能干什么、有什么用，是会计工作本质的体现。会计职能包括基本职能和其他职能。

由于会计本质是由生产发展特别是商品经济对信息的客观需求所决定的，会计的基本职能具有客观性和相对稳定性。

（一）会计的基本职能

《中华人民共和国会计法》（以下简称《会计法》）第五条规定："会计机构、会计人员依照本法规定进行会计核算，实行会计监督。"会计的基本职能分为核算职能和监督职能。

1. 会计核算职能

会计核算是会计的首要职能,也是全部会计管理工作的基础。会计核算职能是指以货币为主要计量单位,从价值方面对已经发生的经济事项进行连续、系统、全面、综合的计量、记录、计算和汇总,并经过加工整理后,提供管理所需要的各种会计信息。会计的核算职能具有以下三个特点。

(1)会计核算是对企业实际发生的经济业务进行核算。在办理各项手续,取得原始凭证的基础上,对企业发生的资金收付,财务的增减、使用,债权债务的发生和结算,收入、成本、费用、利润的形成和分配等进行核算。会计不仅要核算过去,而且要控制现在、预测未来,为管理部门进行经济决策提供依据。

(2)会计核算资料具有全面性、系统性和连续性的特点。全面性是指会计对所有的经济活动都要进行确认、计量、记录和报告,不得遗漏;系统性是指要采用科学的会计核算方法,对会计信息进行加工处理,保证所提供的会计数据资料成为一个有序的、整体的会计信息系统;连续性是指对经济活动的核算要按其发生的时间顺序进行。

(3)会计主要采用货币量度,辅之以实物量度和劳动量度,核算各单位的经济活动,为经济管理提供数据资料。实物量和劳动度量主要用于内部管理和考核,货币计量信息主要用于会计信息的传递与沟通。

现代会计的核算职能有了新发展,不仅有事后核算,还包括事前核算和事中核算。事前核算是对将要发生的但尚未发生的未来经济事项进行反映,也是编制财务计划的过程。事中核算是对正在进行的经济事项进行反映,也是实施会计控制的过程。

2. 会计监督职能

会计监督职能是指以国家财经政策、法规、制度及内部会计控制规范等为依据,对特定主体经济活动和相关会计核算的真实性、合法性和合理性进行审查。会计监督是在会计核算的基础上进行的,会计监督的特点如下。

(1)会计监督是对会计核算的恰当性和准确性进行监督。企业经营业务发生后,需要选用适当的会计准则,采用符合企业特点的方法,按照会计程序进行核算。会计主要利用货币量指标进行监督,考核经济活动效果。

(2)会计监督是对交易的合法性和合理性进行监督。合法性依据的是国家颁布的法令、法规、财经纪律等,防止企业从事不合法的经营活动和财务活动,出具虚假的财务信息;合理性依据的是客观经济规律及经营管理方面的要求。根据这些依据审查会计资料,可以保证会计信息质量和经济活动的合法性与合理性。

(3)会计监督贯穿于企业经济活动的始终,包括事前监督、事中监督和事后监督。事前监督是指在经济活动开始前,审查经济方案的可行性;事中监督是指对正在进行的经济活动进行审查,纠正其偏差,使之按照预定的目标和要求进行。事后监督是指利用会计数据对已完成的经济活动进行分析和评价,以便以后改进工作。

会计的核算职能和监督职能是密切联系、相辅相成的。核算是监督的基础,没有核算所提供的各种信息,监督也失去了依据,而监督是为了保证核算更真实完整,只有把两个职能结合起来,才能充分发挥会计在经济管理中的作用。

（二）会计的其他职能

由于会计在现代社会中的作用日渐突出，会计的职能也得到了不断的发展与完善。在基本职能的基础上又派生出其他的职能，主要包括预测经济前景、参与经济决策、评价经营业绩。

1. 预测经济前景

预测经济前景的职能是指根据财务会计报告等信息，定量或者定性地判断和推测经济活动的发展变化规律，以指导和调节经济活动，提高经济效益。

2. 参与经济决策

参与经济决策是指根据财务会计报告等信息，运用定量分析和定性分析方法，对备选方案进行经济可行性分析，为企业生产经营管理提供与决策相关的信息。

3. 评价经营业绩

评价经营业绩是指利用财务会计报告等信息，采用适当的方法，对企业一定经营期间的资产运营、经济效益等经营成果，对照相应的评价标准，进行定量及定性对比分析，作出真实、客观、公正的综合评判。

二、会计的目标

（一）会计目标的含义

会计目标是在一定的会计环境下，人们期望通过会计活动所要达到的境地或结果。会计目标取决于相关的会计环境，尤其是相关会计环境中会计信息使用者的特征。一般来说，有什么样的会计环境，就有什么样的会计信息使用者，也就有什么样的会计目标。由于随着会计环境的不断变化，加之会计信息使用者所服务的对象类别众多，如政府、投资人、银行、证券机构、职业经理、董事会、税务机关等，而各类使用者各有其不同的信息需要，提供特定目的财务报告，满足其管理、决策的需要，才能达到会计目标的要求。

会计目标的含义包括两个方面：一是企业会计的终极目标（企业目标），即优化企业资源配置，实现企业价值最大化；二是企业会计的直接目标，即为信息使用者提供对其经济决策有用的信息。从会计学及其研究来看，企业会计的直接目标是分析和阐述其他会计问题的起点。

20 世纪 70 年代初期，美国注册会计师协会还专门成立了"特鲁布拉德（Trueblood）研究小组"开展"财务报表的目标"研究。在美国会计中，市场导向意识促使早期的会计学者将研究重心移至会计信息的使用者及其需要（包括向谁提供信息、为何提供信息、提供什么信息、如何提供信息等问题），因而使得会计研究表现出明显的"目标导向"特征。由于在会计实务中服务于信息使用者决策需要的会计信息主要是通过"财务报表"来提供的，因此，会计目标也被广泛地称为"财务报表目标"。

国际会计准则委员会（International Accounting Standards Committee，IASC，在 2000 年进行全面重组并于 2001 年年初改为国际会计准则理事会，International Accounting Standards

Board，IASB)在 1989 年发布的《编报财务报表的框架》中认为，"财务报表的目标是提供在经济决策中有助于一系列使用者的关于企业财务状况、经营业绩和财务状况变动的信息，还反映企业管理层对交付给它的资源的经营成果或受托责任。"

我国《企业会计准则——基本准则》中所界定的会计目标是"向财务会计报告使用者提供与企业财务状况、经营成果和现金流量等有关的会计信息，反映企业管理层受托责任履行情况，有助于财务会计报告使用者做出经济决策"。

会计目标指明了会计实践活动的目的和方向，同时也明确了会计在经济管理活动中的使命，成为会计发展的导向。制定科学的会计目标，对于把握会计发展的趋势，确定会计未来发展的步骤和措施，调动和借助会计工作者的积极性和创造性，促使会计工作规范化、标准化、系统化，更好地为社会主义市场经济服务等都具有重要的作用。

（二）会计目标的两种学术观点

1. 决策有用观

这种观点的学者认为，财务会计的目标就是提供对信息使用者作出决策有用的信息，主要包括两方面内容：①关于企业现金流量的信息；②关于经济业绩及资源变动的信息。决策有用观适用的经济环境是所有权与经营权分离，并且资源的分配是通过资本市场进行的，也就是说，委托方与受托方的关系不是直接建立起来的，而是通过资本市场建立的，这导致了委托方与受托方关系的模糊。

2. 受托责任观

受托责任的含义可以从三个方面来理解：①资源的受托方接受委托，管理委托方所交付的资源，受托方承担有效的管理与应用受托资源，并使其保值增值的责任；②资源的受托方承担如实地向委托方报告受托责任履行过程及其结果的义务；③资源受托方的管理当局负有重要的社会责任，如保持企业所处社区的良好环境、培养人力资源等。由此可见，受托责任产生的原因在于所有权与经营权的分离，而且必须有明确的委托受托关系存在。委托方与受托方中任何一方的模糊或缺位，都将影响受托责任的履行，因此，要求委托方和受托方处在直接接触的位置上。

我国会计目标的定位应为受托责任观与决策有用观的融合，即会计一方面要反映企业的受托责任，另一方面又要满足财务报告信息使用者的决策需要。因此，我国《企业会计准则——基本准则》将会计目标确立为：向财务会计报告使用者提供与企业财务状况、经营成果和现金流量等有关的会计信息，反映企业管理层受托责任履行情况，有助于财务会计报告使用者作出经济决策。

上述不同会计准则制定机构对会计目标的界定具有一致性，即认为会计的目标首先应该是"提供对决策有用的信息"。理论上将基于会计是一个信息系统而把会计目标定位于向使用者提供对其决策有用的信息的观点称为会计目标的"决策有用观"；将基于委托—代理关系而把会计目标定位于资源受托者向资源委托者解释、说明其受托责任履行情况的观点称为会计目标的受托责任观。国际会计准则委员会和我国《企业会计准则——基本准则》所确立的会计目标兼顾了"决策有用观"和"受托责任观"。

总之,会计目标是要求会计工作完成的任务或达到的标准,即向财务报告使用者提供与企业财务状况、经营成果和现金流量等有关的会计信息,反映企业管理层受托责任履行情况,有助于财务报告使用者作出经济决策。

三、会计学及其学科体系

会计在漫长的历史发展过程中,将逐渐积累的实践经验从感性认识上升到理性认识,使之具有条理性、综合性并上升为理论,为会计实践服务,就成为会计学。会计学是研究会计发展规律的一门科学,是关于人们如何从事会计这一实践活动的知识体系。它研究的对象涉及会计的一切方面,如会计史,会计的本质、对象、职能、方法、程序、制度、组织和原则。它被用于指导人们不断地提高会计工作质量,改善经营管理,提高经济效益。

会计学是管理科学的一个分支,属于应用管理学,会计学研究的对象是全部会计工作,既包括会计理论研究工作,又包括会计实践工作。随着会计学研究领域的不断扩展,会计学分化出许多分支,每一个分支也都形成了一个学科。如按会计学研究的内容划分,其分支有基础会计学、财务会计学、高级财务会计学、管理会计学、成本会计学、会计史学等;按会计主体来划分,其分支有宏观会计学和微观会计学。宏观会计学包括总预算会计、社会会计、国际会计等,微观会计学包括企业会计、非营利组织会计等。这些学科相互促进、相互补充,构成了一个完整的会计学科体系。

第四节 会计方法体系

一、会计的方法

会计的方法是用来核算和监督会计内容、完成会计任务的手段。会计的方法是从会计实践中总结出来的,并随着社会实践发展、科学技术的进步以及管理要求的提高而不断地发展和完善。会计方法是用来反映和监督会计对象的,由于会计对象多种多样,错综复杂,从而决定了预测、反映、监督、检查和分析会计对象的手段不是单一的方法,而是由一个方法体系构成。随着会计职能的扩展和管理要求的提高,这个方法体系也将不断地发展和完善。

会计方法主要是用来反映会计对象的,而会计对象是资金运动,资金运动是一个动态过程,它是由各个具体的经济活动来体现的。会计为了反映资金运动过程,使其按照人们预期的目标运行,必须首先具备提供已经发生或已经完成经济活动(历史会计信息)的方法体系;会计要利用经济活动的历史信息会计的方法体系;会计要利用经济活动的历史信息预测未来,分析和检查过去,因而,会计还要具备反映预计发生的经济活动情况(未来会计信息)的方法体系;为了检查、保证历史信息和未来信息的质量,并对检查结果作出评价,会计还必须具备检查的方法体系。人们把评价历史信息的方法归结为会计分析的方法。因此,会计对经济活动的管理是通过会计核算方法、会计分析方法以及会计检查方法等来进行的。

会计核算方法是对各单位已经发生的经济活动进行连续、系统、完整的反映和监督所应用的方法。

会计分析方法主要是利用会计核算的资料,考核并说明各单位经济活动的效果,在分析过去的基础上,提出指导未来经济活动的计划、预算和备选方案,并对它们的报告结果进行分析和评价。

会计检查方法也称审计,主要是检查各单位的经济活动是否合理、合法,会计核算资料是否真实、正确,根据会计核算资料编制的未来时期的计划、预算是否可行、有效等。

上述各种会计方法紧密联系,相互依存,相辅相成,形成了一个完整的会计方法体系。其中,会计核算方法是基础,会计分析方法是会计核算方法的继续和发展,会计检查方法是会计核算方法和会计分析方法的保证。它们既相互联系,又有相对的独立性。它们所应用的具体方法各不相同,并有各自的工作和研究对象,形成了较独立的学科。通常所说的会计方法,一般是指狭义的会计方法,即会计核算的方法。本节主要阐述会计核算方法,会计分析方法、会计检查方法以及其他会计方法将在后面章节中分别加以介绍。

二、会计核算方法

会计核算方法是指会计对企事业单位已经发生的经济活动进行连续、系统和全面的反映和监督所采用的方法。会计核算方法是反映和监督会计对象的,会计对象的多样性和复杂性决定了会计核算不能采用单一的方法,而应该采用方法体系的模式,因此,会计核算方法由设置账户、复式记账、填制和审核凭证、登记账簿、成本计算、财产清查和编制财务报告等七种方法构成。这七种方法构成了一个完整的、科学的方法体系。

1. 设置账户

设置账户是将会计对象的具体内容分门别类地进行记录、反映的工具,是会计要素的详细划分,是记录不同的会计信息资料的一种专门方法。设置账户就是根据国家统一规定的会计科目和经济管理的要求,科学地建立账户体系的过程。每个会计账户只能反映一定的经济内容,将会计对象的具体内容划分为若干项目,即为会计科目,据此设置若干个会计账户,就可以使所设置的账户既有分工又有联系地反映整个会计对象的内容,提供管理所需要的各种信息,会计核算和监督的内容是多种多样的,如财产物资就有各种存在的形态,厂房建筑物、机器设备、各种材料、半成品等,它们在生产中各有作用,管理的要求也有所不同,为了对各自不同的内容分别进行反映和记录,会计上必须设置一系列的账户。一个账户通常表示会计内容的某一方面,或表示某一会计要素的某一侧面,以便取得不同的会计信息。如"原材料""库存商品"账户就记录了资产要素的一部分会计信息。

2. 复式记账

复式记账就是对每笔经济业务都以相等的金额在相互关联的两个或两个以上有关账户中进行登记的一种专门方法。它对每项经济业务都必须以相等的金额,在相互关联的两个或两个以上账户中进行登记,使每项经济业务所涉及的两个或两个以上的账户之间产生对应关系;同时,在对应账户中所记录的金额又平行相等;复式记账可以相互联系地反映经济业务的全貌,也便于检查账簿记录是否正确。在现实生活中,任何一项经济业务的发生都有其来龙去脉。例如企业用银行存款 2 000 元购买材料,这笔经济业务,一方面要在"原材料"

账户中记增加 2 000 元；另一方面又要在"银行存款"账户中记减少 2 000 元。"原材料"账户和"银行存款"账户相互联系地分别记入 2 000 元。这样既可以了解这笔经济业务的具体内容，又可以反映该项经济活动的来龙去脉，完整、系统地记录资金运动的过程和结果，还便于试算平衡，核对账簿记录是否正确。

3. 填制和审核凭证

填制和审核凭证是为了保证会计记录的真实可靠，审查经济业务是否合理合法而采用的一种专门方法。会计凭证是记录经济业务事项发生或完成、明确经济责任的书面文件，是登记账簿的重要依据。经济业务是否发生、执行和完成，关键看是否取得或填制了会计凭证。取得或填制了会计凭证，就证明该项经济业务已经发生或完成。对已经完成的经济业务还要经过会计部门、会计人员的严格审核，在保证符合有关法律、制度、规定而又正确无误的情况下，才能据以登记账簿。会计凭证分为原始凭证和记账凭证。

4. 登记账簿

会计账簿是指由具有一定的格式、相互联结的账页组成的簿籍，会计账簿包括日记账、总分类账、明细分类账和备查账簿。登记账簿就是根据审核无误的会计凭证，用复式记账的方法，将经济业务的内容连续系统地记录在账页上的一种专门方法。账簿具有一定的结构、格式，应该根据审核无误的会计凭证序时、分类地进行登记。在账簿中应该开设相应的账户，把所有的经济业务记入账簿中的账户后，应定期计算和累计各项核算指标，并定期结账和对账，使账证之间、账账之间、账实之间保持一致。通过登记账簿就能将分散的经济业务进行汇总，连续系统地提供每一类经济活动的完整的资料，了解经济活动发展变化的全过程。账簿所提供的各种信息是编制会计报表的主要依据。

5. 成本计算

成本计算是指归集一定计算对象上的全部费用，借以确定各该对象的总成本和单位成本的一种专门方法。如产品制造企业生产经营各个阶段都会有各项费用发生或支付，供应过程采购材料需要支付材料采购的费用；生产过程为生产各种产品需要发生材料消耗，支付工资和其他费用。为了考核各个阶段费用支出的多少和成本水平的高低，必须分别按照材料采购品种、数量，生产产品的品种、数量，归集费用，计算其总成本和单位数量所应负担的费用，即单位成本。正确计算成本是会计核算的一项基本工作，直接关系到对企业资产的管理和盈亏的计算，并通过不同时期的成本对比，寻求降低成本、提高经济效益的方法。

6. 财产清查

财产清查就是通过盘点实物、核对账目来查明各项财产物资、应收款项和货币资金的实有数，并查明实有数与账存数是否相符的一种专门方法。在日常会计核算过程中，为了保证会计信息真实正确，必须定期或不定期地对各项财产物资、货币资金和往来款项进行清查、盘点和核对。在清查中，如果发现账实不符，应查明原因，调整账簿记录，使账存数额同实存数额保持一致，做到账实相符。通过财产清查，还可以查明各项财产物资的保管和使用情况，以便采取措施挖掘物资潜力和加速资金周转。总之，财产清查对于保证会计核算资料的正确性和监督财产的安全与合理使用都具有重要的作用。

7. 编制财务报告

财务报告是指企业对外提供的反映企业某一特定日期财务状况和某一会计期间经营成果、现金流量的文件。编制财务报告是对日常会计核算资料的总结,就是将账簿记录的内容定期地加以分类、整理和汇总,形成会计信息使用者所需要的各种指标,再报送给会计信息使用者,以便据此进行决策。财务会计报告所提供的一系列核算指标,是考核和分析财务计划、预算执行情况以及编制下期财务计划和预算的重要依据,同时,基层单位会计报表逐级汇总后,又可以为国家综合平衡提供依据。编制完成财务会计报告,就意味着这一期间会计核算工作的结束。

以上会计核算的各种专门方法相互联系、紧密配合,形成了一个完整的方法体系。其中,填制和审核凭证、登记账簿是记账过程,填制和审核凭证是会计核算的最初环节,登记账簿是会计核算的中心环节;成本计算是算账过程,是对初级会计信息资料的再加工过程;会计报表是报账过程,是会计核算的最终环节。记账、算账、报账一般都是按照一定的程序进行的。首先在账簿中按照一定的分类设置若干不同的账户,每一账户表示某一类经济业务;然后运用复式记账方法将经过审核无误的会计凭证中的经济业务内容分别记录在账簿中的不同账户上;再通过成本计算将记录在账簿中的初级信息资料加工之后再登记在账簿中,这是会计信息加工再储存的过程;期末经过财产清查后,确认账簿记录正确,符合实际情况,则需要编制财务报告,以最终输出和传递财务信息。实际工作中会计核算的各种方法有些是交叉重复进行的,但基本是按照以上顺序,相互配合地加以运用,以实现会计目标。

本 章 小 结

会计的产生和发展是与人类社会的产生和发展息息相关的。社会的不断发展和进步、科学技术的日新月异和企业管理制度的创新等都为会计学的不断发展和完善提供了有利的条件和坚实的基础。实践也证明了:社会越发展,会计越重要。

会计的基本职能是核算和监督,是会计本身所具备的功能。两者是相辅相成、辩证统一的关系。会计核算是会计监督的前提和基础,而会计监督又是会计核算质量的保障。

会计核算方法是对各企业已经发生的经济活动完整、连续、系统的核算和监督的方法,包括设置账户、复式记账、填制和审核凭证、登记账簿、成本计算、财产清查、编制财务报告。这七种会计核算专门方法之间通过密切配合和相互的联系,构成了一个完整的会计核算方法体系。

复习思考题

1. 什么是会计?为什么说经济越发展会计越重要?
2. 什么是会计目标?其内涵是什么?对会计的目标可以从哪些方面加以说明?
3. 会计职能包括哪些?其基本职能是什么?
4. 会计核算方法包括哪些?它们之间是什么关系?

第二章

会计对象、会计要素
与会计等式

◆ **学习目标** ▌▌▌▌▌▌▌▌▌▌▌▌▌

　　通过本章的学习,学生应了解会计对象;掌握会计六要素的概念、特征和分类;应用会计等式分析资产与权益的关系;进一步掌握会计要素之间的数量、经济关系的方法,以及经济交易或事项对会计等式的影响。

第一节　会计对象

　　会计对象就是会计所要反映和监督的内容,即会计所要反映和监督的客体,就是社会再生产过程中的资金运动。凡是能够以货币表现的经济活动的特定对象,都是会计所核算和监督的内容。而以货币表现的经济活动,通常又称为价值运动或资金运用。资金运动包括特定对象的资金投入、资金运用、资金退出等过程,而具体到企业、事业、行政单位又有较大的差异。

一、工业企业资金运动

　　工业企业资金运动的过程包括资金的投入、资金的循环和周转、资金的退出。

1. 资金的投入

　　工业企业要进行生产经营,必须拥有一定的资金,这些资金的来源包括所有者投入的资金和债权人投入的资金两部分,前者属于企业所有者权益,后者属于企业债权人权益——企业负债。投入企业的资金要用于购买机器设备和原材料并支付职工的工资等。这样投入的资金最终构成企业流动资产、非流动资产和费用。

2. 资金的循环和周转

　　工业企业的经营过程包括供应、生产和销售三个阶段。在供应过程中企业要购买原材料等劳动对象,发生材料买入价、运输费、装卸费等材料采购成本,与供应单位发生货款的结算关系。在生产过程中,劳动者借助于劳动手段将劳动对象加工成特定的产品,同时发生原材料消耗、固定资产磨损的折旧费、生产工人劳动耗费的人工费,使企业与职工之间发生工资结算关系,有关单位之间发生劳务结算关系等。在销售过程中将生产的产品销售出去,发生支付销售费用、收回货款、交纳税费等业务活动,并同购货方发生货款结算关系、同税务机关发生税金计算关系。综上所述,资金的循环就是从货币资金开始依次转化为储备资金、生产资金、产品资金、最后又回到货币资金的过程,资金周而复始的循环称为资金的循环。

3. 资金的退出

资金的退出包括偿还债务、上缴各项税费、向所有者分配利润等,使得这部分资金离开本企业,退出企业的资金循环与周转。

上述资金运动的三阶段是相互支持、相互制约的统一体,没有资金的投入,就没有资金的循环与周转,就不会有债务的偿还、税费的上缴和利润的分配等;没有资金的退出,就不会有新一轮的资金投入,就不会有企业的进步发展。其具体过程如图 2-1 所示。

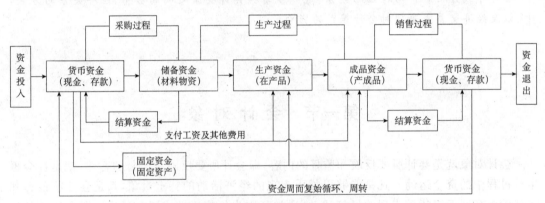

图 2-1　工业企业资金循环周转

二、商品流通企业资金运动

商品流通企业的经营过程分为商品购进和商品销售两个过程。采购商品时货币资金转换为商品资金;销售商品时资金又由商品资金转换为货币资金。在商业企业经营过程中,也要消耗一定的人力、物力和财力,它们表现为商品流通费用。在销售过程中,也会获得销售收入和实现经营成果。因此,商业企业的资金是沿着"货币资金—商品资金—货币资金"的方式运动。

三、行政、事业单位的资金运动

行政、事业单位为完成国家赋予的任务,同样需要一定数量的资金,但其资金来源主要是国家财政拨款。行政、事业单位在正常业务活动过程中所消耗的人力、物力和财力的货币表现,即为行政费用和业务费用。行政、事业单位的经济活动,一方面按预算向国家财政取得拨入资金;另一方面又按预算以货币资金支付各项费用,其资金运动的形式就是"资金拨入一资金付出"。因此,行政、事业单位会计对象的内容就是预算资金及其收支。

综上所述,无论是制造业企业、商业流通企业,还是行政、事业单位,都是社会再生产过程中的资金运动,也就是说,会计反映和监督的对象都是资金及其运动过程,因此,我们把会计对象概括为社会再生产过程中的资金运动。

第二节 会 计 要 素

在企业的生产经营活动中,既包括采购交易引起的资金变化,也包括生产活动引起的资金变化,还包括销售活动引起的资金变化。为了更好地把握企业资金及其运动的基本规律,需要对企业资金运动进行适当分类。会计要素是对会计对象的基本分类,是会计对象的具体化,是反映会计主体的财务状况和经营成果的基本单位。在不同的会计主体中,会计内容的表现形式不同,即使在同一会计主体中,由于经济活动的多样性,决定了会计内容表现形式也多种多样。会计要素实际上是利用会计语言对会计内容类别的概括,是设定财务报表结构和内容的依据,也是进行确认和计量的依据。企业应当按照交易或者事项的经济特征确定会计要素。我国《企业会计准则——基本准则》将会计要素划分为资产、负债、所有者权益、收入、费用和利润。

一、资产

企业从事生产经营活动必须具备一定的物质资源或物质条件。物质条件表现为货币资金、厂房场地、机器设备、原材料等(会计上称之为资产),它们是企业从事生产经营活动的物质基础。除货币资金和实物资产外,资产还包括不具有物质形态,但有助于生产经营活动进行的专利权、商标权等无形资产。此外,也包括企业的债权和其他权利,如应收账款、对其他单位的投资等。

(一) 资产的含义

资产是指企业过去的交易或者事项形成的、由企业拥有或者控制的、预期会给企业带来经济利益的资源。资产具有以下特征。

1. 资产是由企业过去的交易或事项形成的

资产是指企业过去的交易或者事项,包括购买、生产、建造行为或其他交易或者事项。预期在未来发生的交易或者事项不形成资产,只有过去的交易、事项才能增加或者减少企业的资产。如已经发生的固定资产购买交易才形成资产,而谈判中的交易或者计划中的交易则不能确认为一笔资产。

2. 资产必须为某一特定主体所拥有或者控制的

资产是由企业拥有或控制的。企业拥有资产,从而就能够从资源中获得经济利益;有些资产虽然不为企业所拥有,但在某些条件下,对一些由特殊方式形成的资源,企业虽然不享有所有权,但能够被企业控制,同样能够从资产获取经济利益,也可以作为企业资产(如融资性租入固定资产)。对于企业没有买下使用权的矿藏、工厂周围的控制,都不能作为企业的资产确认。

3. 资产能够直接或间接地给企业带来经济利益

资产预期会给企业带来经济利益是指直接或者间接导致现金和现金等价物流入企业的潜力。其中,经济利益是指直接或间接地流入企业的现金或现金等价物。资产可以是有形的,也可以是无形的,但必须具有能给企业带来经济利益的潜力,如厂房机器、原材料等可用于生产经营过程,制造商品或提供劳务,出售后收回货款,收回的货款即为企业所获得的经济利益。如果一项资产已不能为企业带来经济利益,它就不能再继续确认为企业的资产,如长期闲置不用的机器设备。

(二) 资产的分类

资产按其流动性可以分为流动资产和非流动资产。

1. 流动资产

流动资产是指可以在一年或超过一年的一个营业周期内变现、出售或耗用的资产,主要包括库存现金、银行存款、应收及预付款项、存货等。流动资产的变现能力强,在企业生产经营过程中,其价值是一次计入成本的,或在较短的时间内分几次转入成本费用,并从销售收入中得到补偿。流动资产具有价值周转快、实物形态不断变化的特点。

(1) 库存现金是指企业持有的现款,即传统称谓中的"现金"。库存现金主要用于支付日常发生的小额、零星的费用或支出。

(2) 银行存款是指企业存入银行或其他金融机构的款项。该银行或其他金融机构为该企业的"开户银行"。企业的银行存款主要来自投资者投入资本的款项、负债融入的款项、销售商品的货款等。

(3) 应收及预付账款包括企业在日常生产经营中发生的各项债权,包括应收款项(应收票据、应收账款、其他应收款等)和预付账款等。

(4) 存货是指企业在日常的生产经营过程中持有以备出售,或者仍然处在生产过程中将要消耗,或者在生产或提供劳务的过程中将要耗用的各种材料或物料,包括库存商品、半成品、在产品以及各类材料等。

2. 非流动资产

非流动资产是指计划长期持有,不准备在一年内变现的投资或为管理目的拥有自制的资产。主要包括长期股权投资、固定资产、无形资产等。

(1) 长期股权投资是指持有时间超过一年(不含一年)、不能变现或不准备随时变现的股权和其他投资。其目的是为了长远利益而影响、控制其他在经济业务上相关联的企业。

(2) 固定资产是指企业使用年限超过一年的房屋、建筑物、机器、机械、运输工具以及其他与生产、经营有关的设备、器具、工具等。

（3）无形资产指企业拥有或者控制的没有实物形态的可辨认非货币性资产。主要包括专利权、非专利技术、商标权、著作权、土地使用权、特许权等。

二、负债

（一）负债的含义

负债是指企业由于过去的交易或者事项形成的、预期会导致经济利益流出企业的现时义务。履行该义务必将会导致经济利益流出企业。未来发生的交易或者事项形成的义务不属于现时义务，不应当确认为负债。负债具有以下特征。

（1）负债是企业承担的现时义务。现时义务是指企业在现行条件下已承担的义务。也就是说，是由企业过去的交易或事项形成的现在已承担的义务，未来发生的交易或者事项形成的义务，不属于现时义务，不应当确认为负债。如银行借款是因为企业接受了银行贷款而形成的，如果企业没有接受银行贷款，则不会发生银行借款这项负债；应付账款是因为企业采用信用方式购买商品或接受劳务而形成的，在购买商品或接受劳务发生之前，相应的应付账款并不存在。

（2）负债是由过去的交易或事项形成的。企业预期在将来要发生的交易、事项而可能产生的债务不能作为负债。

（3）负债的清偿预期会导致经济利益流出企业。负债的清偿会导致经济利益流出企业。企业无论以何种方式偿债，均会使经济利益流出企业，而且这种在未来流出的经济利益的金额能够可靠地计量。

（4）负债在将来必须以债权人所能接受的经济资源来加以清偿。负债在将来必须以债权人能接受的经济资源加以清偿。这是负债的实质所在。也就是说，负债的实质是将来应该以牺牲资产为代价的一种受法律保护的责任。也许企业可以通过承诺新的负债或通过将负债转为所有者权益等方式来清偿一项现有负债，但这并不与负债的实质特征相背离。在前一种方式下，仅仅是负债的偿付时间被延迟了，最终，企业仍然需要以债权人所能接受的经济资源来清偿债务。在后一种方式下，则相当于企业用增加所有者权益而获得的资产偿还了现有负债。

（二）负债的分类

负债是按照流动性进行分类的。其目的在于了解企业流动资产和流动负债之间的相对比例，大致反映企业的短期偿债能力，从而向债权人揭示债权的相对安全程度。负债按照流动性不同，可以分为流动负债和非流动负债。

1. 流动负债

流动负债是指将在一年或超过一年的一个营业周期内偿还的债务，包括短期借款、应付及预收款项、应付职工薪酬、应交税费、应付股利、其他应付款等。

（1）短期借款是指企业为维持正常生产经营周转所需而向银行或其他金融机构借入的

偿还期限在一年以内的各种借款。

(2) 应付及预收款项是指企业在日常生产经营过程中发生的各项债务,主要包括应付款项(应付票据、应付账款、应付职工薪酬、应交税费、应付利息、应付股利、其他应付款等)和预收账款等。

(3) 应付职工薪酬是指企业根据有关规定应付给职工的各种薪酬。

(4) 应交税费是指企业在生产经营过程中按税法规定所计算出的应向国家缴纳的各种税款。包括增值税、消费税、所得税、资源税、房产税、城镇土地使用税等。

(5) 应付股利是指企业应该付给投资者的利润,包括国家、其他单位和个人的投资利润。

2. 非流动负债

非流动负债是指偿还期在一年或超过一年的一个营业周期以上的债务,包括长期借款、应付债券、长期应付款等。

(1) 长期借款是指企业向银行或其他金融机构借入的,偿还期在一年以上的各种借款。

(2) 应付债券是企业为筹集长期资金而依照法定程序发行的,约定于某一特定日期还本付息的长期债券。

(3) 长期应付款是指除长期借款和应付债券以外的其他各种长期应付款,如分期付款方式购买的资产应付的款项、应付融资租赁固定资产的租赁费等。

三、所有者权益

(一) 所有者权益的含义

所有者权益是指资产扣除负债后由所有者享有的剩余权益。它在数值上等于企业的全部资产减去全部负债后的余额,是企业从事经济活动的"本钱"。企业投资人可以是国家、集体、法人,也可以是自然人。投资者把自己所拥有的经济资源投入企业,形成企业的资产,并通过企业经营使之增值,就自然应该享有一种可主张的权益,或称索求权,即所有者权益,如有权参与企业经营决策,有权参加分配股利等。

1. 所有者权益的特点

(1) 无论投资者的原始投资采取的是货币形式还是实物形式,所有者权益与企业的具体资产项目并无直接的对应关系,所有者权益只是在整体上、在抽象的意义上与企业资产保持数量上的关系。

(2) 所有者权益是企业投资人对企业净资产的要求权,这种要求权是受企业总资产和总负债变动的影响而增减变动的。

(3) 所有者权益还包含投资人以其出资的份额分享企业利润的权利和承担经营风险的责任,所有者权益和负债是企业取得资产的两种渠道,因而,债权人和所有者对企业的资产都拥有要求权。但两者在企业中所享有的权益却有着本质的不同。

2. 所有者权益和债权人的区别

（1）与企业经营管理的关系不同。债权人一般无权过问企业的经营管理活动；而企业的所有者有权以直接或间接的方式参与企业的选举、表决等决策活动。

（2）分享收益的形式不同。债权人享有以利息形式从企业费用中获得收益的权利；所有者则享有以红利形式从企业的税后利润中获得收益的权利。利息一般都是固定利率支付，与企业经营好坏无关；红利则由企业盈利多少而定，利厚多分，利薄少分，无利则不分。

（3）对企业资产的要求权不同。负债是债权人对企业资产的索偿权，当企业终止时，有权从企业的资产中优先索回其债权；而所有者权益是企业所有者对企业净资产的所有权，是一种剩余权利。

（4）企业的负债必须在债务到期时如数归还，而所有者权益则与企业共存。所有者投入企业的资本除以退伙、出让股权等方式回收外，一般不能直接从企业抽回。

（二）所有者权益的分类

所有者权益的来源包括所有者投入的资本、直接计入所有者权益的利得和损失、留存收益等，通常由实收资本（或股本）、资本公积、盈余公积和未分配利润构成。

（1）实收资本（或股本），包括实收资本和资本公积。企业的实收资本是指投资者按照企业章程，或合同、协议的约定，实际投入企业的资本。它是企业注册成立的基本条件之一，也是企业承担民事责任的财力保证。

（2）资本公积。企业的资本公积也称准资本，是指归企业所有者共有的资本，主要来源于资本在投入过程中所产生的溢价和其他资本公积。资本公积主要用于转增资本。

（3）盈余公积是指企业按照法律、法规的规定从净利润中提取的留存收益。它包括：①法定盈余公积，指企业按照《中华人民共和国公司法》规定的比例从净利润中提取的盈余公积金；②任意盈余公积，指企业经股东大会或类似机构批准后按照一定的比例从净利润中提取的盈余公积金。企业的盈余公积金可以用于弥补亏损、转增资本（或股本）。符合规定条件的企业，也可以用盈余公积金分派现金股利。

（4）未分配利润。未分配利润是指企业留待以后年度分配的利润。未分配利润与盈余公积属于企业的留存收益。

四、收入

1. 收入的含义

收入是指企业在日常活动中形成的、会导致所有者权益增加的、与所有者投入资本无关的经济利益的总流入。收入的实质是企业经济活动的产出过程，即企业生产经营活动的结果。收入只有在经济利益很可能流入从而导致企业资产增加或者负债减少，而且经济利益的流入额能够可靠计量时才予以确认。收入具有以下特征。

（1）收入从企业的日常活动中产生，而不是从偶发的交易或事项中产生。

（2）收入可能表现为企业资产的增加，也可能表现为企业负债的减少，或者二者兼而有之。

（3）收入最终能导致企业所有者权益的增加。

（4）收入只包括本企业经济利益的流入，不包括为第三方或客户代收的款项。

2. 收入的构成

收入主要包括主营业务收入、其他业务收入和投资收益等。

（1）主营业务收入也称基本业务收入，是指企业在其经常性的、主要业务活动中获得的收入，如工商企业的商品销售收入、服务业的劳务收入。

（2）其他业务收入也称附营业务收入，是指企业在其非主要业务活动中所获得的收入，如制造业企业销售原材料、出租固定资产等业务取得的收入。

（3）投资收益是指企业对外投资所取得的收益减去发生的投资损失后的净额。

上面所说的收入是指狭义的收入，它是营业性收入的同义语。广义的收入还包括直接计入当期利润的利得，即营业外收入。营业外收入是指企业发生的与其生产经营活动无直接关系的各项收入，包括报废非流动资产利得和捐赠利得等。

五、费用

（一）费用的含义

费用是指企业在日常活动中发生的、会导致所有者权益减少、与向所有者分配利润无关的经济利益的总流出。费用具体表现为资产的减少或负债的增加或两者兼而有之。费用与收入相反，收入是资产流入企业形成的，而费用是企业资金的支出，最终导致企业所有者权益的减少。费用具有以下特征。

1. 费用是企业在日常活动中形成的

费用是企业在日常活动中发生的经济利益的流出，而不是从偶发的交易或事项中发生的经济利益的流出。企业在销售商品、提供劳务等日常活动中必然要消耗原材料、支付工资和其他各项生产费用等。这些消耗和支出是企业为取得收入而付出的代价，应当作为费用。但是有些交易和事项虽然也能使企业发生经济利益的流出，但由于不属于企业的日常经营活动，所以，其经济利益的流出不属于费用而是损失，如工业企业处置固定资产损失，应作为营业外支出。

2. 费用可能表现为企业资产的减少，或负债的增加，或两者兼而有之

如以现金支付办公费则表现为资产的减少；企业应付的利息表现为负债的增加；企业发生的广告费用，部分以现金支付，部分未付，两者兼而有之。

3. 费用会导致企业所有者权益的减少

费用表现为企业在经营过程中发生的各种支出或耗费。费用的发生，其中必然是资产的减少或负债的增加，从而导致所有者权益减少。如果经济利益的流出最终不会导致所有者权益减少，则不属于费用的范畴。

（二）费用的分类

企业在销售商品、提供劳务等日常活动中所发生的费用可分为两类：一是应计入产品成本的生产费用，即成本，包括直接材料、直接人工和制造费用；二是指企业在日常活动中发生营业税费、期间费用和资产减值损失等。

1. 成本

成本是指企业为生产产品、提供劳务而发生的各种耗费，包括为生产产品、提供劳务而发生的直接材料费、直接人工费用和各种间接费用。企业应当在确认收入时，将已销售产品或已提供劳务的成本等从当期收入中扣除，即计入当期损益。生产费用应按其实际发生情况计入产品的生产成本；对于生产几种产品共同发生的生产费用，应当按照受益原则，采用适当的方法和程序分配计入相关的产品的生产成本。

2. 费用

费用一般是指企业在日常活动中发生的营业税费、期间费用和资产减值损失。

（1）营业税费也称销售税费，是指企业营业活动应当负担并根据有关计税基数和税率确定的各种税费，如消费税、城市维护建设税、教育费附加，以及车船税、房产税、城镇土地使用税和印花税等。

（2）期间费用包括管理费用、财务费用和销售费用。

① 管理费用是指企业为组织和管理生产经营活动而发生的各项费用，包括企业的董事会和行政管理部门的职工工资、修理费、办公费和差旅费等公司经费，以及聘请中介机构费、咨询费（含顾问费）、业务招待费等费用。管理费用的受益对象是整个企业，而不是企业的某个部门。

② 财务费用是指企业为筹集生产经营所需资金而发生的各项费用，包括应当作为期间费用的利息支出（减利息收入）、汇兑损失（减汇兑收益）以及相关的手续费等。

③ 销售费用是指企业在销售商品的过程中发生的各项费用，包括企业在销售商品的过程中发生的运输费、装卸费、包装费、保险费、展览费和广告费，以及为销售本企业的商品而专设的销售机构（含销售网点、售后服务网点等）的职工薪酬等经营费用。

（3）资产减值损失是指企业计提的坏账准备、存货跌价准备和固定资产减值准备等所形成的损失。

上述的费用也是狭义上的概念。广义的费用还包括直接计入当期利润的损失和所得税费用。

直接计入当期利润的损失，即营业外支出，是指企业发生的与其生产经营活动无直接关系的各项支出，包括盘亏损失、报废固定资产净损失、报废无形资产净损失、债务重组损失、公益性捐赠支出和非常损失等。

所得税费用是指企业按照《企业所得税法》的规定向国家缴纳的所得税。

六、利润

1. 利润的含义

利润是指企业在一定会计期间的经营成果，包括收入减去费用后的净额、直接计入当期利润的利得和损失等。利润的实现,会相应地表现为资产的增加或负债的减少,其结果是所有者权益的增值。利润的特征如下。

(1)利润表示企业最终的经营成果,其金额取决于收入和费用。

(2)直接计入当期利润的利得和损失。

(3)利润的实现,会相应地表现为资产的增加或负债的减少,其结果是所有者权益的增加。

2. 利润的构成

利润包括营业利润、利润总额和净利润。

(1)营业利润是营业收入减去营业成本、税金及附加、期间费用、资产减值损失,加上投资收益后的金额。

(2)利润总额是指营业利润加上营业外收入,减去营业外支出后的金额。

(3)净利润也称税后利润,是指利润总额减去所得税费用后的金额。

七、会计要素的意义

会计要素的划分在会计核算工作中具有十分重要的意义。

(1)它是对会计对象的科学分类。会计对象的内容是多种多样、错综复杂的,为了科学、系统地对其进行核算和监督,就必须对它们按照经济内容、经济用途或结构等进行分类,使得它们之间的内容一致、关系明确、清晰可辨。

(2)它是设置会计科目或账户的基本依据。会计科目是对会计对象具体内容(即会计要素)进一步分类核算的项目,不将会计对象划分为会计要素,就无法设置会计账户,也就无法进行会计核算了。

(3)它是构成会计报表的基本框架。会计报表是提供会计信息的基本手段,会计报表里的一系列指标主要是由会计要素构成的,因此,会计要素是会计报表框架的基本构成内容。

第三节 会 计 等 式

一、会计基本等式

企业经济活动及其资金运动本身固有的客观规律,决定了会计要素之间具有内在联系。资金运动是企业资金及其运动过程的有机统一。会计等式是指各会计要素或结算项目之间的数量关系式,又称为会计平衡公式或会计方程式。它是根据各会计要素或结算项目之间的内在经济联系,对各会计要素或结算项目之间的关系概括出的一种数学表达式。美国会计学家哈特菲尔德在其所著《近代会计学》一书中说:"会计学的本质在于,第一表示某一时期的财产物资状态,其次表明某一期间经营活动之结果。"根据这一表述,在会计学中,分别反映会计主体一定日期财务状况和一定会计期间经营成果的相关会计要素之间的数量关系,应称为会计基本等式。

1. 资产、负债、所有者权益之间的数量关系

企业为实现其经营目标,必须拥有或控制一定数量的资源,作为从事生产经营活动的物质基础,从这些资源的形态看,其分别表现为流动资产、长期投资、固定资产、无形资产等。从这些资源的来源看,它们分别来源于所有者和债权人。由于所有者和债权人为企业提供了资产,因此对这些资产就有要求权。所有者有权要求分享资产所带来的利润,债权人则有权要求到期偿还其所让渡使用权的资产及资产使用费。所有者和债权人对企业资产的要求权在会计上统称为权益。其中所有者的要求权在会计上以"所有者权益"表示,债权人的要求权则以"负债"表示。

资产和权益是同一资源的两个不同方面。资产表明企业所拥有或者控制的资源的规模及其在企业的存在形态,权益则表明企业所拥有或者控制的资源的所属关系(或来源),以及资源提供者对这些资源的要求权。由于资产与权益是同一事物的两个方面,因此两者之间必然相互依存、相互制约。资产不能离开权益而存在,没有无资产的权益,也没有无权益的资产。从数量上看,有一定数额的资产,就必然有一定数额的权益;反之,有一定数额的权益,也必然有一定数额的资产。从任何一个时点上看,企业的资产总额与权益总额必然相等。两者之间客观上存在的这种数量关系可用公式表示如下。

$$资产 = 权益$$

债权人权益和所有者权益虽然都是对企业资产的要求权,但两者又有着本质的差别。债权人权益是债权人要求到期偿还资产本息的权利,所有者权益是所有者要求分享企业利润的权利。企业对债权人和所有者分别承担着不同的经济责任,在会计上有必要对债权人权益和所有者权益分别进行核算,因此资产与权益的数量关系应进一步用下列公式表示。

$$资产 = 负债 + 所有者权益$$

上述等式反映了企业在某一特定日期的财务状况,即企业资源的规模以及资产的结构和资本的构成。这一等式在会计学中具有非常重要的地位,它是设置账户、复式记账、设定和编制资产负债表的理论依据。资产、负债、所有者权益之间的数量关系,即企业的财务状况可以资产负债表列示。

2. 收入、费用、利润之间的数量关系

企业将其拥有或控制的资源投入日常生产经营活动,预期会给企业带来经济利益,即收入。在日常的生产经营活动中又必然会发生经济利益的流出,即费用。企业一定会计期间的收入与费用配比后即为企业的经营成果,具体表现为利润。收入、费用、利润之间客观上存在的这种数量关系可用公式表示如下。

$$收入 - 费用 = 利润$$

上述等式反映了企业在一定会计期间的经营成果。其在会计学中同样具有重要地位,它是企业确定利润、设置损益类账户、设定和编制利润表的理论依据。收入、费用、利润之间的数量关系,即企业的经营成果可用利润表列示。

二、会计基本等式的转化形式

"资产＝负债＋所有者权益"是企业资源在某一特定日期的表现形式。其表明企业的财务状况。而在企业日常的生产经营活动中,资源的运用将会带来经济利益的流入,又会发生经济利益的流出,形成企业的经营成果,即"收入－费用＝利润"。收入将会引起企业资产和所有者权益增加,费用将引起企业资产和所有者权益减少,可见两个会计基本等式之间客观上存在着必然的内在经济联系。

一定会计期间的始点(如月初)资源表现为"资产＝负债＋所有者权益",而在会计期间当中,即日常生产经营活动中,资源则表现为

$$资产＝负债＋所有者权益＋收入－费用$$

"收入－费用"即利润,利润是所有者权益的内容之一。因此,一定会计期间的终点(如月末)资源仍表现为"资产＝负债＋所有者权益＋利润"。

三、经济交易或事项及其对会计等式的影响

(一) 经济业务的类型

企业在生产经营过程中,不断地发生各种经济业务。这些经济业务的发生会对有关的会计要素产生影响,但是,却不会破坏上述等式的恒等关系。为什么这样说呢? 因为一个企业的经济业务虽然数量多、花样繁,但归纳起来不外乎以下九种类型。

(1) 经济业务的发生,导致资产项目此增彼减,但增减金额相等,故等式保持平衡。

(2) 经济业务的发生,导致负债项目此增彼减,但增减金额相等,故等式保持平衡。

(3) 经济业务的发生,导致所有者权益项目此增彼减,但增减金额相等,故等式保持平衡。

(4) 经济业务的发生,导致负债项目增加,而所有者权益项目减少,但增减金额相等,故等式保持平衡。

(5) 经济业务的发生,导致所有者权益项目增加,而负债项目减少,但增减金额相等,故等式保持平衡。

(6) 经济业务的发生,导致资产项目增加,而同时负债项目亦增加相同金额,故等式保持平衡。

(7) 经济业务的发生,导致资产项目增加,而同时所有者权益项目亦增加相同金额,故等式保持平衡。

(8) 经济业务的发生,导致资产项目减少,而同时负债项目亦减少相同金额,故等式保持平衡。

(9) 经济业务的发生,导致资产项目减少,而同时所有者权益项目亦减少相同金额,故等式保持平衡。

(二) 各类经济业务对基本会计等式的影响

通过以上分析,可以得出如下结论。

（1）一项经济业务的发生，可能仅涉及资产与负债和所有者权益中的一方，也可能涉及双方，但无论如何，结果一定是基本会计等式的恒等关系保持不变。

（2）一项经济业务的发生，如果仅涉及资产与负债和所有者权益中的一方，则既不会影响到双方的恒等关系，也不会使双方的总额发生变动。

（3）一项经济业务的发生，如果涉及资产与负债和所有者权益中的双方，则虽然不会影响到双方的恒等关系，但会使双方的总额发生同增或同减变动。

下面以宏泽公司为例，对各种经济业务对会计等式的影响进行分析。

【例 2-1】 宏泽公司 202×年 11 月 30 日资产、负债、所有者权益的数量关系为

$$资产 \quad 负债 \quad 所有者权益$$
$$650\,000 \quad = \quad 150\,000 \quad + \quad 500\,000$$

宏泽公司 202×年 12 月发生下列资产、负债、所有者权益变动的经济业务事项。

① 宏泽公司向银行借入短期借款 100 000 元，存入银行存款账户。

这项经济业务的发生，使资产项目银行存款增加 100 000 元，负债项目短期借款也增加 100 000 元，在原有平衡相等的基础上，等式双方各增加同一数额 100 000 元，虽然总额增加，但双方仍然保持平衡相等关系。会计等式如下所示。

$$资产（650\,000） \quad = \quad 负债（150\,000） \quad + \quad 所有者权益（500\,000）$$
$$+100\,000 \qquad +100\,000$$
$$750\,000 \quad = \quad 250\,000 \quad + \quad 500\,000$$

② 宏泽公司接受 M 企业投入资本 200 000 元，存入银行。

这项经济业务的发生，使资产项目银行存款增加 200 000 元，所有者权益项目股本也增加 200 000 元，在原有平衡相等的基础上，等式双方各增加同一数额 200 000 元，总额增加，双方仍然保持平衡相等关系。会计等式如下所示。

$$资产（750\,000） \quad = \quad 负债（250\,000） \quad + \quad 所有者权益（500\,000）$$
$$+200\,000 \qquad\qquad\qquad +200\,000$$
$$950\,000 \quad = \quad 250\,000 \quad + \quad 700\,000$$

③ 宏泽公司用银行存款 100 000 元偿还银行短期借款。

这项经济业务的发生，使资产项目银行存款减少 100 000 元，负债项目短期借款也减少 100 000 元，在原有平衡相等的基础上，等式双方各减少同一数额 100 000 元，虽然总额减少，但双方仍然保持平衡相等关系。会计等式如下所示。

$$资产（950\,000） \quad = \quad 负债（250\,000） \quad + \quad 所有者权益（700\,000）$$
$$-100\,000 \qquad -100\,000$$
$$850\,000 \quad = \quad 150\,000 \quad + \quad 700\,000$$

④ 宏泽公司因缩减生产规模，向投资者退还资本 250 000 元，从银行账户划转。

这项经济业务的发生，使资产项目银行存款减少 250 000 元，所有者权益项目股本也减少 250 000 元，在原有平衡相等的基础上，等式双方各减少同一数额 250 000 元，虽然总额减少，但双方仍然保持平衡相等关系。会计等式如下所示。

$$资产（850\,000） \quad = \quad 负债（150\,000） \quad + \quad 所有者权益（700\,000）$$
$$-250\,000 \qquad\qquad\qquad -250\,000$$
$$600\,000 \quad = \quad 150\,000 \quad + \quad 450\,000$$

⑤ 宏泽公司用银行存款 150 000 元购买一台机器设备。

这项经济业务的发生，使资产项目银行存款减少了 150 000 元，而资产项目的固定资产增加了 150 000 元，在原有平衡相等的基础上，在资产方增减同一数额 150 000 元，但双方仍然保持平衡相等关系，且总额不受影响。会计等式如下所示。

$$资产(600\ 000) = 负债(150\ 000) + 所有者权益(450\ 000)$$
$$+150\ 000$$
$$-150\ 000$$
$$600\ 000 = 150\ 000 + 450\ 000$$

⑥ 宏泽公司向银行借入 50 000 元短期借款用于偿还应付账款。

这项经济业务的发生，使负债项目应付账款减少了 50 000 元，而负债项目的短期借款增加了 50 000 元，在原有平衡相等的基础上，在负债方增减同一数额 50 000 元，但双方仍然保持平衡相等关系，且总额不受影响。会计等式如下所示。

$$资产(600\ 000) = 负债(150\ 000) + 所有者权益(450\ 000)$$
$$+50\ 000$$
$$-50\ 000$$
$$600\ 000 = 150\ 000 + 450\ 000$$

⑦ 宏泽公司经批准将资本公积 100 000 元转增资本。

这项经济业务的发生，使股东权益项目资本公积减少了 100 000 元，而所有者权益项目的实收资本(股本)增加了 100 000 元，在原有平衡相等的基础上，在所有者权益方增减同一数额 100 000 元，但双方仍然保持平衡相等关系，且总额不受影响。会计等式如下所示。

$$资产(600\ 000) = 负债(150\ 000) + 所有者权益(450\ 000)$$
$$+100\ 000$$
$$-100\ 000$$
$$600\ 000 = 150\ 000 + 450\ 000$$

⑧ 宏泽公司年终宣告向投资者分配利润 80 000 元。

这项经济业务的发生，使负债项目应付利润增加 80 000 元，股东权益项目利润分配减少 80 000 元，在原有平衡相等的基础上，负债与所有者权益项目增减同一数额 80 000 元，等式双方仍然保持平衡相等关系。会计等式如下所示。

$$资产(600\ 000) = 负债(150\ 000) + 所有者权益(450\ 000)$$
$$+80\ 000 \qquad -80\ 000$$
$$600\ 000 = 230\ 000 + 370\ 000$$

⑨ 宏泽公司将 100 000 元长期借款转为国家追加投资。

这项经济业务的发生，使负债项目长期借款减少 100 000 元，所有者权益项目实收资本(股本)增加 100 000 元，在原有平衡相等的基础上，负债与所有者权益项目增减同一数额 100 000 元，等式双方仍然保持平衡相等关系。会计等式如下所示。

$$资产(600\ 000) = 负债(230\ 000) + 所有者权益(370\ 000)$$
$$-100\ 000 \qquad +100\ 000$$
$$600\ 000 = 130\ 000 + 470\ 000$$

通过举例说明，宏泽公司发生的涉及资产和权益的各种经济业务(交易或事项)，都会引起会计等式左右两方(或一方项目内)有关会计要素发生增减变动,但都不会破坏会计等式的平衡关系。

上述九种经济业务的四种类型,对于资产、负债、所有者权益的影响,可用表 2-1 表示("＋"表示增加,"－"表示减少)。

表 2-1 九种经济业务类型

类型	资产	＝	负债	＋	所有者权益
1	＋		＋		
2	＋				＋
3	－		－		
4	－				－
5	±				
6			±		
7					±
8					
9			－		＋

(三) 对"资产＝负债＋所有者权益＋(收入－费用)"会计等式的影响

经济交易或事项不仅对资产、负债、所有者权益产生影响,同时也会对收入、费用和利润产生影响,但是同样也不会破坏它们之间的关系(即会计主体的财务状况所存在的相等关系)。则会计等式为

$$资产＝负债＋所有者权益＋(收入－费用)$$

或

$$资产＋费用＝负债＋所有者权益＋收入$$

经济交易或事项对收入和费用影响,不外乎以下几种类型。

(1) 一项收入增加,一项资产增加。

(2) 一项收入增加,一项负债减少。

(3) 一项费用增加,一项资产减少。

(4) 一项费用增加,一项负债增加。

【例 2-1 续】 ⑩ 宏泽公司对外销售商品 200 件,每件售价 500 元,货款 100 000 元尚未收到。

这项经济业务的发生,使企业的商品销售收入项目增加 100 000 元,资产项目应收账款增加 100 000 元。在原有平衡相等的基础上,资产与收入项目增加同一数额 100 000 元,等式双方仍然保持平衡相等关系。会计等式如下所示。

$$资产(600\,000)＋费用＝负债(130\,000)＋所有者权益(470\,000)＋收入$$

$$＋100\,000 \qquad\qquad\qquad\qquad\qquad ＋100\,000$$

$$700\,000 \qquad = \qquad 130\,000＋ \qquad\qquad 470\,000＋100\,000$$

⑪ 宏泽公司销售商品 100 件,每件售价 500 元,货款计 50 000 元,直接偿还欠款。

这项经济业务的发生,使企业的商品销售收入项目增加 50 000 元,负债项目应付账款减少 50 000 元。在原有平衡相等的基础上,等式双方仍然保持平衡相等关系。会计等式如下所示。

$$资产(700\,000)+费用=负债(130\,000)+所有者权益(470\,000)+收入(100\,000)$$
$$-50\,000 \qquad\qquad\qquad +50\,000$$
$$700\,000 \quad = \quad 80\,000 \quad + \quad 470\,000 \quad + \quad 150\,000$$

⑫ 宏泽公司以现金支付管理设备维修费用 10 000 元。

这项经济业务的发生,使公司的费用项目增加 10 000 元,资产项目应收账款减少 10 000 元。在原有平衡相等的基础上,资产项目增减同一数额 10 000 元,等式双方仍然保持平衡相等关系。会计等式如下所示。

$$资产(700\,000) + 费用 = 负债(80\,000)+所有者权益(470\,000)+收入(150\,000)$$
$$-10\,000 \quad +10\,000$$
$$690\,000 \quad +10\,000 \quad = \quad 80\,000 \quad + \quad 470\,000 \quad + \quad 150\,000$$

⑬ 宏泽公司购买办公用品 20 000 元,款项尚未支付。

这项经济业务的发生,使公司的费用项目增加 20 000 元,负债增加 20 000 元。在原有平衡相等的基础上,资产(费用)与负债项目增减同一数额 20 000 元,等式双方仍然保持平衡相等关系。会计等式如下所示。

$$资产(690\,000)+ 费用(10\,000)=负债(80\,000)+ 所有者权益(470\,000)+ 收入(150\,000)$$
$$+20\,000 \qquad +20\,000$$
$$690\,000 \quad + \quad 30\,000 \quad = \quad 100\,000 \quad + \quad 470\,000 \quad + \quad 150\,000$$

通过上述经济交易或事项发生对会计等式影响的举例和分析,可以得出如下结论。

(1) 经济业务的发生,当引起会计等式一方会计要素发生变化时,至少一方的两个项目一增一减,增减的数额相等,不会影响会计等式的平衡关系。

(2) 经济业务的发生,当引起会计等式两方会计要素发生变化时,两方相关要素会同时增加和减少,增加和减少的数额相等,不会影响会计等式的平衡关系。

无论发生什么样的经济业务,都不会影响会计等式的恒等关系,任何时日、任何单位的会计等式左方总金额与右方总金额必然相等,经济业务的发生不会影响会计等式的平衡关系。会计等式这种平衡相等的关系,是设置账户、复式记账、试算平衡以及编制会计报表等的理论依据,是贯穿于财务会计始终的一条红线。从更广泛、更深刻的角度来看,这一会计等式还具有以下的意义。

(1) 能够反映不同性质的投资,保护各投资者利益,处理好各方面的利益关系,使企业产权关系进一步明朗化。

(2) 企业作为独立经营的商品生产者能够更加灵活地运用资金,进行资金结构的合理安排,及时结清债权、债务,提高资金的使用效益。

(3) 能够向政府及投资者、债权人及与企业有利害关系的各方提供他们所关心的会计信息,如资产的流动性、资产的变现能力和企业的偿债能力、盈利能力、承担风险的能力等,便于投资者和债权人做出决策。

本 章 小 结

　　会计的对象是会计所要反映和监督的内容,是会计主体的资金运动。会计要素是对会计对象进行的基本分类,是会计对象的具体化,是反映会计主体财务状况和经营成果的基本单位。我国的《企业会计准则——基本准则》规定了资产、负债、所有者权益、收入、费用和利润六大要素。会计等式反映了会计要素之间的数量关系。它是设置会计账户、复式记账和编制会计报表的理论依据。任何经济交易或事项的发生都不会影响会计等式的成立。

复 习 思 考 题

1. 企业的现金流转如何贯穿其经济活动的全过程?
2. 会计对象具体内容之间的关系如何?
3. 什么叫会计要素? 会计要素可以分为哪几类?
4. 什么叫资产? 资产按其流动性可分为哪几类?
5. 什么是负债? 负债如何分类?
6. 什么是所有者权益? 所有者权益如何分类? 负债与所有者权益有什么关系?
7. 什么是收入? 什么是费用? 收入、费用分别与所有者权益有何关系?
8. 什么是会计等式? 会计等式有几种表达方式?
9. 如何理解"资产＝负债＋所有者权益"?
10. 企业交易或事项有哪几种类型? 举例说明。

业 务 题

习题一

1. 目的:熟悉经济交易或事项涉及会计要素变动。
2. 资料:宏泽公司发生的经济交易或事项如下表所示。

宏泽公司发生的经济交易或事项

项　　目	会计要素(一个或多个)
例:企业向银行借入款项	资产、负债
(1) 企业购买原材料	
(2) 企业接受股东投资	
(3) 企业支付水电费	

续表

项　　目	会计要素(一个或多个)
(4) 企业销售商品一批	
(5) 企业发放职工工资	

3. 要求:判断它们分别涉及哪些会计要素的变动。

习题二

1. 目的:熟悉资产、负债和所有者权益的内容。

2. 资料:宏泽公司有下列资产、负债和所有者权益项目,各项目的金额如下(单位:元)。

存货	36 000	交易性金融资产	30 000
应付账款	38 700	库存现金	3 500
长期借款	50 000	固定资产	200 000
应付票据	35 000	未分配利润	30 000
应交税费	20 500	应收账款	48 000
短期借款	40 000	银行存款	60 700
预收账款	14 000	实收资本	150 000

3. 要求:

(1) 分别列示资产类、负债类和所有者权益类所属项目。

(2) 计算资产、负债和所有者权益的总额。

习题三

1. 目的:熟悉资产的分类。

2. 资料:宏泽公司202×年4月30日的资产如下。

(1) 银行存款 800 000 元。

(2) 厂房 2 000 000 元。

(3) 库存原材料 500 000 元。

(4) 尚未收回的货款 100 000 元。

(5) 机器设备 300 000 元。

(6) 准备半年内出售的股票 90 000 元。

(7) 在产品 50 000 元。

(8) 预付下年的报刊费 20 000 元。

(9) 尚未到期的商业汇票 60 000 元。

(10) 三年期国库券 300 000 元。

(11) 专利权 500 000 元。

(12) 库存 A 产品 150 000 元。

(13) 土地使用权 600 000 元。

(14) 库存现金 2 000 元。

（15）准备长期持有的股票 800 000 元。

（16）预付供货单位的货款 50 000 元。

3．要求：判断上述资产项目归属的资产种类。

习题四

1．目的：掌握经济业务对会计等式的影响。

2．资料：宏泽公司有关情况如下。

（1）收到投资 200 000 元存入银行。

（2）向银行借入短期借款 80 000 元存入银行。

（3）以银行存款偿还长期借款 120 000 元。

（4）以价值 180 000 元的设备退还投资者投资。

（5）用银行存款购买材料物资价值 60 000 元。

（6）向银行借款 200 000 元直接偿还供货单位账款。

（7）资本公积金 500 000 元转增资本。

（8）将欠银行的欠款转为国家投入资本 288 000 元。

（9）向银行借款 300 000 元归还投资者投资。

3．要求：计算并说明每一笔经济业务对资产、负债及所有者权益增减变动的影响。

第三章

会计核算理论基础

◆ **学习目标** ▮▮▮▮▮▮▮▮▮▮▮

　　通过本章的学习,学生应了解会计基本假设、会计信息质量特征;熟悉会计计量属性;掌握权责发生制与收付实现制的含义及比较。

第一节　会计核算的基本假设

　　我国颁布的《企业会计准则——基本准则》对会计核算的基本假设和会计信息质量提出了要求,并做了相关规定,从而为建立企业会计核算程序和方法提出了理论依据。

　　会计核算的基本假设,又称会计的基本前提,是企业会计确认、计量和报告的前提,是对会计核算的时间范围、空间范围、内容、基本程序和计量标准等所做的合理假定。会计基本假设,是人们在长期的会计实践中逐步认识和总结形成的,是对会计所处的环境做出的合乎情理的推断和假定。会计对象的确定、会计政策和方法的选择都要以会计核算的基本假设为依据。

　　我国《企业会计准则——基本准则》规定了四个会计核算的基本假设:会计主体、持续经营、会计分期和货币计量。

一、会计主体

　　《企业会计准则——基本准则》第五条指出"企业应当对其本身发生的交易或事项进行会计确认、计量和报告"。这是对会计主体前提条件的基本描述。

　　会计主体,也称为会计实体或会计个体,是指会计工作为之服务的特定单位。这个特定单位可以是一个企业,也可以是由若干企业组成的集团公司,可以是法人,也可以是不具有法人资格的实体。其特点是必须拥有或控制一定的经济资源,独立从事经济活动并进行独立核算。组织会计核算工作时,首先要确定会计主体,以便限定会计工作的空间范围。也就是说,企业会计核算的范围只限于一个会计主体的经济活动,不包括投资者本人和其他单位的经济活动。

会计主体基本假设是指会计核算应当以企业发生的各项经济业务为对象,记录和反映企业本身的各项经济活动。会计主体假设明确了会计工作的空间范围,也确定了会计工作的空间维度。

会计主体与法律主体不是同一概念。一般来说,法律主体必然是会计主体,但是会计主体不一定就是法律主体。会计主体可以是一个有法律资格的企业,也可以是由若干通过控股关系组织起来的集团公司,单位下属的二级核算单位。独资、合伙形式的企业都可以作为会计主体,但都不是法人。

例如,某母公司拥有 10 家子公司,母子公司均属于不同的法律主体,但母公司对子公司拥有控制权,为了全面反映由母子公司组成的企业集团整体的财务状况、经营成果和现金流量,就需要将企业集团作为一个会计个体,编制合并财务报表。

例如,某基金管理公司管理了 10 只证券投资基金。对于该公司来讲,一方面,公司本身即是法律主体,又是会计主体,需要以公司为主体核算公司的各项经济活动,以反映整个公司的财务状况、经营成果和现金流量;另一方面,每只基金尽管不属于法律主体,但需要单独核算,并向基金持有人定期披露基金财务状况和经营成果等,因此,每只基金也属于会计主体。

二、持续经营

《企业会计准则——基本准则》第六条指出:"企业会计确认、计量和报告应当以持续经营为前提。"这是对持续经营基本假设的描述。

持续经营是指企业在可以预见的未来,将会按照当前的状态继续经营下去,不会停业,也不会大规模削减业务。持续经营与会计主体有密切关系。在会计主体确定之后,直接面临的问题是这个主体能够存在多久。企业能否持续经营,在会计原则和方法的选择上有很大区别。只有在持续经营的这一假设前提下,企业才能够按照既定的用途使用资产,按照既定的约定偿还债务,会计也才能在此基础上选择会计原则和会计方法,解决资产计价和收入、费用的确认等问题。

例如,某企业购入一条生产线,预计使用寿命为 10 年,考虑到企业将会持续经营下去,因此可以假定企业的固定资产会在持续经营的生产过程中长期发挥作用,并服务于生产经营过程,即不断地为企业生产产品,直至生产线使用寿命结束。因此固定资产就应当根据历史成本进行记录,并采用折旧方法,将历史成本分摊到预计使用寿命期间所生产的相关产品成本中。

在现实经济生活中,任何企业都存在破产清算的风险,永远持续地经营是不可能的。因此需要企业定期对自身是否具备持续经营能力进行分析和判断,一旦发现企业不能够持续经营,就应当改变会计核算的原则和方法,并在财务报告中予以披露。

三、会计分期

《企业会计准则——基本准则》第七条指出:"企业应当划分会计期间,分期结算账目和编制财务会计报告。会计期间分为年度和中期。中期是指短于一个完整的会计年度的报告期间。"这是对会计分期基本假设的描述。

会计分期是指将企业持续不断的生产经营活动人为地划分为一个个连续的、长短相等的期间,以便分期结算账目,计算盈亏,编制财务会计报告并及时向有关方面提供会计信息。会计期间分为年度、半年度、季度和月度,年度会计期间也称为会计年度,半年度、季度、月度均称为会计中期。我国会计年度的起止日与日历年度一致,即从每年的1月1日至12月31日为一个会计年度。

由于会计分期,才产生当期与以前期间、以后期间的差别,才使不同类型的会计主体有了记账的基准,进而出现了折旧、摊销等会计处理方法。

会计分期基本假设的目的在于通过会计期间的划分,分期计算盈亏,按期编制财务报告,从而及时向有关方面提供反映财务状况、经营成果和现金流量的会计信息,满足有关方面的需要。从理论上来说,在企业持续经营的情况下,要反映企业的财务状况和经营成果只有等到企业所有的生产经营活动结束后,才能通过收入和费用的归集与比较,进行准确地计算,但那时提供的会计信息已经失去了应有的作用,因此,必须人为地将这个进程划分为较短的会计期间。

会计分期基本假设通常与持续经营基本前提紧密联系、相辅相成,是对持续经营基本假设的进一步补充。会计分期基本假设有着重要的意义。有了会计分期,才产生了本期与非本期的区别,才产生了收付实现制和权责发生制、划分收益性支出和资本性支出、配比等要求。只有正确地划分会计期间,才能准确地提供财务状况和经营成果的资料,才能进行会计信息的对比。

会计分期前提限定了会计核算的时间范围,并为权责发生制原则奠定了理论基础。

四、货币计量

《企业会计准则——基本准则》第八条指出:"企业会计应当以货币计量。"这是对货币计量基本假设的描述。

货币计量是指会计核算过程中采用货币作为计量单位,计算、记录和报告会计主体的经济活动。也就是说,会计核算的内容仅限于能够用货币计量的经济业务。会计核算之所以选定货币作为计量单位,是货币本身的性质决定的。货币作为一般等价物,可用于衡量其他任何有价物的价值,企业的收入、耗费都可以转化为货币计量指标。其他计量单位,如重量、长度、容积、台、件等,只能从一个侧面反映企业的生产经营情况,无法在量上进行汇总和比较,不便于会计计量和经营管理。我国《会计法》规定,企业会计核算以人民币为记账本位币,业务收支以人民币以外的货币为主的企业,可以选定其中一种货币作为记账本位币,但是编制的财务会计报告应折算为人民币。

在我国,要求企业对所有经营业务采用同一种货币作为统一尺度来进行计量。若企业的经营业务有两种以上的货币计量,应该选用一种作为基准,称为记账本位币。记账本位币以外的货币则称为外币。按我国企业会计制度的规定,以人民币为记账本位币,我国企业同外国的经济往来增多,有许多企业发生了用外币计算的经济业务,例如有的进口业务用外币结算,有的按外币计算债权、债务,有的用外币支付外籍员工的工资等。业务收支以人民币以外的货币为主的单位,可以选定其中一种货币作为记账本位币,但编制的财务报告应当折算为人民币反映。在境外设立的中国企业向国内报送的财务会计报告,应当折算为人民币。

货币计量假设是一种币值不变的会计假设,是指在正常的会计处理过程中,不考虑币值变动的影响,即假定货币价值稳定不变。币值不变的假设是历史成本原则的理论基础。

企业在会计核算中遵循了上述基本假设,在会计报表中无须说明;若有违背,则应当作为重大事项的揭示予以说明和反映。

第二节　会计信息质量特征

会计作为一项管理活动,其主要目的之一是向企业的利益相关者提供反映经营者受托责任和对投资者决策有用的会计信息。要达到这个目的,就要求会计信息具有一定的质量特征。会计信息质量特征也称会计信息质量要求、会计信息质量标准。会计信息质量的要求,也称为会计核算的一般原则,是在会计核算基本前提基础上推导出的会计核算规则。它是会计进行确认、计量、记录和编制财务会计报告的规范,也是衡量会计工作质量的标准。它具体规定了会计信息为实现会计目标应具备的质量要求。根据我国 2006 年 2 月 15 日颁布的《企业会计准则——基本准则》的规定,会计信息质量要求主要包括可靠性、相关性、可理解性、可比性、实质重于形式、重要性、谨慎性、及时性八项。

一、可靠性

《企业会计准则——基本准则》第十二条规定:"企业应当以实际发生的交易或者事项为依据进行会计确认、计量和报告,如实反映符合确认和计量要求的各项会计要素及其他相关信息,保证会计信息真实可靠、内容完整。"

可靠性又称为真实性,是指企业应当以实际发生的交易或事项为依据进行会计确认、计量和报告,保证会计信息真实可靠、内容完整,如实反映企业的财务状况、经营成果和现金流量,保证会计信息的真实性。会计工作正确运用会计原则和方法,准确反映企业的实际情况。

会计信息应当能够经受验证,核实其是否真实,如实反映企业的财务状况、经营成果和现金流量。可靠性要求一切会计记录和会计报表都必须以客观凭证为依据,不得估算、伪造和掩饰,以保证会计信息符合实际。因为会计所提供的会计信息是投资者、债权人、政府及有关部门和社会公众的决策依据,如果会计数据不能客观、真实地反映企业经济活动的实际情况,势必无法满足各有关方面了解企业财务状况和经营成果以进行决策的需要,甚至可能导致错误的决策。可靠性要求会计核算的各个阶段(包括会计确认、计量、记录和报告)真实客观,必须以实际发生的经济活动以及表明经济业务发生的合法凭证为依据。

二、相关性

《企业会计准则——基本准则》第十三条规定:"企业提供的会计信息应当与财务会计报

告使用者的经济决策需要相关,有助于财务会计报告使用者对企业过去、现在或者未来的情况做出评价或者预测。"

相关性又称为有用性,是指企业提供的会计信息应当与使用者的经济决策需要相关,有助于会计信息使用者对企业过去、现在和未来的情况做出评价或预测。会计信息的价值在于是否有助于决策,为了保证会计信息的相关性,要求企业在收集、加工、处理和提供会计信息过程中,充分考虑会计信息使用者的要求,尽可能披露更多的会计信息。对于某些特定用途的信息,如果不便,可不在会计报表上披露,例如,债权人能够根据债务人企业在下一年度的偿债能力,证实此前其对该企业偿债能力的判断。这说明该企业提供的会计信息具有相关性,因为该债权人可能会因此而决定是延续还是终止其对该企业的贷款政策。

三、可理解性

《企业会计准则——基本准则》第十四条规定:"企业提供的会计信息应当清晰明了,便于财务会计报告使用者理解和使用。"

可理解性也称明晰性,是指会计信息应当清晰明了,便于使用者理解和使用。只有这样,才能提高会计信息的有用性,实现会计目标。可理解性要求会计所提供的信息内容要尽量充分,表达要简明扼要,通俗易懂。

提供会计信息的目的在于使用,要使用就必须了解会计信息的内涵,明确会计信息的内容,这就要求会计核算和财务会计报告清晰明了。可理解性不仅是信息的一种质量标准,也是一个与信息使用者有关的质量标准。会计人员应尽可能传递、表达易被人理解的会计信息,而使用者也应设法提高自身的综合素养,以增强理解会计信息的能力。

四、可比性

《企业会计准则——基本准则》第十五条规定:"企业提供的会计信息应当具有可比性。"

可比性是指企业提供的会计信息应当可以比较,可比性也是会计信息质量的一项重要要求。它包括两个方面的含义:一是同一企业在不同时期的纵向可比,不同企业在同一时期的横向可比。同一企业在不同时期发生的相同或类似的交易或事项,应当前后期一致的会计政策,不得随意变更。确定需要变更的,应将变更的内容、原因及对企业财务状况和经营成果的影响等,在报表附注中说明。只有前后期均采用相同的会计核算方法,不同时期的会计信息才可以进行比较分析。二是不同企业发生相同或者相似的交易或者事项,应当采用规定的会计政策,确保会计信息口径一致,相互可以比较。

例如,存货的领用和发出,可以采用先进先出法、加权平均法或者个别计价法确定其实际成本;固定资产折旧方法可以采用直线法、工作量法、双倍余额递减法、年数总和法等。为了明确企业财务状况和经营业绩的变化趋势,评估不同企业相对的财务状况、经营业绩和现金流量,使用者还必须能够比较不同企业的财务报表。因此,对整个企业及其不同的时点以及对不同的企业而言,同类交易或其他事项的计量和报告,都应该采用一致的会计核算方法。

五、实质重于形式

《企业会计准则——基本准则》第十六条规定："企业应当按照交易或事项的经济实质进行会计确认、计量和报告，不应仅以交易或事项的法律形式为依据。"

实质重于形式是指企业应当按照交易或事项的经济实质进行会计确认、计量和报告，而不是仅以交易或事项的法律形式为依据。在实际工作中，有时候会计事项的法律形式与经济实质不一致，为了反映企业的真实情况，应当根据其经济实质而不是法律形式来进行会计核算。

例如：以融资租赁方式租入的固定资产，从法律上讲，在租赁期内承租企业不拥有对资产的所有权。但是由于承租企业有权支配该资产并获得收益，并且租赁期满时有优先购买权。从经济实质上看，企业能够控制该资产所创造的未来收益，所以会计核算时将融资租入资产视为承租企业的自有资产。又如：企业销售商品的售后回购，如果企业已将所销售的商品所有权上的主要风险和报酬转移给购货方，并同时满足收入确认的其他条件，则销售实现，应确认收入。如果企业没有将商品所有权上的主要风险和报酬转移给购货方，或没有满足收入确认的其他条件，即使已将商品交付购货方，也不能确认收入。

六、重要性

《企业会计准则——基本准则》第十七条规定："企业提供的会计信息应当反映与企业财务状况、经营成果和现金流量等有关的所有重要交易或者事项。"

重要性是指财务报告在全面反映企业的财务状况和经营成果的同时，应当区别经济业务的重要程度，采用不同的会计处理程序和方法。具体来说，对于重要的经济业务，应单独核算、分项反映，力求准确，并在财务报告中做重点说明；对于不重要的经济业务，在不影响会计信息真实性的情况下，可适当简化会计核算或合并反映，以便集中精力抓好关键。

判断交易或事项是否重要性时，主要关注两个方面：一是性质；二是金额。当某一会计事项有可能对决策产生影响时，就属于重要性，或者当某一项目的金额达到一定规模时，也有可能对决策产生影响，也属于重要事项。

重要性具有相对性，并不是同样的业务对不同的企业都是重要或不重要的事项。对某项会计事项判断其重要性，在很大程度上取决于会计人员的职业判断。重要性可以从质和量两个方面进行判断。从性质方面来说，如果某会计事项发生可能对决策产生重大影响，则该事项属于具有重要性的事项；从数量方面来说，如果某会计事项的发生达到一定的数量或比例可能对决策产生重大影响，则该事项属于具有重要性的事项。

七、谨慎性

《企业会计准则——基本准则》第十八条规定："企业对交易或者事项进行会计确认、计量和报告应当保持应有的谨慎，不应高估资产或者收益、低估负债或者费用。"

谨慎性也称为稳健性，是指企业对交易或事项进行会计确认、计量和报告时应当保持应有的谨慎,不应高估资产或收益,不应低估负债或费用。企业的经营活动充满风险和不确定性,为了防止意外情况发生时对经营活动产生严重影响,会计人员应当保持必要的职业谨慎,充分估计可能发生的费用和损失,但是不预计可能发生的收入。也就是说,企业在进行会计核算时,对可能发生的费用和损失,可以合理预计并入账;对可能取得的收入,则不能提前入账。

谨慎性的要求体现于会计核算的全过程,要求企业在资产负债表日判断企业的资产是否存在可能发生减值的迹象,如果资产存在减值迹象的,应当估计其可收回金额。可收回金额的计量结果如果表明资产的可回收金额低于其账面价值的,应当将资产的账面价值减记至可回收金额,减记的金额确认为资产减值损失,计入当期损益,同时计提相应的资产减值准备。对于企业固定资产采用加速折旧法计提折旧等,都属于谨慎性要求的具体体现。

遵循谨慎性要求,对企业存在的经营风险加以合理估计,为防范风险起到预警作用,有利于企业做出正确的经营决策,有利于保护投资者和债权人的利益,有利于提高企业在市场上的竞争能力。企业在运用谨慎性要求时,不能滥用,不能以谨慎为由任意计提各种准备,即秘密准备。

八、及时性

《企业会计准则——基本准则》第十九条规定:"企业对于已经发生的交易或者事项,应当及时进行会计确认、计量和报告,不得提前或者延后。"

及时性是指企业对于已经发生的交易或事项,应当及时进行会计确认、计量和报告,不得提前,也不得延后。它要求当期发生的经济业务必须在当期处理,及时记账、结账、编制财务会计报告,并及时将信息传递出去,以便会计信息使用者及时使用。会计信息具有时效性,只有及时提供会计信息,才能提高会计信息的有用性,因此及时性是相关性的保证,在激烈的市场竞争条件下,这一要求显得更为重要。

为了及时地提供信息,在了解某交易或其他事项的所有方面之前,就可能有必要作出报告,这就会损害可靠性。相反,如果推迟,在了解所有方面之后再报告,信息可能极为可靠,但是对于必须在事中决策的使用者,用处可能很小。要在相关性和可靠性之间达到平衡,决定性的问题是如何最佳地满足使用者的经济决策需要。信息的报告如果被不适当地拖延,就可能失去其相关性。

上述八项会计信息的质量特征,在实务中,常常需要在各特征之间权衡或取舍。其目的一般是为了达到质量特征之间的适当平衡,以便实现财务报告的目标。会计信息质量特征在不同情况下的相对重要性,属于会计人员的职业判断问题。

第三节　会计计量属性

会计计量是对经济交易或事项的价值数量关系进行计量和衡量的过程,其实质是以数量关系揭示经济事项之间的内在联系。会计不仅要对经济活动中经济现象的内容予以确认,同时还要对经济现象内含的价值数量关系进行计量。计量是指用一个规定的标准已知量作单位,和同类型的未知量相比较而加以检定的过程。会计中的计量是从会计的角度,运用会计上特定的计量标准(即计量属性),对经济活动中财产物资的价值变化进行计算和衡量。

国际会计准则认为,会计计量是"为了在资产负债表和利润表内确认和列示财务报表的要素而确定其金额的过程",会计计量就是要计算、衡量资产、负债、所有者权益、收入、费用和利润等要素的数量变动,并确定其应当在财务报表中列示的金额。国际会计准则的观点侧重于从会计信息系统运行的角度来理解会计计量的含义。

会计计量是会计的核心内容,贯穿于财务会计过程之始终。

会计计量属性也称"计量基础"或"计价标准",是指企业在对会计要素进行计量时所采用的计量标准。我国《企业会计准则——基本准则》规定,会计计量属性包括历史成本、重置成本、可变现净值、现值、公允价值等。例如,一台机器可以按原来取得时的实际价格(历史成本)作为金额,也可以按现在购买同样机器的价格(重置成本)作为其金额,也可以按现在出售它的售价(可变现净值)作为其金额等。这些都可以作为该台机器(固定资产)金额的确定基础。

一、历史成本

历史成本也称为实际成本,是指在企业会计核算中,对资产按照购置时支付的现金或现金等价物的金额,或者按照资产购置时所付出的对价的公允价值计量;负债按照因承担现时义务而实际收到的款项或资产的金额,或者承担现时义务的合同金额,或者按照日常活动中为偿还负债预期需要支付的现金或现金等价物金额计量。

历史成本是通过交易确定的,有原始凭证为依据,具有客观性,减少了人为操纵的同时,历史成本取得成本低,数据便于进行验证。采用历史成本计量属性是以币值稳定为前提的,如果物价变动幅度较大,历史成本就不能如实反映资产或负债的实际价值。

在会计实务中,由于历史成本客观且可核实,因而被公认为是一切资产项目计价的基础,也是进行成本计算的依据。历史成本是会计计量中最重要和最基本的计量属性,一直是国际会计惯例中的基础性计价标准,以历史成本计量属性为基础的财务会计模式,被称为历史成本会计模式。在物价较为稳定的经济环境中,历史成本会计信息具有相关性、可靠性,有利于会计信息使用者的各种决策,但在物价变动幅度较大的经济环境中,历史成本会计信息的质量会大大降低。

二、重置成本

在重置成本计量属性下,资产按照现在购买相同或者相似资产所需要支付的现金或者现金等价物的金额计量。负债按照现在偿付该项债务所需支付的现金或者现金等价物的金额计量。

在原始交易日,重置成本与历史成本代表相同的价值量,都等于当时资产或负债的交易价格。原始交易日后,两者则会出现不同程度的差异。这种差异来自市场价格波动、通货膨胀、技术进步等多种因素。重置成本与历史成本的差异,是持有资产的利得或损失。现行成本属性用于对现有资产价值的重新计量和"表述"。

例如,企业某项设备一年前购入时的历史成本为 50 000 元,现假设准备添置该设备,依据当前市场上该设备的价格估计需要支出 46 000 元,说明该设备的现行成本(重置成本)为 46 000 元。现行成本可以衡量企业持有资产当前的市场价格水平,较为准确地反映维持资产再生产能力所需的物质补偿。

三、可变现净值

在可变现净值计量属性下,资产按照其正常对外销售所能收到现金或者现金等价物的金额扣减该资产至完工时估计将要发生的成本、估计的销售费用以及相关税费后的金额计量。

采用可变现净值属性,就是对资产按照正常销售所能收到的现金或现金等价物金额扣除该资产至完工时估计将要发生的销售费用以及相关税费后的金额计量。例如,企业某项资产的出售价格为 2 000 元,支付运杂费等 500 元,则该项资产的可实现净值为 1 500 元。运用可变现净值计量属性时,不考虑相关现金流入与流出的货币时间价值问题。可变现净值计量属性提供的会计信息,具有较强的决策相关性,但其实际操作难度较大。

四、现值

在现值计量属性下,资产按照预计从其持续使用和最终处置中所产生的未来净现金流入量的折现金额计量。负债按照预计期限内需要偿还的未来净现金流出量的折现金额计量。例如,企业 1 年后才能收到的应收款项 20 000 元,在利率(或贴现率)为 5% 的条件下,其价值为 19 048 元[20 000÷(1+5%)]。美国财务会计准则委员会于 2000 年 2 月发布了第 7 号财务会计概念公告《在会计计量中使用现金流量信息和现值》,意味着现值计量属性在未来经济发展中将更为重要。

五、公允价值

在公允价值计量属性下,资产和负债按照市场参与者在计量日发生的有序交易中,出售资产所能收到或者转移负债所需支付的价格计量。在公平交易中,交易双方应当是持续经营的企业,不存在清算、重大缩减经营规模,或在不利条件下进行交易等问题。

采用公允价值属性,资产和负债均按照在公平交易中,熟悉情况的交易双方自愿进行资产交换或债务清偿的金额计量。对于存在活跃市场的资产和负债,按市场报价或最近交易价格确定公允价值。不存在活跃市场的资产和负债,可以采用估价技术确定其公允价值。公允价值应用的理想条件是具有一个完善、成熟的市场经济环境。选择公允价值计量属性,目的在于确保交易价格的客观性和资产价值或债务金额的真实性。

国际会计准则只认可历史成本、现行成本、可实现净值和现值作为会计计量属性,并认为历史成本是企业编制财务报表最为常用的计量基础,而且应用历史成本时常常结合其他计量基础。在计量属性的选择上,我国《企业会计准则——基本准则》(2006)认可了国际会计准则的观点，并增加了公允价值计量属性。

第四节　权责发生制和收付实现制

权责发生制与收付实现制是确定收入和费用的两种截然不同的会计处理基础。企业生产经营活动在时间上是持续不断的，不断地取得收入，不断地发生各种成本、费用，将收入和相关的费用配比，就可以计算和确定企业生产经营活动产生的利润（或亏损）。由于企业生产经营活动是连续的，而会计期间是人为划分的，所以难免有一部分收入和费用出现收支期间和应归属期间不一致的情况。因此在处理这类经济业务时，应正确选择合适的会计处理基础。可供选择的会计处理基础包括收付实现制和权责发生制两种。会计基础是指会计确认、计量和报告的基础，会计确认是指按照规定的标准和方法，确定是否将企业的经济活动记入会计凭证、账簿并列入会计报表的过程。会计计量是指运用一定的计量单位和计量属性，确定被记录项目金额的过程。会计记录是指将经过确认和计量的信息在会计特有的载体上予以登记的过程。会计报告是指将日常记录的会计信息归类整理后编制成财务会计报告，以便将会计信息提供给使用者的过程。

一、权责发生制

《企业会计准则——基本准则》第九条规定："企业应当以权责发生制为基础进行会计确认、计量和报告。"

权责发生制，也称应收应付制，是指企业以收入的权利和支出的义务是否归属于本期为标准来确认收入、费用的一种会计处理基础。也就是以应收应付为标准，而不是以款项的实际收付是否在本期发生为标准来确认本期的收入和费用。在权责发生制下，凡是属于本期实现的收入和发生的费用，不论款项是否实际收到或实际付出，都应作为本期的收入和费用入账；凡是不属于本期的收入和费用，即使款项在本期收到或付出，也不作为本期的收入和费用处理。由于它不考虑款项的收付，而以收入和费用是否归属本期为准，所以称为应计制。在许多情况下，企业本期收到的款项就是本期已获得的收入，如本期销售商品，本期收到款项；企业本期付出的款项就是本期应当负担的费用，如本期支付本期的营业费用。

由于按权责发生制确认收入和费用，能够更准确地反映企业在特定会计期间真实的财务状况和经营成果，权责发生制从时间上界定了会计确认的基础。应用权责发生制，企业应当在会计期末对跨期收入和跨期费用项目进行调整，如递延项目的摊销、应计费用的计列等。

【例 3-1】　宏泽公司于 202×年 12 月收取下一年 1—6 月的租金 10 000 元。

分析：虽然租金已经收到，但是收入尚未取得（因其劳务尚未提供）。10 000 元租金收入需要在以后 6 个月才能获得，就 12 月而言，这是预收收入，是一项负债，而非收入。

【例 3-2】　宏泽公司于 202×年 12 月支付下一年度的保险费 12 000 元。

分析：保险公司在 202×年 12 月尚未提供劳务，因而在 202×年不确认此项费用，这笔款项应由下一年负担。这是预付费用，是一项流动资产。

【例3-3】 宏泽公司于202×年12月销售商品100 000元,款项尚未收到。

分析:商品及劳务已提供,应属于12月的应计收入,无论款项何时收到。

【例3-4】 宏泽公司于202×年12月耗用水电费3 000元,其费用将于下年1月支付。

分析:这部分尚未支付的费用,按权责发生制的原则就是本月的应计费用,无论款项何时支付。

【例3-5】 宏泽公司于10月10日销售商品一批,10月25日收到货款,存入银行。

分析:这笔销售收入由于在10月收到了货款,按照权责发生制的处理标准,应作为10月的收入入账。

【例3-6】 宏泽公司于12月30日用银行存款支付本月水电费。

分析:这笔费用在本年12月付款,按照权责发生制的处理标准,应作为本年12月的费用入账。

二、收付实现制

收付实现制也称现收现付制,是以款项是否实际收到或付出作为确定本期收入和费用的标准。采用收付实现制会计处理基础,凡是本期实际收到的款项,不论其是否属于本期实现的收入,都作为本期的收入处理;凡是本期付出的款项,不论其是否属于本期负担的费用,都作为本期的费用处理。反之,凡本期没有实际收到款项和付出款项,即使应归属本期,也不作为本期收入和费用处理。这种会计处理基础,由于款项的收付实际上以现金收付为准,所以一般称为现金制。

【例3-7】 宏泽公司于12月10日销售商品一批,12月25日收到货款,存入银行。

分析:这笔销售收入由于在12月收到了货款,按照收付实现制的处理标准,应作为12月份收入入账。

【例3-8】 宏泽公司于11月1日销售商品一批,12月10日收到货款,存入银行。

分析:这笔销售收入虽然属于11月实现的收入,但由于是在12月收到货款,按照收付实现制的处理标准,应将其作为12月的收入入账。

【例3-9】 宏泽公司于8月10日收到某购货单位一笔货款,存入银行,但按合同规定于10月交付商品。

分析:这笔货款属于8月实现的收入,是在8月收到款项,按照收付实现制的处理标准,应将其作为8月的收入入账。

【例3-10】 宏泽公司于8月20日以银行存款预付材料采购款,但按合同规定材料将于10月交货。

分析:由于在本年8月支付了款项,按照收付实现制的处理标准,应将其作为本年8月的费用入账。

【例3-11】 宏泽公司于4月30日购入办公用品一批,但款项在5月支付。

分析:这笔费用虽然属于4月负担的费用,但由于款项是在5月支付,按照收付实现制的处理标准,应将其作为5月的费用入账。

【例3-12】 宏泽公司于10月30日用银行存款支付本月水电费。

分析:这笔费用在10月付款,按照收付实现制的处理标准,应作为10月的费用入账。

三、权责发生制与收付实现制比较

就权责发生制而言,企业提供了产品或劳务,就可以收到一笔款项或取得收款项的相关费用,应当由获得有关收入的会计期间来负担。这样可以对相关的收入和相关的费用或成本进行比较,并计算出盈亏。这种相互配合和相互比较的计算程序,就称为"配比"。采用权责发生制,在会计期间要确定本期的收入和费用,就要根据账簿的记录,对上面所涉及的预收收入、应计收入和应计费用进行账项调整,因而工作量相对较大。

收付实现制不考虑预收收入、预付费用、应计收入、应计费用的存在,而是根据实际收到和付出的款项进行入账,期末不需要进行账项调整,会计处理手续较为简便。但计算出来的企业盈亏,因不讲究配比原则,其结果不够合理。

【例 3-13】 宏泽公司 4 月发生下列有关经济交易或事项。

(1) 1 日,销售商品一批,货款 200 000 元当日收到(存入开户银行)。

(2) 7 日,收到 L 公司的购货款 50 000 元(商品已于 2 月 7 日交货)。

(3) 8 日,向 P 公司支付仓库租金 90 000 元(季付 4—6 月租金)。

(4) 13 日,销售商品一批,货款 100 000 元未收到(合同约定 5 月 13 日付款)。

(5) 17 日,支付注册会计师审计费用 50 000 元。

(6) 28 日,支付管理设备修理费用 6 000 元(付 1—3 月设备维护费用)。

(7) 30 日,计算确定本月管理用固定资产折旧费用为 50 000 元

要求:分别按权责发生制和现金收付制确定 4 月的收入数额和费用数额。

解:(1) 按权责发生制分析。

交易一:商品销售行为于 4 月完成,取得收入的权利形成于 4 月,属 4 月营业收入。

交易二:商品销售行为已于 2 月完成,属于 2 月的销售收入,不构成 4 月的收入。

交易三:该项租金费用发生对应的仓库使用期是 4—6 月,因此,此租金应当由 4—6 月承担。该支出构成 4 月 1/3 费用。

交易四:该批商品的销售行为于 4 月发生,取得收入的权利应当归属于 4 月。

交易五:审计于 4 月进行,费用的责任产生于 4 月,该费用应当由 4 月负担。

交易六:尽管费用支付时间在 4 月,但该项费用的责任产生在 1—3 月,不属于 4 月的费用。

交易七:该项费用为 4 月使用固定资产的费用,其责任应当归属于 4 月,确认为 4 月的费用。

(2) 按现金收付制分析。

交易一:本月销售商品、本月实际收到货款,应当确认为 4 月营业收入。

交易二:2 月销售商品、本月实际收到货款,应当确认为 4 月营业收入。

交易三:4—6 月的费用、本月实际支付款项,应当确认为 4 月费用。

交易四:本月销售商品、本月未实际收到货款,不应当确认为 4 月营业收入。

交易五:本月发生的费用(管理费用)、本月实际支付款项,应当确认为 4 月费用。

交易六:前期发生的费用、本月实际支付款项,应当确认为 4 月的费用。

交易七:该项交易对现金不构成影响。

通过上述分析,计算确定 4 月按权责发生制和收付实现制的收入和费用,如表 3-1 所示。

表 3-1　权责发生制和收付实现制的收入与费用　　　　　　　单位:元

交易内容	权责发生制		收付实现制	
	收　入	费　用	收　入	费　用
交易一	200 000		200 000	
交易二			50 000	
交易三		30 000		90 000
交易四	100 000			
交易五		50 000		50 000
交易六				6 000
交易七		50 000		
合　计	300 000	130 000	250 000	146 000

本 章 小 结

会计核算的基本前提也称为会计假设,包括会计主体、持续经营、会计分期和货币计量四项。会计核算的四项基本前提,具有相互依存、相互补充的关系。没有会计主体,就没有持续经营;没有持续经营,就不会有会计分期;没有货币计量,就不会有现代会计。为了实现会计目标,保证会计信息系统所提供的会计信息真实可靠、内容完整,我国还对会计信息质量提出了可靠性、相关性等八项要求。会计核算过程中所采用的计量属性包括历史成本、重置成本、可变现净值、现值、公允价值等。为了判断企业在经营过程活动的结果是盈利还是亏损,就必须研究权责发生制和收付实现制,以及在权责发生制原则下,如何调整收入、费用、成本。

复 习 思 考 题

1. 什么是会计假设?为什么要确定会计假设?

2. 会计主体与法律主体是一回事吗?为什么?

3. 持续经营假设与会计期间假设之间是否存在联系?为什么?

4. 什么是会计期间?在实际工作中,会计期间是怎样确定的?

5. 什么是会计计量?什么是会计计量属性?会计计量属性有哪些?

6. 会计信息质量有哪些特征?具体包括哪些内容?

7. 相关性和可靠性受到其他哪些质量特征的制约?

8. 各项会计信息质量特征之间有何关系?如何权衡它们之间的关系?

9. 简述权责发生制和收付实现制的含义及区别,并指出其优、缺点。

10. 采用权责发生制作为记账的基础时,对收入和费用的确认,有哪些具体标准?

业 务 题

习题一

1. 目的:练习权责发生制和收付实现制。

2. 资料:宏泽公司有关会计资料如下。

(1) 5 月 3 日向 H 公司交付一批商品,价款 150 000 元,该货款已于 4 月 9 日收到。

(2) 5 月 5 日销售商品一批,货款共计 500 000 元,其中,200 000 元于 5 月 12 日收到,250 000 元于 6 月 4 日收到,50 000 元尚未收到。

(3) 5 月 25 日预收 J 公司购货款 210 000 元,按合同约定该商品将于 6 月 26 日交货。

(4) 5 月 27 日收到 4 月 3 日的商品销售款 80 000 元。

(5) 5 月 31 日支付 4—6 月水电费共计 18 000 元。

(6) 6 月 30 日支付水电费 7 100 元。

(7) 4—6 月房屋费用 12 000 元已于 4 月 1 日支付。

(8) 5 月 8 日支付办公设备修理费 9 000 元(其受益期为 5—7 月)。

(9) 6 月 30 日支付 4—6 月借款利息 6 000 元。

(10) 中期财务报告的审计费用 5 000 元,于 4 月 30 日支付。

3. 要求:

(1) 按权责发生制确认并计算 4 月、5 月、6 月的收入数额、费用数额。

(2) 按现金收付制确认并计算 4 月、5 月、6 月的收入数额、费用数额。

习题二

1. 目的:比较权责发生制和收付实现制。

2. 资料:宏泽公司 6 月的部分经济业务如下。

(1) 收到上月产品销售货款 50 000 元。

(2) 销售产品 178 000 元,其中 134 000 元已收到现款存入银行,其余货款尚未收到。

(3) 预收销货款 220 000 元。

(4) 支付第一季度借款利息共计 4 500 元。

(5) 支付本月份的水电费 2 400 元。

(6) 本月提供劳务收入 12 600 元,尚未收款。

(7) 预付下一季度房租 13 600 元。

(8) 年初已支付全年财产保险费 144 000 元,由各月平均负担。

(9) 上月预收货款的产品本月发出,实现收入 123 000 元。

(10) 本月应计提固定资产折旧费用 2 500 元。

3. 要求:

(1) 分别用权责发生制和收付实现制列表计算 6 月的收入、费用和利润。

(2) 比较两种会计基础下的利润总额,并予以简要的说明。

习题三

1. 目的：权责发生制和收付实现制。

2. 资料：宏泽公司 202×年上半年度部分费用的发生情况如下。

（1）1 月预付第一季度的报刊预订费 2 400 元。

（2）1 月预付上半年度的财产保险费 12 600 元。

（3）1 月预提短期借款利息 2 100 元，季末结算。

（4）2 月预付半年的房屋租金 25 800 元。

（5）3 月支付第一季度的短期借款利息 5 700 元。

（6）2 月实际发生产品"三包"费用 12 800 元。

3. 要求：

（1）按照权责发生制和收付实现制，分别计算第一季度各月的费用总额。

（2）比较两种会计基础对利润的影响。

第四章

会计科目与账户

学习目标 |||||||||||||

学习目标 |||||||||||||

通过本章的学习,学生应了解设置会计科目的意义和原则;熟悉会计科目核算的基本内容和科目级次;掌握账户的含义和结构;了解会计科目与账户的关系。

第一节 会计科目

一、会计科目的含义

为了全面、系统、分类核算和监督各项经济业务的发生情况以及由此引起的各项会计要素的增减变化情况,各单位都要合理地设置会计科目。会计科目是为了满足会计确认、计量、报告的要求,根据企业内部会计管理和外部信息需要,对会计要素具体内容进行分类的项目,是对资金运动第三层次的划分。通过设置会计科目,可以把各项会计要素的增减变化分门别类地记在账上,清楚地为企业内部经营管理和企业外部有关方面提供一系列具体分类的数量指标。对于企业的资产来说,通过设置会计科目,还可以把价值形式的综合核算和财产物资的实物核算有机地结合起来,从而有效地控制财产物资的实物形态。会计科目是设置账户、处理账务所必须遵守的规则和依据。会计科目是对会计要素的具体内容进行分类核算的项目。

会计科目是进行各项会计记录和提供各项会计信息的基础,在会计核算中具有重要意义,主要表现如下。

(1) 会计科目是复式记账的基础。复式记账要求每一笔交易或事项(经济业务)在两个或两个以上相互联系的账户中进行登记,以反映资金运动的来龙去脉。

(2) 会计科目是编制记账凭证的基础。会计凭证是确定所发生的经济业务应记入何种科目以及分门别类登记账簿的凭据。

(3) 会计科目为成本计算与财产清查提供了前提条件。通过会计科目的设置,有助于成本核算,使各种成本计算成为可能;而通过账面记录与实际结存的核对,又为财产清查、保证账实相符提供了必备的条件。

(4) 会计科目为编制财务报告提供了方便。会计报表是提供会计信息的主要依据,为了保证会计信息的质量及其提供的及时性,会计报表中的许多项目与会计科目是一致的,并根据会计科目的本期发生额或余额填列。

二、会计科目设置的原则

分类是管理的一种形式,会计科目作为分类信息项目或标志,分类的正确与否决定着会计信息的科学性、系统性和实用性。各单位由于经济业务活动的具体内容、规模大小与业务繁简程度等情况不尽相同,在具体设置会计科目时,应考虑其自身特点和具体情况,设置会计科目时都应遵循以下原则。

1. 全面反映会计要素内容

会计科目是对会计内容进行基本分类的基础上所做出的进一步分类,因此,企业所设会计科目应能全面反映和监督资产、负债、所有者权益、收入、费用和利润等会计内容;行政、事业单位所设会计科目应能全面反映和监督资产、负债、净资产、收入和支出等会计内容。此外,每个会计主体还应结合本单位的实际情况,设置能够反映本单位特点的会计科目。例如,工业企业是制造产品的生产性单位,就必须设置核算产品制造过程的会计科目;商业企业是组织商品流通的单位,则只需设置能够核算商品流通过程的会计科目。

2. 符合经济管理要求

会计科目的设置既要符合国家宏观经济管理的要求,又要满足会计主体内部经济管理的需要。国家制定会计准则和统一的会计制度就是为了规范各会计主体的会计核算行为,按照统一要求提供会计信息,以满足国家宏观经济管理的要求。因此,无论是企业,还是行政、事业单位必须按照国家统一的会计制度的规定设置会计科目。同时,会计主体可以根据其内部管理的不同需要灵活掌握,自行增加、减少或合并某些会计科目。例如,企业可以根据材料品种、数量的多少和管理上的要求,设置一个会计科目反映多种材料,也可以设置多个会计科目进行反映。

3. 满足发展的需要,又要保持相对稳定

会计科目的设置,要适应社会经济环境的变化和本单位业务发展的需要。例如,随着商业信用的发展,为了核算和监督商品交易中的提前付款或延期交货而形成的债权债务关系,核算中应单独设置"预付账款"和"预收账款"会计科目,即把预收、预付货款的核算从"应收账款"和"应付账款"会计科目中分离出来。再如,随着技术市场的形成和专利法、商标法的实施,对企业拥有的专有技术、专利权、商标权等无形资产的价值及其变动情况,有必要专设"无形资产"会计科目予以反映。但是,会计科目的设置应保持相对稳定,以便在一定范围内综合汇总以及在不同时期对比分析其所提供的核算指标。

4. 统一性与灵活性相结合

所谓统一性,是指在设置会计科目时,要按照国家有关会计制度中对会计科目的设置及其核算内容所做的统一规定,以保证会计核算指标在一个部门乃至全国范围内综合汇总,分析利用。所谓灵活性,是指在保证提供统一核算指标的前提下,各会计主体可以根据本单位的具体情况和经营管理要求,对统一规定的会计科目做必要的增补、分拆或合并。例如,财政部颁布的《企业会计准则应用指南》附录中列示的会计科目,未设置"待摊费用"和"预提费用"科目,但企业如果沿用实务中的惯例,仍可以保留这两个账户。

5. 简明适用,称谓规范

每一个会计科目都应有特定的核算内容,各账户之间既要有联系,又要有明确的界限,不能含糊不清。在设置会计科目时,对每一个科目的特定核算内容必须严格、明确地界定。总分类科目的名称应与国家有关会计制度的规定相一致,明细分类科目的名称也要含义明确、通俗易懂。科目的数量和详略程度应根据企业规模的大小、业务的繁简和管理的需要而定。

三、会计科目的分类

会计科目按其反映经济内容、所提供信息的详细程度及其统驭关系分类。

1. 按反映的经济内容分类

会计科目按其反映的经济内容不同,可分为资产类科目、负债类科目、共同类科目、所有者权益类科目、成本类科目和损益类科目。

(1)资产类科目是对资产要素的具体内容进行分类核算的项目,按资产流动性分为反映流动资产的科目和反映非流动资产的科目。

(2)负债类科目是对负债要素的具体内容进行分类核算的项目,按负债的还款期限分为反映流动负债的科目和反映非流动负债的科目。

(3)共同类科目是既有资产性质又有负债性质的科目,主要有"清算资金往来""外汇买卖""衍生工具""套期工具""被套期项目"等科目。

(4)所有者权益类科目是对所有者权益要素的具体内容进行分类核算的项目,按所有者权益的形成和性质可分为反映资本的科目和反映留存收益的科目。

(5)成本类科目是对可归属于产品生产成本、劳务成本等的具体内容进行分类核算的项目,按成本的内容和性质的不同可分为反映制造成本的科目、反映劳务成本的科目等。

(6)损益类科目是对收入、费用等的具体内容进行分类核算的项目。

我国财政部2018年新发布的《企业会计准则》中规定的企业会计科目的设置如表4-1所示。

表 4-1　常用会计科目参照表

顺序号	编号	会计科目名称	顺序号	编号	会计科目名称
一、资产类			42	1901	待处理财产损溢
1	1001	库存现金	43	1481	持有待售资产
2	1002	银行存款	44	1482	持有待售资产减值准备
3	1012	其他货币资金	二、负债类		
4	1101	交易性金融资产	45	2001	短期借款
5	1121	应收票据	46	2101	交易性金融负债
6	1122	应收账款	47	2201	应付票据
7	1123	预付账款	48	2202	应付账款
8	1131	应收股利	49	2203	预收账款
9	1132	应收利息	50	2211	应付职工薪酬
10	1221	其他应收款	51	2221	应交税费
11	1231	坏账准备	52	2231	应付利息
12	1401	材料采购	53	2232	应付股利
13	1402	在途物资	54	2241	其他应付款
14	1403	原材料	55	2501	长期借款
15	1404	材料成本差异	56	2502	应付债券
16	1405	库存商品	57	2701	长期应付款
17	1406	发出商品	58	2702	未确认融资费用
18	1407	商品进销差价	59	2711	专项应付款
19	1408	委托加工物资	60	2801	预计负债
20	1411	周转材料	61	2901	递延所得税负债
21	1471	存货跌价准备	62	2245	持有待售负债
22	1501	债券投资	三、共同类（略）		
23	1502	债券投资减值准备	四、所有者权益类		
24	1503	其他债券投资	63	4001	实收资本
25	1511	长期股权投资	64	4002	资本公积
26	1512	长期股权投资减值准备	65	4101	盈余公积
27	1521	投资性房地产	66	4103	本年利润
28	1531	长期应收款	67	4104	利润分配
29	1532	未实现融资收益	68	4301	其他综合收益
30	1601	固定资产	五、成本类		
31	1602	累计折旧	69	5001	生产成本
32	1603	固定资产减值准备	70	5101	制造费用
33	1604	在建工程	71	5201	劳务成本
34	1605	工程物资	72	5301	研发支出
35	1606	固定资产清理	六、损益类		
36	1701	无形资产	73	6001	主营业务收入
37	1702	累计摊销	74	6051	其他业务收入
38	1703	无形资产减值准备	75	6101	公允价值变动损益
39	1711	商誉	76	6111	投资收益
40	1801	长期待摊费用	77	6115	资产处置损益
41	1811	递延所得税资产	78	6301	营业外收入

续表

顺序号	编号	会计科目名称	顺序号	编号	会计科目名称
79	6401	主营业务成本	84	6603	财务费用
80	6402	其他业务成本	85	6701	资产减值损失
81	6403	税金及附加	86	6711	营业外支出
82	6601	销售费用	87	6801	所得税费用
83	6602	管理费用	88	6901	以前年度损益调整

注:会计科目的编号是会计科目的数字代码。总分类科目的编号一般为四位数码,其中:首位数字表示大类或会计要素,如1表示资产类,2表示负债类,4表示所有者权益类,5表示成本类,6表示损益类;第二位数字表示大类下的小类;四位数字组合起来表示具体的会计科目。统一规定会计科目的编号,是为了便于编制会计凭证,登记会计账簿,查阅账目,实行会计电算化。单位在填制会计凭证、登记会计账簿时,应当填列会计科目的名称,或者同时填列会计科目的名称和编号,不应当只填会计科目编号,不填会计科目名称。

2. 按照提供核算指标详细程度及其统驭关系分类

按照提供核算指标详细程度及其统驭关系可以分为总分类科目和明细分类科目两种。

(1)总分类科目,又称总账科目或一级科目,是对会计要素的具体内容进行总括分类,提供总括信息的会计科目。总分类科目反映各种经济业务的概括情况,是进行总分类核算的依据。总分类科目原则上由国家财政部统一制定,以会计规范的形式颁布实施。

(2)明细分类科目,又称明细科目,是对总分类科目作进一步分类,提供更为具体会计信息的科目。如果某一总分类科目所属的明细分类科目较多,可在总分类科目下设置二级明细科目,在二级明细科目下设置三级明细科目。它提供明细核算指标,主要为企业内部管理服务。例如,某百货公司可以在"库存商品"这个总分类科目下,设置诸如"服装类""食品""家用电器类"等二级科目,在每一个二级科目下,再按商品的品种、规格设置明细科目。明细科目的设置,除国家统一设置外,各单位可根据本单位的具体情况和经济管理的需要自行规定。

总分类科目和明细分类科目的关系是:总分类科目对其所属的明细分类科目具有统驭和控制的作用,而明细分类科目是对其所归属的总分类科目的补充和说明。总分类科目和明细分类科目的对比如表4-2所示。

表4-2　总分类科目和明细分类科目的对比

总分类账(一级科目)	明细分类科目	
	二级科目(子目)	明细科目(细目、三级科目)
库存商品	服装类	男装 女装 ……
	食品类	糖果 糕点 ……
	家用电器类	冰箱 彩电 ……

第二节　账　户

一、账户的概念与分类

（一）账户的概念

账户是根据会计科目设置的，具有一定的格式和结构，用于分类反映会计要素增减变动情况及其结果的载体。设置账户是会计核算的重要方法之一。会计科目只是规定了对会计要素具体内容进行分类核算的项目或名称，不能进行具体的核算。而账户可以将经济业务涉及的原始数据加工为初始的会计信息，能够进行系统、全面、连续的核算。

账户与会计科目是两个不同的概念，它们之间既有联系又有区别。它们的联系在于：会计科目是账户的名称，账户是按照会计科目设置的，会计科目的经济内容决定了账户所核算和记录的内容。所以，账户与会计科目都是用来对某项经济内容进行分门别类的核算。也就是说，两者所反映的经济内容是一致的。账户与会计科目的区别在于：会计科目只是经济内容进行分类的项目名称，仅能说明反映的经济内容是什么，而账户不但反映的经济内容与会计科目相同，而且还具有一定的格式和结构，能够把经济业务的发生情况及其结果记录下来，提供所反映的经济内容增减变化情况的会计核算资料。会计科目如同楼房的设计图纸，而账户是建成的楼房。例如，"应收账款"科目能反映企业尚未收到的销货款项；而"应收账款"账户则能把这一经济业务在一定会计期间的增减变化及期末结余情况完整地记录下来，提供应收账款的动态和静态信息指标。实际工作中，一般没有将账户与会计科目严格区分。

（二）账户的分类

会计科目只是对会计对象的具体内容进行分类，即对会计要素进行分类，它仅规定了会计核算的具体内容。但只有分类的名称还不能提供任何指标，也就不能真实地记录和反映每一笔经济业务及其连续性，因此会计上所需的具体数据资料要通过有关账户来进行登记和积累，各单位必须在设置会计科目的基础上建立相应的账户。会计对象的内容是复杂多样的。要对它们进行系统的核算和有效的监督就离不开对会计账户的科学分类，通过分类取得各种不同性质的指标。账户可根据核算的经济内容、提供信息的详细程度及其统驭关系进行分类。

1. 账户按经济内容分类

账户的经济内容是指账户所反映的会计对象的具体内容。账户按经济内容分类是账户分类的基础，可分为以下五类：资产、负债、所有者权益、成本和损益类。这一分类和上一节的会计科目表分类相同。

（1）资产类账户。资产类账户是用来核算反映和监督各类资产的增减变动和结果情况的账户。资产类账户反映的会计内容，既有货币的，又有非货币的；既有有形的，又有无形的。资产类账户具体分为流动资产类账户和非流动资产类账户。资产类账户是用来反映和监督各种资产(包括各种财产、债权和其他权利)增减变动和结果的账户。例如,"库存现金""银行存款""应收账款""在途物资""原材料""库存商品""固定资产""无形资产""长期股权投资"等账户均为典型的资产类账户。

(2) 负债类账户。负债类账户是用来反映和监督各种负债增减变动和结果的账户。例如,"短期借款""应付账款""应付职工薪酬""应交税费""应付股利""长期借款""应付债券"等账户均为典型的负债类账户。

(3) 所有者权益类账户。所有者权益类账户是用来反映和监督所有者权益增减变动和结果的账户。按其形成的方式,该类账户可分为投资人投入的资本以及企业内部滋生的盈余公积金和未分配利润等留存收益账户。反映所有者权益的账户一般划分为投入资本类账户和留存收益类账户。例如,"实收资本"(或"股本")、"资本公积"和"盈余公积"等账户均为典型的所有者权益类账户。

(4) 成本类账户。成本类账户反映企业为生产产品、提供劳务而发生的经济利益的流出。它针对一定成本计算对象(如某产品、某类产品、某批产品、某生产步骤等),表明了由此发生的企业经济资源的耗费。例如,"生产成本""制造费用"等账户。

(5) 损益类账户。损益类账户反映某一会计期间的一切经营活动和非经营活动的所有损益内容,它既包括来自生产经营方面已实现的各项收入、已耗费需要在本期配比的各项成本、费用,也包括来自其他方面的业务收支,以及本期发生的各项营业外收支等。例如,"主营业务收入""其他业务收入""投资收益""主营业务成本""税金及附加""管理费用""财务费用""销售费用""资产减值损失"等账户。

2. 账户按提供信息的详细程度及其统驭关系不同分类

与会计科目的分类相对应,账户按其所提供信息的详细程度及其统驭关系不同分为总分类账户和明细分类账户。总分类账户是指根据总分类科目设置的、用于对会计要素具体内容进行总括分类核算的账户,简称总账账户或总账。例如,"生产成本""原材料"等账户都是总分类账户。明细分类账户是根据明细分类科目设置的、用来对会计要素具体内容进行明细分类核算的账户,简称明细账。总账账户称为一级账户,总账以下的账户称为明细分类账户。例如,"生产成本"账户下属的"一车间""二车间"和"原材料"账户下属的"A 材料""B 材料"就是明细分类账户。

二、账户的基本结构

账户是用来连续记录经济业务事项所引起的资金增减变动情况和结果,分类储存会计信息的载体,而引起资金增减变动的经济业务事项尽管错综复杂,但从数量上看无外乎是增加和减少两种情况,因此,账户的结构就应该相应地划分为左右两个基本部分:一部分反映资金的增加,一部分反映资金的减少,增减相抵后的差额称为账户的余额。账户分设的增加、减少、余额三个部分是账户的基本结构。账户的具体格式多种多样,作为账户的基本结构一般应该包括以下内容。

(1) 账户名称(即会计科目)。

(2) 日期(根据记账凭证的日期填写)。

(3) 凭证号数(账户记录的依据,目的是建立起凭证与账户、账簿之间的联系)。

(4) 摘要(概括说明经济事项的内容)。

(5) 增加金额、减少金额(左方及其金额,右方及其金额)。

(6) 余额(结存余额)。

账户的基本结构如表 4-3 所示。

表 4-3 账户名称(会计科目)

日期	凭证号数	摘要	增加金额	减少金额	余额

上述账户的基本格式是手工记账经常采用的格式。其左右两方的金额栏一方记录增加额,另一方记录减少额,增减金额相抵后金额称为账户的余额。余额按其表示的时间不同,分为期初余额和期末余额。因此,账户所记录的金额有期初余额、本期增加发生额、本期减少发生额和期末余额。

本期增加额是指一定时期(月份、季度、半年度或年度)内账户所登记的增加金额的合计,也称本期增加发生额。本期减少额是指一定时期内账户所登记的减少金额的合计,也称本期减少发生额。本期(增加或减少)发生额属于动态指标,它反映有关会计要素的增减变动情况。在没有期初余额的情况下,本期增加发生额与本期减少发生额相抵后的差额就是期末余额。本期的期末余额转入下期后,它就是下期的期初余额。期初余额和期末余额属于静态指标,它反映有关会计要素增减变动的结果。上述四种金额的关系可用下列等式表示。

期末余额=期初余额+本期增加发生额-本期减少发生额

上述账户结构,在教学上通常用简化的 T 形账户表示,如图 4-1 所示。

| 借方 | 账户名称(会计科目) | 贷方 |

图 4-1 T 形账户

这种账户格式与英文字母"T"非常相似,所以一般称为 T 形账户。在 T 形账户的左右两方,分别登记每个账户的增加额和减少额,但究竟哪一方记增加,哪一方记减少,余额在哪一方,取决于所采用的记账方法和所记录的经济业务内容。

本 章 小 结

会计科目是对会计对象的具体内容进行分类核算的项目,设置会计科目应遵循一定的原则。账户就是根据会计科目开设的,它是连续、分类记录各项经济业务,反映各个会计要素增减变化情况及其结果的一种工具。

会计科目和账户是两个不同的概念,两者都是对会计要素具体内容的进一步分类,科目是账户的名称,账户不仅有明确的经济内容,而且还有一定的结构。但在一般情况下,并不区分会计科目和账户。账户的结构都是由两个基本部分组成:一部分登记资金数量的增加,另一部分登记资金数量的减少。至于哪一方登记增加,哪一方登记减少,则取决于记账方法和账户所记录的经济业务的内容,即账户的性质。

复习思考题

1. 什么叫会计科目?设置会计科目的原则是什么?
2. 会计科目如何分类?
3. 什么叫账户?如何理解会计科目与账户之间的关系?
4. 什么是账户基本结构?账户中各项金额要素之间的关系是怎样的?
5. 什么叫期初余额、本期增加额及本期减少额?期末余额应如何确定?
6. 会计科目与账户有何异同?

业 务 题

习题一

1. 目的:熟悉会计科目的内容。
2. 资料:顺达公司 202×年 5 月发生下列经济业务。
(1) 投资人投资 500 000 元,存入银行存款户。
(2) 从银行存款归还银行短期借款 60 000 元。
(3) 本月产品销售收入共计 260 600 元,均已存入银行存款户。
(4) 从银行存款中提取现金 2 000 元,以备日常支用。
(5) 收到某单位所欠款项 11 500 元,存入银行存款户。
(6) 以现金购买零星办公用品 1 830 元。
(7) 从银行存款户提取现金 154 800 元,准备发放职工工资。
(8) 用现金发放职工工资 154 800 元。
(9) 购入材料一批计 15 260 元,货款从银行存款户中付讫。
(10) 从银行存款户中支付上月所欠某单位款项 12 000 元。
(11) 购入材料一批计 14 200 元,货款尚未支付。
(12) 从银行存款户中支付管理部门其他各种费用 8 980 元。
(13) 本月产品销售收入共计 72 500 元,已收到存入银行。
3. 要求:根据上述资料,指出各项经济业务涉及的会计科目,并指出每项业务中,该科目应记增(+)还是应记减(-)?

习题二

1. 目的:掌握会计科目的核算内容及其分类。

2. 资料:业务内容如下表所示。

××业务内容

业 务 内 容	资产	负债	所有者权益
1. 库存现金			
2. 出租包装物收取的押金			
3. 职工出差预借的差旅费			
4. 年度内分配的利润			
5. 应向外单位收取的货款			
6. 库存原材料			
7. 厂房、设备			
8. 已完工入库的产品			
9. 预提的借款利息			
10. 投资者投入的资本			
11. 本年度实现的利润总额			
12. 预付供货单位的货款			
13. 应交未交的税金			
14. 专利权			
15. 准备长期持有的股票			
16. 预付的保险费			
17. 应付供货单位的货款			
18. 向购货单位预收的货款			
19. 运输工具			
20. 应付未付的职工工资			

3. 要求:将上述业务内容所应使用的会计科目填入相应栏内。

习题三

1. 目的:掌握会计科目的级次。

2. 资料:某公司所使用的会计科目如下。

固定资产　　　　　　　金融机构手续费

应付E公司账款　　　　行政管理人员工资

生产用固定资产　　　　利息支出

应付账款　　　　　　　主营业务成本

主要材料　　　　　　　甲商品

C材料　　　　　　　　生产用机器设备

财务费用　　　　　　　甲商品销售成本

A材料　　　　　　　　原材料

库存商品　　　　　　　厂部办公费

生产用房屋 　　　　　　　　B 材料

应付 F 公司账款 　　　　　　厂部财产保险费

乙商品 　　　　　　　　　　乙商品销售成本

管理费用 　　　　　　　　　广告费

销售费用

3. 要求:指出上述科目中哪些属于一级科目,哪些属于二级科目,哪些属于三级科目,填入下表中相应栏内。

××科目

一级科目	二级科目	三级科目

第五章

复式记账

◆ **学习目标** ▌▌▌▌▌▌▌▌▌▌▌▌

　　通过本章的学习,学生应掌握记账方法、复式记账的理论依据和基本原则;熟练掌握借贷记账法的记账符号、账户结构、记账规则和试算平衡。

第一节　记账方法概述

一、记账方法的含义

　　记账方法是指根据一定的记账原理,按照一定的记账规则,在账簿中登记经济业务的方法。记账方法是否科学合理,将直接影响账簿记录的完整性和正确性。一般来讲,一种科学记账方法的内容应包括以下几个方面。

　　(1) 反映经济交易事项记录方向的"记账符号"。

　　(2) 经济交易事项基本内容在账上的反映方式,即"账户的设置及其结构"。

　　(3) 经济交易事项登记入账所应遵循的"记账规则"。

　　(4) 用以检查账户记录是否正确的"试算平衡方法"等。

　　会计科目和账户的设置,只是对会计内容,即经济业务事项预先做出了具体的分类,提供了核算和监督的载体。为了具体地把经济业务事项所引起的资金增减变动情况及其结果,既完整、准确又相互联系、简明扼要地反映到账户之中,就必须解决记账方法的问题。记账方法可以分为单式记账和复式记账两种。

1. 单式记账法

　　单式记账是一种简单的、不完整的记账方法。采用这种记账方法,通常只设现金、银行存款和应收款、应付款账户,不设实物账,对所发生的经济业务一般只在一个账户中登记。例如,用现金 10 000 元购买材料。这项经济交易用单式记账法登记,只需在现金账上登记一笔现金减少,不登记材料的增加。在单式记账法下,账户的设置不完整,账户之间也没有直接联系,因此不能全面地反映经济交易或事项的内容和来龙去脉,也不便于检查账户记录是否正确。目前这种记账方法已经很少使用。

单式记账法也曾是人类历史上一种比较科学的记账方法,它在反映和监督奴隶制经济和封建制经济中发挥过重要作用。单式记账法的优点是记账比较简单。随着资本主义经济关系的产生和发展,单式记账法逐渐显露出它的不足。由于对发生的每一笔经济交易或事项只在一个账户中进行登记,各账户之间没有严格的对应关系,不能正确核算成本和盈亏,账户记录不能相互平衡,是否正确无法进行自我检验等,因此,单式记账法已不适应社会经济发展的需要,逐渐被复式记账法所取代。

2. 复式记账法

复式记账是指对任何一项经济交易或事项,都必须以相等的金额在两个或两个以上的对应账户中相互联系地进行登记,借以反映会计对象具体内容增减变化的一种记账方法。例如,企业以现金 5 000 元支付办公费用。采用复式记账法,这项经济交易或事项除要在有关的库存现金账户中作减少 5 000 元的登记外,还要在有关费用账户中作增加 5 000 元的记录。这样登记的结果表明,企业库存现金的付出和费用的发生两者之间是相互联系的。又如,企业向某厂购入一批材料,计价 20 000 元,货已收到,款项尚未支付。采用复式记账法,这项经济交易或事项除要在结算债务账户中作增加 20 000 元的登记外,还要在有关的材料账户中作增加 20 000 元的记录。这样登记的结果,就使得债务的发生和材料的购进两者之间的关系一目了然。

与单式记账相比,复式记账有着以下明显的特点。

在复式记账法下,由于每一项经济交易或事项都要做双重记录,因此需要设置一套完整的账户体系。各账户之间存在密切联系,通过这些联系,不仅可以反映每一项经济交易或事项的来龙去脉,而且在把全部经济交易或事项都登记入账之后,可以通过账户记录全面系统地反映企业经济活动的过程和结果。除现金、银行账户外,还要设置实物性资产以及收入、费用和各种权益类账户。不仅记录货币的收付和债权债务的发生,而且要对所有财产和全部权益的增减变化,以及经营过程中所发生的费用和获得的收入作全面、系统地反映。由于对每一项经济业务都以相等的金额进行分类登记,因此对记录结果可以进行试算平衡,以检查账户记录是否正确。

复式记账就是利用数学方程式的平衡原理来记录经济交易或事项,这样登记的结果,能够把所有经济交易或事项相互联系地、全面地记入有关账户,从而使账户能够全面地、系统地反映和监督经济活动的过程和结果,能够提供经营需要的数据资料。同时,由于每笔账户记录,都是相互对应地反映每项经济交易或事项所引起的资金运动的来龙去脉,因此,应用复式记账法,还可以通过有关账户之间的关系了解经济交易或事项的内容,检查经济交易或事项是否合理合法。

此外,根据复式记账必然相等的平衡关系,通过全部账户记录结果的试算平衡,还可以检查账户记录有无差错。会计对发生的经济业务记录之后,是否正确?有无差错?如没有有效的方法进行检验,就不能保证会计信息的真实、可靠,记账方法的科学性就值得怀疑。

二、复式记账的理论依据和基本原则

(一) 复式记账的理论依据

会计对象是资金的运动,而企业经营过程中所发生的每一项经济交易或事项,都是资金运动的具体过程。只有把企业所有经济交易或事项无一遗漏地进行核算,才能完整地反映出企业资金运动的全貌,为信息使用者提供其所需要的全部核算资料。

企业发生的所有经济交易或事项无非就是涉及资金增加和减少两个方面,并且某项资金在量上的增加或减少,总是与另一项资金在量上的增加或减少相伴而生。或者说,在资金运动中,一部分资金的减少或增加,总是有另一部分资金的增减变动作为其变化的原因。这样就要求在会计记账的时候,必须把每项经济交易或事项所涉及的资金增减变化的原因和结果都记录下来,从而完整、全面地反映经济交易或事项所引起的资金运动的来龙去脉。复式记账方法恰恰就是适应了资金运动的这一规律性的客观要求,把每一项经济交易或事项所涉及的资金在量上的增减变化,通过两个或两个以上账户的记录予以全面反映。可见,资金运动的内在规律性是复式记账的理论依据。

(二) 复式记账的基本原则

复式记账法都必须遵循以下几项原则。

1. 以会计等式作为记账基础

会计等式是将会计对象的具体内容,即会计要素之间的相互关系,运用数学方程式的原理进行描述而形成的。它是客观存在的必然经济现象,同时也是资金运动规律的具体化。为了揭示资金运动的内在规律性,复式记账必须以会计等式作为其记账基础。

2. 对每项经济交易或事项,必须在两个或两个以上相互联系的账户中进行等额记录

经济交易或事项的发生,必然要引起资金的增减变动,而这种变动势必导致会计等式中至少有两个要素或同一要素中至少有两个项目发生等量变动。为反映这种等量变动关系,会计上就必须在两个或两个以上账户中进行等额双重记录。

3. 必须按经济交易或事项对会计等式的影响类型进行记录

尽管企业发生的经济交易或事项复杂多样,但对会计等式的影响无外乎两种类型:一类是影响会计等式等号两边会计要素同时发生变化的经济交易或事项,这类业务能够变更企业资金总额,使会计等式等号两边等额同增或等额同减。另一类是影响会计等式等号某一边会计要素发生变化的经济交易或事项,这类业务不变更企业资金总额,只会使会计等式等号某一边等额地有增有减。这就决定了会计上对第一类经济交易或事项,应在等式两边的账户中等额记同增或同减;对第二类经济交易或事项,应在等式某一边的账户中等额记有增有减。

4. 定期汇总的全部账户记录必须平衡

通过复式记账的每笔经济交易或事项的双重等额记录,定期汇总的全部账户的数据必

然会保持会计等式的平衡关系。复式记账试算平衡有发生额平衡法和余额平衡法两种。

发生额平衡法是将一定时期会计等式等号两边账户的发生额增、减交叉相加之和进行核对相等,其计算公式为

资产账户增加额合计+权益账户减少额合计=权益账户增加额合计+资产账户减少额合计

余额平衡法是将某一时点会计等式等号两边账户的余额分别加计总数进行核对相等,其计算公式为

资产账户期末余额合计=权益账户期末余额合计

综上所述,复式记账法具有单式记账法无可比拟的优势,因而它也是世界各国公认的一种科学的记账方法。目前,我国的企业和行政、事业单位采用的记账方法都是复式记账法。复式记账法从其发展历史看,曾经有"借贷记账法""增减记账法""收付记账法"等。我国现行有关制度规定企业、事业等单位一律采用借贷记账法。因为一方面,借贷记账法经过多年的实践已被全世界的会计工作者普遍接受,是一种比较成熟、完善的记账方法;另一方面,从会计实务角度看,统一记账方法对企业、单位间横向经济联系和加强国际交往等都会带来极大的方便,并且对会计核算工作规范和更好地发挥会计的作用具有重要意义。

第二节 借贷记账法

一、借贷记账法的产生和发展

世界大多数会计学者认为,借贷记账法起源于 12 世纪末或 13 世纪初意大利的北方城市。13 世纪初意大利佛罗伦萨的银行簿记,是目前世界上保留下来的最早的西式复式簿记方面的文件。它展现了当时世界最先进的会计记录方法,反映了借贷复式记账法的萌芽状态。当时,佛罗伦萨银行的账户仅按人名设置,反映债权、债务的清算。分录账采用垂直式账页,分为上下两个记账地位,上方为"借主"的地位,表示"彼应给我",即彼(客户)应给我(银行)的数额,用现在的话来说就是应收款。例如,银行发放给客户甲 2 000 杜卡特的贷款。这一贷款业务,银行在客户甲账户上的"借主"地位记录 2 000 杜卡特,表示将来银行应当向客户甲收取的债权。当客户甲偿还贷款时,银行则在"贷主"地位进行登记,表明债权的收回。账户的下方为"贷主"的地位,表示"我应给彼",用现在的话来说就是应付款。例如,客户乙存入银行 8 000 杜卡特的存款。这一业务,银行在客户乙账户上的"贷主"地位记录 8 000 杜卡特,表示将来银行应向客户乙支付的债务。当客户乙取款时,银行则在"借主"地位进行记录,表明债务已支付。

当时的"借""贷"还不是记账符号,而是指银行所处的借主、贷主地位。从银行的角度讲,"借"是指借出款项(债权增加),"贷"是指收入款项(债务增加),故有借出贷入的说法。另外,无论存款事项还是贷款事项,银行对每笔事项都只做人欠、欠人的单方面记录,也就是说当时所采用的还是单式记账法。

当银行代客户转账的业务发生之后,佛罗伦萨银行的会计记录便由单式转为复式。例如,1211 年 5 月 7 日,客户甲从客户乙处购进 800 杜卡特的商品,委托银行代为转账。该业务事项,银行一方面要在客户甲账户的"借主"地位登记 800 杜卡特(表明银行所欠甲的债务

减少800杜卡特),另一方面又必须在客户乙账户的"贷主"地位登记800杜卡特(表明银行所欠乙的债务增加800杜卡特)。否则,银行与客户之间的债权、债务关系就不清楚了。由此可见,这是采用复式记账的方法所作的会计记录。

佛罗伦萨银行的记账方法明确运用了"借""贷"这对俗语,已初步发挥了记账符号的作用,为借贷记账法确定了历史性的名称。后来的"借方""贷方"就是从"借主""贷主"的意义中抽象出来的。但是,由于其仅有人名账户设置,尚无物名和其他账户设置,还不能较好地反映财产物资的变化。说明佛罗伦萨银行的记账方法尚处于借贷复式记账法的萌芽状态。

13世纪末至14世纪初,随着商业的发展,交易关系日趋复杂,仅通过设置人名账户反映借贷关系的做法,已与日益发展的商业活动不相适应,尤其在商业企业问题更为突出。于是记账者开始改进佛罗伦萨银行的簿记方法。从人名账户设置,扩大到物名账户设置,可以说把借贷复式簿记向前推进了关键的一步。为了求得账簿记录的统一性,对于非货币资金借贷业务,也以借贷两字记录其增减变化情况。这样借贷两字就逐渐失去原来的含义,而转化为纯粹的记账符号,成为会计上的专门术语。

到了15世纪初,威尼斯簿记把意大利借贷复式记账法由创始时期推进到它的初步发展时期。全面设置账户,使账户体系初步建立,并建立了借贷平衡关系,以此检查账户记录的正确性。其规则的复式记录,使"有借必有贷,借贷必相等"的记账规则得以建立。经过近3个世纪的发展变化,奠定了借贷复式记账法坚实的基础,使借贷复式记账法的发展有了旺盛的生命力,并经久不衰,为世界各国所采用。

19世纪,由于资本主义国家入侵中国,借贷记账法也随之传入我国。我国最早使用借贷记账法的企业,首先是那些帝国主义强行在中国开办的工厂、商行和银行,以及根据不平等条约沦为帝国主义控制的我国海关、铁路和邮政部门。借贷记账法正式传入我国始于1905年(清光绪三十一年),而中国自办企业当中,对借贷记账法的运用是在1908年(清光绪三十四年)创办大清银行之时。借贷记账法现已成为我国法定的记账方法。

二、借贷记账法的含义和记账符号

借贷复式记账法是以"借""贷"为记账符号的一种复式记账方法。借贷复式记账法之所以科学,是因为其具有科学明确的记账符号、健全的账户体系、合理的账户结构、科学的记账规则和试算平衡方法等特点。

"借"(英文简写Dr)表示记入账户的借方;"贷"(英文简写Cr)表示记入账户的贷方。在借贷记账法下,"借""贷"两字对会计恒等式两方的会计要素规定了相反含义。"借"对等号左方的资产和费用类账户表示增加,对等号右方的负债、所有者权益和收入类账户表示减少;"贷"对等号左方的资产和费用类账户表示减少,对等号右方的负债、所有者权益和收入类账户表示增加。"借"和"贷"两个符号对六大会计要素所赋予的含义表述如下。

(1)属于资产要素的增加额记入借方,减少额记入贷方。

(2)属于负债要素的增加额记入贷方,减少额记入借方。

(3)属于所有者权益要素的增加额记入贷方,减少额记入借方。

(4)属于收入要素的增加额记入贷方,减少额记入借方。

(5)属于费用要素的增加额记入借方,减少额记入贷方。

"借"和"贷"两个符号对六大会计要素所赋予的含义表述如表 5-1 所示。

表 5-1 记账符号与会计要素关系

记账符号	会计要素				
	资产	费用	负债	所有者权益	收入
借	增加	增加	减少	减少	减少
贷	减少	减少	增加	增加	增加

三、借贷记账法的账户结构

账户是用来具体记录会计内容的,企业根据规定的会计科目开设的账户通常包括五类,即资产类、负债类、所有者权益类、成本类和损益类等。会计科目或账户的类别主要是根据既要全面反映会计内容,又要适应经济管理和会计核算的需要而设置的,并非完全按照反映资产与权益关系的"资产＝负债＋所有者权益"和反映经营成果的"收入－费用＝利润"等式中的会计要素设置。但经过仔细分析,以上五类账户在本质上仍然是两类,即资产类和权益类(包括负债类和所有者权益类)。如成本是资产的运用和表现形态,其本质还是资产,所以成本类账户可归属于资产类账户。损益类账户是为了计算损益(所有者权益)而设置的账户,其所反映的内容是企业生产经营过程中的收益(包括收入、利得等)和费用(包括营业成本、期间费用等),它们都是构成损益的因素。收益是所有者权益的增项,费用是所有者权益的减项,故损益类账户可归属于所有者权益类账户。经以上分析归类,可将"借""贷"记账符号用以表示账户内容增减变动的含义概括为:"借"表明资产类账户的增加、权益类账户的减少,"贷"表明权益类账户的增加、资产类账户的减少。其中,损益类账户中的费用账户(包括"主营业务成本""管理费用"等)的增加,因为费用是所有者权益的减项,费用的增加就意味着所有者权益的减少,故用"借"表示。

在借贷记账法下,任何账户都分为借、贷两方,而且把账户的左方称为"借方",把账户的右方称为"贷方"。记账时,账户的借贷两方必须做相反方向的记录,即对于每一个账户来说,如果借方用来登记增加额,则贷方就用来登记减少额;如果借方用来登记减少额,则贷方就用来登记增加额。在一个会计期间内,借方登记的合计数称为借方发生额;贷方登记的合计数称为贷方发生额。那么,究竟用哪一方来登记增加额,用哪一方来登记减少额呢?这要根据各个账户反映的经济内容,也就是它的性质来决定。

按照会计核算与监督财务状况和经营成果的要求,在借贷复式记账法下,应建立健全账户体系并设置合理的账户结构。由于国家统一规定了健全的会计科目体系,企业按照规定的会计科目开设账户即可。企业账户通常分为五类,即资产、负债、所有者权益、成本费用和收入类。各类账户的结构如下。

1. 资产类账户的结构

资产类账户结构是指用来记录资产的账户,资产的增加额记入账户的借方,减少金额记入账户的贷方。账户若有余额,一般为借方余额(与登记增加额在同一方向),表示期末资产余额。资产类账户是按照资产类会计科目开设的,用以具体核算和监督各种资产增减变动的账户,如"库存现金""原材料""库存商品"账户等。其账户结构如下所示。

借方	资产类账户		贷方
期初余额	×××		
发生额(增加数)	×××	发生额(减少数)	×××
本期发生额(增加数合计)	×××	本期发生额(减少数合计)	×××
期末余额	×××		

资产类账户的期末余额可根据下列公式计算。

$$\text{借方期末余额} = \text{借方期初余额} + \text{借方本期发生额} - \text{贷方本期发生额}$$

2. 负债类和所有者权益类账户的结构

负债类和所有者权益类账户的结构是指用来记录负债和所有者权益的账户,负债和所有者权益的增加额记入账户的贷方,减少额记入账户的借方,账户若有余额,一般为贷方余额,表示期末负债和所有者权益的实际数额。

负债类账户是指按照负债类会计科目开设的,用以具体核算和监督各种负债增减变动的账户,如"短期借款""应付账款"账户等。所有者权益类账户是指按照所有者权益类会计科目开设的,用以具体核算和监督所有者权益增减变动的账户,如"股本(实收资本)""本年利润"账户等。其账户结构如下所示。

借方	负债和所有者权益类账户		贷方
		期初余额	×××
发生额(减少数)	×××	发生额(增加数)	×××
本期发生额(减少数合计)	×××	本期发生额(增加数合计)	×××
		期末余额	×××

负债和所有者权益类账户的期末余额可根据下列公式计算。

$$\text{贷方期末余额} = \text{贷方期初余额} + \text{贷方本期发生额} - \text{借方本期发生额}$$

3. 成本费用类账户的结构

企业在生产经营过程中所消耗的资产价值,构成了企业的成本费用,可将其视为一种特殊资产。因此,成本费用类账户的结构与资产类账户的结构基本相同,借方登记增加额,贷方登记减少额。期末,将成本费用账户的借方发生额减去贷方发生额后的差额转入"本年利润"账户的借方,通过与收入配比确定本期利润,因此成本费用类账户一般没有余额。

成本费用类账户用以具体核算和监督生产产品或提供劳务过程中发生的各种直接费用和间接费用的账户,如"生产成本""制造费用""管理费用"账户等。其账户结构如下所示。

借方	成本费用类账户		贷方
发生额（增加数）	×××	发生额（减少数）	×××
本期发生额（增加数合计）	×××	本期发生额（减少数合计）	×××

4. 收入类账户的结构

收入是利润的来源,收入最终归投资人所有,取得收入可以理解为所有者权益增加。因此,收入类账户的结构与所有者权益类账户基本相同,贷方登记增加额,借方登记减少额。期末,将收入类账户的贷方发生额减去借方发生额后的差额转入"本年利润"账户的贷方,与本期的成本费用相配比,以确定本期利润,因此收入类账户一般也没有余额。

收入类账户用以具体核算和监督企业生产经营过程中的收入情况,如"主营业务收入""营业外收入""投资收益"账户等。其账户结构如下所示。

借方	收入类账户		贷方
发生额（减少数）	×××	发生额（增加数）	×××
本期发生额（减少数合计）	×××	本期发生额（增加数合计）	×××

为了便于使用不同性质的账户,将上述各类账户的结构进行总结归纳,如表 5-2 所示。

表 5-2　各类账户的结构

账　户　类　别	借方	贷方	余　　额
资产类账户	增加	减少	一般在借方
负债和所有者权益类账户	减少	增加	一般在贷方
成本费用类账户	增加	减少	一般无余额
收入类账户	减少	增加	一般无余额

由此可见,借贷记账法下各类账户的期末余额都在记录增加额的一方,即资产类账户的期末余额在借方,负债及所有者权益类账户的期末余额在贷方。因此可以得出一个结论:根据账户余额所在的方向,也可判断账户的性质。即账户若是借方余额,则为资产(包括有余额的费用)类账户;账户若是贷方余额,则为负债或所有者权益类账户。借贷记账法的这一特点,决定了它可以设置双重性质的账户。

所谓双重性质账户,是指既可以用来核算资产、费用,又可以用来核算负债、所有者权益和收入的账户,如"其他往来""待处理财产损溢""投资收益"等。由于任何双重性质账户都是把原来的两个有关账户合并在一起,并具有合并前两个账户的功能,所以,设置双重性质账户,有利于简化会计核算手续。

四、记账规则

记账规则是采用复式记账法记账时所应遵循的法则。由于借贷记账法以"借""贷"为记账符号,其用于相同性质账户时含义的对立性、用于不同性质账户时含义的统一性,决定了每一笔经济业务事项所引起的资金变化,必然是记入有关账户借方的同时,记入其他相关账户的贷方,而且金额相等。根据这一资金变化规律概括出的借贷记账法的记账规则是"有借必有贷,借贷必相等"。

　　企业所发生的无论是引起资产、权益变动的经济交易或事项,还是引起收入、费用变动的经济交易或事项,尽管千差万别,错综复杂,但归纳起来不外乎以下几种类型。现以具体的经济交易或事项为例,以说明借贷记账法的记账规则。

　　【例 5-1】　宏泽公司接受投资者投入机器设备一台,价值 200 000 元。

　　这项经济业务的发生,会使公司资产类账户"固定资产"和所有者权益类账户"实收资本(或股本)"同时增加 200 000 元。其 T 形账户如下。

借方	实收资本(或股本)	贷方	借方	固定资产	贷方
	期初余额　1 100 000		期初余额　　800 000		
	①200 000 ───	①200 000			

　　【例 5-2】　宏泽公司以银行存款 50 000 元偿还所欠供应单位的货款。

　　这项经济业务的发生,会使公司资产类账户"银行存款"和负债类账户"应付账款"同时减少,减少金额 50 000 元。其 T 形账户如下。

借方	银行存款	贷方	借方	应付账款	贷方
期初余额　300 000					期初余额　400 000
		②50 000 ───	②50 000		

　　【例 5-3】　宏泽公司从银行提取现金 8 000 元以备零用。

　　这项经济业务的发生,会使公司资产类账户项目"库存现金"增加 8 000 元和"银行存款"减少 8 000 元。其 T 形账户如下。

借方	银行存款	贷方	借方	库存现金	贷方
期初余额　300 000			期初余额　　50 000		
		②50 000			
	③8 000 ───	③8 000			

　　【例 5-4】　宏泽公司与债权人(供应单位)协商并经有关部门批准,将所欠债权人的 100 000 元债务转为资本(债权人对企业的投资)。

　　这项经济业务的发生,会使公司所有者权益类账户"实收资本(或股本)"增加 100 000 元,负债类账户"应付账款"减少 100 000 元。其 T 形账户如下。

借方	实收资本(或股本)	贷方	借方	应付账款	贷方
	期初余额　1 100 000				期初余额　400 000
	①200 000		②50 000		
	④100 000 ───	④100 000			

　　从上述例题可以看出,运用借贷记账法记账时,要求对每一笔经济交易或事项都以相等的金额,借贷相反的方向,在有关账户的借方和贷方同时登记,而且借贷双方登记的金额必须相等。在实际工作中,有些经济交易或事项比较复杂,会同时引起两个以上的账户发生变动,出现"一借多贷"或"多借一贷"的情况,即在一个账户记借方,同时在另外几个账户记贷

方；或者在一个账户记贷方，同时在另外几个账户记借方，但是记入借方的金额必须等于记入贷方的金额。因此，借贷记账法的记账规则是"有借必有贷，借贷必相等"。

以下采用排列组合归纳总结出借贷记账法的记账规则如下。

1. 资产的增加

资产的增加（借）
- 资产的减少（贷）
- 费用的减少（贷）
- 负债的增加（贷）
- 所有者权益的增加（贷）
- 收入的增加（贷）

2. 资产的减少

资产的减少（贷）
- 资产的增加（借）
- 费用的增加（借）
- 负债的减少（借）
- 所有者权益的减少（借）
- 收入的减少（借）

3. 费用的增加

费用的增加（借）
- 资产的减少（贷）
- 费用的减少（贷）
- 负债的增加（贷）
- 所有者权益的增加（贷）
- 收入的增加（贷）

4. 费用的减少

费用的减少（贷）
- 资产的增加（借）
- 费用的增加（借）
- 负债的减少（借）
- 所有者权益的减少（借）
- 收入的减少（借）

5. 负债的增加

负债的增加（贷）
- 资产的增加（借）
- 费用的增加（借）
- 负债的减少（借）
- 所有者权益的减少（借）
- 收入的减少（借）

6. 负债的减少

负债的减少（借）
- 资产的减少（贷）
- 费用的减少（贷）
- 负债的增加（贷）
- 所有者权益的增加（贷）
- 收入的增加（贷）

7. 所有者权益的增加

所有者权益的增加（贷）
- 资产的增加（借）
- 费用的增加（借）
- 负债的减少（借）
- 所有者权益的减少（借）
- 收入的减少（借）

8. 所有者权益的减少

所有者权益的减少（借）
- 资产的减少（贷）
- 费用的减少（贷）
- 负债的增加（贷）
- 所有者权益的增加（贷）
- 收入的增加（贷）

9. 收入的增加

收入的增加（贷）
- 资产的增加（借）
- 费用的增加（借）
- 负债的减少（借）
- 所有者权益的减少（借）
- 收入的减少（借）

10. 收入的减少

收入的减少（借）
- 资产的减少（贷）
- 费用的减少（贷）
- 负债的增加（贷）
- 所有者权益的增加（贷）
- 收入的增加（贷）

五、账户对应关系和会计分录

1. 账户对应关系

在借贷记账法下，根据"有借必有贷，借贷必相等"的记账规则登记经济交易或事项时，有关账户之间就发生了应借、应贷的相互关系,即相关账户之间的增减变动关系。账户之间的这种相互关系,称为账户的对应关系。账户对应关系只能相对应地形成于相关联的账户之间,因此,形成对应关系的账户称为对应账户。通过账户的对应关系,可以了解经济交易或事项的内容和来龙去脉,审查对经济交易或事项的会计处理是否正确。

例如,从银行提取现金2 000元备用。对这项经济交易或事项,应记入"库存现金"账户借方2 000元和"银行存款"账户贷方2 000元。由于这项经济交易或事项使"银行存款"账户和"库存现金"账户发生了应借、应贷的关系,这两个账户就叫对应账户,通过这两个账户的对应关系,可以了解到:库存现金增加,是由于银行存款的减少,也就是由于从银行提取现金而使库存现金增加了2 000元,银行存款减少了2 000元。

掌握账户对应关系的目的,是通过账户对应关系了解经济交易或事项的内容及其所引起的资金增减变动情况,借以检查对经济交易或事项的处理是否合理、合法。

2. 会计分录

为了保证账户的对应关系正确,在记账之前应先根据经济交易或事项所涉及的账户及其借贷方向和金额编制会计分录,再根据会计分录登记账户。会计分录是指发生的经济交易或事项所引起的会计对象具体内容发生的增减变化,按照复式记账原理,指明其应记入的账户、方向和金额的记录。编制会计分录是记账工作的第一步,会计分录编制的正确与否直接影响账户记录的正确性,影响会计信息的质量。

会计分录是记账的直接依据。一笔会计分录应包括三个要素,即账户名称(会计科目)、记账方向(借方或贷方)和金额。账户名称用来反映经济交易或事项的内容,记账方向用以反映经济交易或事项引起资金增减变动的方向,金额则反映资金变动的数额。

编制会计分录应按下列步骤进行。

(1) 一项经济交易或事项发生后,首先分析这项交易或事项涉及的会计要素(资产、费用、负债、所有者权益、收入、利润)是增加还是减少。

(2) 根据会计科目表,确定记入哪个账户的借方或贷方。

(3) 根据第一步分析确定应记账户的方向,应借还是应贷。

(4) 检查分录中应借、应贷科目是否正确;借贷方金额是否相等,有无错误。

同时应确定会计分录的格式。

(1) 先借后贷。

(2) 借和贷要分行写,并且文字与金额的数字都应错开。

(3) 在一借多贷或一贷多借或多借多贷的情况下,要求借方和贷方账户的文字和金额数字必须对齐。

根据前面宏泽公司4项经济交易或事项,编制会计分录如下。

(1) 借:固定资产　　　　　　　　　　　　　　　　　200 000
　　　贷:实收资本　　　　　　　　　　　　　　　　　　　200 000

(2) 借:应付账款　　　　　　　　　　　　　　　　　　50 000
　　　贷:银行存款　　　　　　　　　　　　　　　　　　　50 000

(3) 借:库存现金　　　　　　　　　　　　　　　　　　8 000
　　　贷:银行存款　　　　　　　　　　　　　　　　　　　8 000

(4) 借:应付账款　　　　　　　　　　　　　　　　　100 000

　　贷:实收资本　　　　　　　　　　　　　　　　　　　　100 000

【例 5-5】 宏泽公司向银行借入 3 个月期限的短期借款 25 000 元存入银行存款户。

这项经济业务的发生,使公司的资产中银行存款和负债中短期借款同时增加了 25 000 元。资产中银行存款的增加应记入"银行存款"账户的借方;负债中短期借款的增加应记入"短期借款"账户的贷方。其会计分录如下。

借:银行存款　　　　　　　　　　　　　　　　　　25 000

　　贷:短期借款　　　　　　　　　　　　　　　　　　　　25 000

【例 5-6】 宏泽公司以银行存款 150 000 元购入生产线一套。

这项经济业务的发生,使公司资产中的固定资产增加 150 000 元,银行存款减少 150 000 元。固定资产的增加是资产的增加,应记入"固定资产"账户的借方;银行存款的减少是资产的减少,应记入"银行存款"账户的贷方。其会计分录如下。

借:固定资产　　　　　　　　　　　　　　　　　　150 000

　　贷:银行存款　　　　　　　　　　　　　　　　　　　　150 000

【例 5-7】 宏泽公司经批准以资本公积金 160 000 元转增资本。

这项经济业务的发生,使公司所有者权益中的实收资本增加 160 000 元,资本公积减少 160 000 元。实收资本的增加是所有者权益的增加,应记入"实收资本"账户的贷方;资本公积的减少是所有者权益的减少,应记入"资本公积"账户的借方。其会计分录如下。

借:资本公积　　　　　　　　　　　　　　　　　　160 000

　　贷:实收资本(或股本)　　　　　　　　　　　　　　　　160 000

【例 5-8】 宏泽公司收到 W 公司的以前欠款 270 000 元存入银行存款户。

这项经济业务的发生,使公司的应收账款减少 270 000 元和银行存款增加 270 000 元。银行存款是资产的增加,应记入"银行存款"账户的借方;应收账款的减少是资产的减少,应记入"应收账款"账户的贷方。其会计分录如下。

借:银行存款　　　　　　　　　　　　　　　　　　270 000

　　贷:应收账款　　　　　　　　　　　　　　　　　　　　270 000

【例 5-9】 宏泽公司本月份发生水电费 35 000 元,款项尚未支付。

这项经济业务的发生,使公司的管理费用和应付账款同时增加 35 000 元。管理费用的增加是成本费用的增加,应记入"管理费用"账户的借方;应付账款的增加是负债的增加,应记入"应付账款"账户的贷方。其会计分录如下。

借:管理费用　　　　　　　　　　　　　　　　　　35 000

　　贷:应付账款　　　　　　　　　　　　　　　　　　　　35 000

会计分录按其所涉及账户的多少,可分为简单会计分录和复合会计分录两种。简单会计分录是只涉及两个账户的会计分录,又称一借一贷的会计分录。复合会计分录是涉及两个以上(不包括两个)账户的会计分录。复合会计分录是由简单会计分录复合而成的会计分录。但是,一笔经济交易或事项的发生,是编制简单会计分录还是编制复合会计分录,应以能否清楚地反映经济交易或事项的内容和账户对应关系,以及满足会计核算要求为原则。编制复合会计分录,可以简化记账工作,节省记账时间,也能完整地反映一项经济交易或事项的全貌。但是,在一般情况下,不应把反映不同类型的经济交易或事项合并编制多借多贷的会计分录。

【例 5-10】 宏泽公司购入一批材料,货款 40 000 元,以银行存款 40 000 元支付,同时以现金 1 000 元支付购买材料的运费,材料已验收入库。

这项经济业务的发生,使资产内部一项原材料增加,两个项目银行存款和库存现金减少,它涉及"原材料""银行存款"与"库存现金"三个账户。材料的增加,是资产的增加,应借记"原材料"账户;银行存款与现金的减少是资产的减少,应记入"银行存款"与"库存现金"账户的贷方。其会计分录如下。

借:原材料   41 000

    贷:银行存款   40 000

        库存现金   1 000

六、借贷记账法的试算平衡

运用借贷记账法的记账规则在账户中记录经济交易或事项的过程中,可能会发生这样或那样的人为错误。因此,还必须确立科学、简便的,用于检查和验证账户记录是否正确的方法,以便找出错误及其原因,及时予以改正。试算平衡就是根据复式记账的基本原理,检查和验证账户记录正确性的一种方法。由于借贷记账法以资产等于负债加所有者权益这一会计基本等式为依据,按照"有借必有贷、借贷必相等"的记账规则记账,这就保证了为每一项经济交易或事项所编会计分录的借贷两方发生额必然相等;在一定时期内(如一个月),所有账户的借方发生额合计与贷方发生额合计,分别是每一项经济交易或事项的会计分录借方发生额与贷方发生额的积累,所以两者必然保持平衡。所有账户的借方期末余额合计数与贷方期末余额合计数,又是以一定的累计发生额为基础计算的结果,因此,它们两者也必然相等。借贷记账法的试算平衡有账户发生额试算平衡法和账户余额试算平衡法两种。前者是根据借贷记账法的记账规则来确定的,后者是根据资产等于权益(负债与所有者权益)的平衡关系原理来确定的。

1. 账户发生额试算平衡法

经济交易或事项发生后,按照借贷记账法"有借必有贷,借贷必相等"的记账规则,每笔经济交易或事项都要以相等的金额,分别记入两个或两个以上相关的账户的借方和贷方,每笔会计分录的借方和贷方的发生额必然相等。因此,当一定会计期间(月、季、年)内的所有经济交易或事项全部记入有关账户后,所有账户的借方发生额合计与贷方发生额合计也必然相等。发生额试算平衡法,就是根据本期所有账户的借方发生额合计与所有账户的贷方发生额合计的恒等关系,检验本期发生额记录是否正确的方法。其公式如下。

所有账户本期借方发生额合计＝所有账户本期贷方发生额合计

在逐笔过账的情况下,各项经济交易或事项的会计分录全部登记入账之后,可以根据各类账户的本期发生额编制"本期发生额试算平衡表"进行定期的试算平衡,即采用先入账后平衡的方法。在汇总记账的情况下,把全部经济交易或事项编成会计分录后,首先定期编制"总分类账户本期发生额试算平衡表"来进行试算平衡,然后据以记入各有关账户,即采用先平衡后入账的方法。

2. 账户余额试算平衡法

借贷复式记账法的记账符号规定"借"表示资产账户金额增加,"贷"表示权益账户(包括负债账户和所有者权益账户)金额增加,两类账户金额的减少都记入各自相反的方向。一定会计期间结束时,资产类账户就应当是借方余额,而权益类账户则应当是贷方余额。因此,可以断定,借方余额的账户是企业资产类账户,其余额是企业资产的数额,贷方余额的账户是企业权益类账户,其余额是企业权益的数额。资产与权益必定相等。根据"资产=负债+所有者权益"平衡关系,检查账户记录是否正确的方法称为余额平衡法。其公式如下。

全部账户的借方期初余额合计=全部账户的贷方期初余额合计

全部账户借方余额合计=全部账户贷方余额合计

例如,宏泽公司总分类账的月初余额如表 5-3 所示。

表 5-3　宏泽公司总分类账的月初余额情况　　　　　　单位:元

资　产	金　额	负债与所有者权益	金　额
库存现金	50 000	短期借款	150 000
银行存款	300 000	应付账款	400 000
应收账款	600 000	实收资本	1 100 000
原材料	200 000	资本公积	300 000
固定资产	800 000		
合　计	1 950 000	合　计	1 950 000

根据宏泽公司前面发生的 10 项经济交易或事项登记账户,解出账户的本期发生额和期末余额如下所示。

借方	银行存款		贷方
期初余额	300 000		
⑤	25 000	②	50 000
⑧	270 000	③	8 000
		⑥	150 000
		⑩	40 000
本期发生额	295 000	本期发生额	248 000
期末余额	347 000		

借方	库存现金		贷方
期初余额	50 000		
③	8 000	⑩	1 000
本期发生额	8 000	本期发生额	1 000
期末余额	57 000		

借方	短期借款		贷方
		期初余额	150 000
		⑤	25 000
		本期发生额	25 000
		期末余额	175 000

借方	应付账款		贷方
		期初余额	400 000
		⑨	35 000
②	50 000		
④	100 000		
本期发生额	150 000	本期发生额	35 000
		期末余额	285 000

借方	应收账款	贷方
期初余额　600 000		
		⑧270 000
	本期发生额　270 000	
期末余额　330 000		

借方	固定资产	贷方
期初余额　800 000		
①200 000		
⑥150 000		
本期发生额　350 000		
期末余额　1 150 000		

借方	实收资本（或股本）	贷方
	期末余额　1 100 000	
	①200 000	
	④100 000	
	⑦160 000	
	本期发生额　460 000	
	期末余额　1 560 000	

借方	资本公积	贷方
	期初余额　300 000	
⑦160 000		
本期发生额　160 000		
	期末余额　140 000	

借方	管理费用	贷方
期初余额　0		
⑨35 000		
本期发生额　35 000		

借方	原材料	贷方
期初余额　200 000		
⑩41 000		
本期发生额　41 000		
期末余额　241 000		

期末，宏泽公司可通过编制试算平衡表的方式进行发生额和余额的试算平衡。试算平衡表如表 5-4 所示。

表 5-4　试算平衡表　　　　　　　　　　　　　　　　　　　单位:元

会计科目（账户名称）	期初余额		本期发生额		期末余额	
	借　方	贷　方	借　方	贷　方	借　方	贷　方
库存现金	50 000		8 000	1 000	57 000	
银行存款	300 000		295 000	248 000	347 000	
应收账款	600 000			270 000	330 000	
原材料	200 000		41 000		241 000	
固定资产	800 000		350 000		1 150 000	
短期借款		150 000		25 000		175 000
应付账款		400 000	150 000	35 000		285 000
实收资本		1 100 000		460 000		1 560 000
资本公积		300 000	160 000			140 000
管理费用			35 000		35 000	
合　计	1 950 000	1 950 000	1 039 000	1 039 000	2 160 000	2 160 000

需要指出的是，如果发生额或余额不平衡，说明账户记录或计算一定有错误，但平衡了并不能说明无错误。因为有些错误并不影响平衡关系。如会计科目用错、同一笔记录重记或漏记、记反借贷方向等，这些错误需要采用其他会计检查方法进行检查。

本 章 小 结

借贷记账法是典型的复式记账法,对任何一笔经济业务都要用相等的金额,在两个或两个以上的有关账户中进行相互联系的登记。借贷记账法的理论依据是会计平衡等式,即资产＝负债＋所有者权益,记账的规则是"有借必有贷,借贷必相等"。会计分录是按照借贷记账法的要求,对每项经济业务所涉及的会计科目(账户)的名称、记账方向及金额所作的一种记录。它是会计语言的表达方式。编制会计分录是会计工作的初始阶段,在实际工作中,这项工作一般是通过编制记账凭证或登记日记账来完成的。

试算平衡就是指根据会计等式的平衡原理,按照借贷记账法记账规则的要求,通过汇总、计算和比较,来检查账户记录、过账过程等的正确性、完整性的一种方法。试算平衡工作,一般是在月末结出各个账户的本月发生额和月末余额后,通过编制总分类账户发生额试算平衡表和总分类账户余额试算平衡表来进行的。

复 习 思 考 题

1. 什么是复式记账?其理论依据是什么?
2. 为什么说复式记账法是一种科学的记账方法?
3. 什么是借贷记账法?其记账符号的特点是什么?
4. 如何理解资产类账户与负债、所有者权益类账户的结构?
5. 如何理解"有借必有贷,借贷必相等"的记账规律?
6. 什么叫会计分录?编制会计分录的主要目的是什么?
7. 试述借贷记账法编制会计分录的基本步骤是什么?
8. 什么叫账户对应关系?什么叫对应账户?明确账户对应关系有什么意义?
9. 账户本期发生额表是如何编制的?有何作用?
10. 借贷记账法如何进行试算平衡?

业 务 题

习题一

1. 目的:练习资产与负债、所有者权益账户期末余额的计算公式。
2. 资料:宏泽公司202×年5月底全部账户余额如下表所示。

202×年5月底有关账户的余额 单位:元

账户名称	期初余额	本期借方发生额	本期贷方发生额	期末余额
库存现金	140	170		150
银行存款		15 374	13 745	5 858
应收账款	1 857		1 236	739
其他应收款	400	200	300	
原材料	10 000	1 000	5 000	
固定资产	20 000		1 000	39 000
短期借款	5 000	3 000		4 000
应付账款	357		462	534
应交税费	1 870	1 462		560
应付职工薪酬	5 000		2 000	7 000
实收资本	24 417		16 827	39 953

3. 要求:利用资产与负债、所有者权益账户的余额计算公式,完成上述表中所空栏目数据的计算。

习题二

1. 目的:熟悉会计分录的编制。

2. 资料:宏泽公司202×年6月发生下列经济交易事项。

(1) 以银行存款支付本月份房屋租金18 000元。

(2) 向银行借入半年期限的借款110 000元,存入银行存款户。

(3) 收到国家投资230 000元,存入银行存款户。

(4) 赊购机器设备370 000元。

(5) 偿还上月所欠部分货款38 000元。

(6) 从银行存款中提取现金96 750元,发放职工工资。

(7) 购买原材料66 700元,货款尚未支付。

(8) 本月收入共计225 560元,款已收到并存入银行存款户。

(9) 用银行存款支付本月水电费80 600元。

(10) 生产领用原材料70 300元。

3. 要求:根据上述资料,编制会计分录。

习题三

1. 目的:练习借贷记账法及进行试算平衡。

2. 资料:宏泽公司202×年8月底有关账户的余额如下表所示。

202×年8月底有关账户的余额　　　　　　　　单位:元

账户名称	金　额	账户名称	金　额
库存现金	9 890	短期借款	280 000
银行存款	50 600	应付账款	21 100
交易性金融资产	60 000	实收资本	311 000
应收账款	87 610	本年利润	31 000
原材料	160 000	利润分配	118 000
固定资产	393 000		

9月发生下列经济交易事项。

(1) 支付短期银行借款利息29 600元。

(2) 赊购办公设备54 000元。

(3) 收到客户上月欠款50 000元。

(4) 用银行存款购入原材料47 000元。

(5) 本月营业收入300 000元全部收到,已存入银行存款户。

(6) 用银行存款支付职工工资15 780元。

(7) 银行存款支付房租4 900元、其他各种杂费26 00元。

(8) 本月生产领用材料88 050元。

3. 要求:

(1) 根据上述资料,编制会计分录。

(2) 开设T形账户,登记期初余额。

(3) 将会计分录过入相应的账户,并结出期末余额。

(4) 编制账户本期发生额及余额对照表。

习题四

1. 目的:练习会计分录的编制及试算平衡表的编制。

2. 资料:202×年5月初会计科目的余额如下表所示。

宏泽公司月初余额情况

202×年5月1日　　　　　　　　单位:元

会计科目	借方余额	贷方余额
银行存款	20 000	
应收账款	50 000	
原材料	40 000	
应付票据		20 000
应付账款		30 000
实收资本		60 000
合　计	110 000	110 000

5 月发生如下交易事项。

(1) 收回应收账款 50 000 元并存入银行。

(2) 购入原材料 40 000 元,材料已验收入库,货款尚未支付。

(3) 用银行存款偿还应付账款 20 000 元。

(4) 用应付票据 10 000 元偿还应付账款。

(5) 收到投资人追加投资 40 000 元并存入银行。

(6) 购入原材料 10 000 元,原材料已验收入库,以商业汇票支付。

3. 要求:

(1) 编制上述业务的会计分录。

(2) 填制宏泽公司 5 月 31 日的试算平衡表。

宏泽公司 5 月 31 日发生额及余额试算平衡表

账户名称	期初余额		本期发生额		期末余额	
	借方	贷方	借方	贷方	借方	贷方
合　计						

第六章

制造业企业主要经营业务的核算

◆ **学习目标** ||||||||||||||

　　通过本章的学习,学生应总括地了解产品制造业企业各个阶段经济业务会计处理的基本原理;掌握资金筹集业务的核算、供应过程业务的核算、产品生产过程业务的核算、产品销售业务的核算、财务成果业务的核算。

　　企业要进行生产经营活动,首先必须有一个筹集资金的过程。有了资金才能进行生产,企业将资金投入生产后,随着生产经营活动的进行,资金以货币资金→储备资金→生产资金→成品资金→货币资金的形式不断运动,依次通过供应、生产、销售三个阶段。随着产品的销售,企业还要支付销售费用和销售税金,还会发生一些其他经营业务。企业还要计算全部生产经营的财务成果并对财务成果进行分配。因此,资金的筹集、材料的采购、产品的制造、产品的销售、利润的形成和分配过程以及其他有关经济活动,都将构成制造业企业主要经营过程的核算内容。

第一节　资金筹集业务的核算

　　资金筹集是企业生产经营活动的首要条件,是资金运动全过程的起点。企业的生存与发展离不开生产经营所需要的资金。目前,制造业企业的资金来源,主要是企业的所有者投入的资金和从企业的债权人处借入的资金两种渠道。企业的所有者投入的资金及从资金增值中提取的留存收益形成企业的所有者权益资金;从债权人借入的资金形成企业的债务资金,即企业的负债资金。

一、所有者权益筹资的核算

(一) 实收资本的含义

实收资本是指企业的投资者按照企业章程或合同、协议的约定实际投入企业的资本金。

实收资本是所有者权益的基本组成部分。拥有一定数量的资本金是企业设立、开业的基本条件之一。实收资本代表着一个企业的实力,是创办企业的"本钱",也是一个企业维持正常的经营活动、以本求利、以本负亏的最基本条件和保障,是企业独立承担民事责任的资金保证。

我国实行的是注册资本金制度,要求企业的实收资本与注册资本相一致。企业接受各方投资者投入的资本金应遵守资本保全制度,除法律、法规另有规定外,不得随意抽用。企业在经营过程中实现的收入、发生的费用,以及在财产清查中发现的盘盈、盘亏等都不得直接增减投入资本。

资本公积是指投资者或其他人投入企业、所有权归属于全体投资者,并且金额上超过法定资本部分的资本以及直接计入所有者权益的利得和损失。在我国,资本公积的主要用途是转增资本,资本公积不能用于弥补以前年度的亏损。从形成来源上看,资本公积不是企业实现的利润转化而来的。从本质上讲,资本公积应属于投入资本的范畴。

(二) 实收资本入账价值的确定

投入资本应按实际投资数额入账。以货币资金投资的,应按实际收到的款项作为投资者的投资入账;以实物形式投资的,应当进行合理的估价,按双方认可的估价数额作为实际投资额入账。对于收到的货币资金额或投资各方确认的资产价值超过其在注册资本中所占的份额部分,作为超面额缴入资本,计入资本公积。投资者按照出资比例或者合同、章程的规定,分享企业利润和承担风险及亏损。

(三) 实收资本的分类

1. 按投资主体不同分类

所有者向企业投入资本,即形成企业的资本金。企业的资本金按照投资主体不同可以分为以下几类。

(1) 国家资本金。有权代表国家的政府部门或者机构,以国有资产投入企业形成的资本金。

(2) 法人资本金。其他法人单位以其依法可以支配的资产投入企业形成的资本金。

(3) 个人资本金。社会个人包括本企业职工以个人合法财产投入个人资本金。

(4) 外商资本金。外国及我国港、澳、台地区的投资者投资而形成的资本金。

2. 按投资的物质形态不同分类

按照投入资本的不同物质形态,可分为以下几类。

(1) 货币投资。企业收到投资人直接以货币形式投入的资本。

(2) 实物投资。企业收到投资人以设备、场地、材料、商品等实物资产投入的资本。

(3) 证券投资。企业收到投资人以股票、债券等各种有价证券形式投入的资本。

(4) 无形资产投资。企业收到投资人以专利权、土地使用权、商标权等无形资产形式投入的资本。

（四）账户设置

企业投入资本的核算主要涉及"银行存款""实收资本""资本公积""固定资产""无形资产"等账户,其中,"固定资产"账户在本章第二节介绍。

1."银行存款"账户

"银行存款"账户用来核算企业存入银行或其他金融机构的各种款项。它属于资产类账户。其借方反映银行存款的增加数;贷方反映银行存款的减少数;期末余额为借方余额,反映期末企业存在银行或其他金融机构的各种款项。本账户可以按照不同的银行或金融机构分别设置明细账,进行明细分类核算。其账户的结构如下。

借方	银行存款	贷方
银行存款的增加数	银行存款的减少数	
期末余额:企业存在银行或其他金融机构的各种存款		

2."实收资本"账户

为了反映和监督投资者投入资本的数额及增减变动情况,除股份公司外,其他各类企业均应设置"实收资本"账户。该账户属于所有者权益类账户,其贷方登记企业实际收到的投资人投入的资本;借方登记投入资本的减少额(投资人收回的资本);期末余额在贷方,表示期末实收资本的数额。本账户应按不同投资者设置明细分类账户进行明细核算。其账户结构如下。

借方	实收资本	贷方
投资人收回的资本	实际收到的投资人投入的资本	
	期末余额:实收资本的实有数	

3."资本公积"账户

公司的资本公积一般都有其特定的来源。不同来源形成的资本公积,其核算的方法不同。为了反映和监督资本公积的增减变动及其结余情况,应设置"资本公积"账户,并设置"资本(或股本)溢价""其他资本公积"等明细账户。"资本公积"属于所有者权益类账户,其贷方登记从不同渠道取得的资本公积(资本公积的增加数);借方登记用资本公积转增资本等资本公积的减少数;期末余额在贷方,表示资本公积的期末结余数。本账户应当分别"资本溢价"或"股本溢价""其他资本公积"进行明细核算。其账户结构如下。

借方	资本公积	贷方
资本公积的减少数	资本公积的增加数	
	期末余额:资本公积的结余额	

4."无形资产"账户

"无形资产"账户用来核算企业拥有或者控制的没有实物形态的可辨认的非货币性资产

成本,包括专利权、非专利技术、商标权、著作权、土地使用权等。它属于资产类账户。其借方反映取得无形资产的成本;贷方反映无形资产成本的减少数;期末余额在借方,反映期末无形资产的成本。本账户应按不同的无形资产项目设置明细账,进行明细分类核算。其账户的结构如下。

借方	无形资产	贷方
取得无形资产的成本	无形资产成本的减少数	
期末余额:期末无形资产的成本		

(五) 账务处理

【例 6-1】 宏泽公司收到国家投入资本 120 000 元,款项存入银行。

这项经济业务的发生,引起资产和所有者权益两个要素发生变化。一方面企业的银行存款增加了 120 000 元;另一方面国家对企业的投资也增加了 120 000 元。银行存款的增加是资产的增加,应记入"银行存款"账户的借方;国家对企业投资的增加是所有者权益的增加,应记入"实收资本"账户的贷方。应编制如下会计分录。

借:银行存款　　　　　　　　　　　　　　　　120 000

　贷:实收资本——国家资本　　　　　　　　　　　　120 000

【例 6-2】 宏泽公司收到华翰公司投入设备 1 台,原值为 40 000 元。

这项经济业务的发生,引起资产和所有者权益两个要素发生变化。一方面企业的固定资产增加了 400 00 元;另一方面法人对企业的投资也增加了 40 000 元。固定资产属于资产类账户,增加记入该账户的借方;实收资本属于所有者权益类账户,增加记入该账户的贷方。应编制如下会计分录。

借:固定资产——设备　　　　　　　　　　　　　40 000

　贷:实收资本——华翰公司　　　　　　　　　　　　40 000

【例 6-3】 宏泽公司收到华翰公司以专利权投资,经评估该项专利权价值为 200 000 元。

这项经济业务的发生,引起资产和所有者权益两个要素发生变化。一方面无形资产增加了 200 000 元;另一方面收到投入的资本也增加了 200 000 元。无形资产属于资产类账户,增加记入该账户的借方;实收资本属于所有者权益类,增加记入该账户的贷方。应编制如下会计分录。

借:无形资产——专利权　　　　　　　　　　　　200 000

　贷:实收资本——华翰公司　　　　　　　　　　　　200 000

【例 6-4】 宏泽公司因发展需要,决定增加注册资本 600 000 元(其中 B 公司认缴 40%的资本,C 公司认缴 60%的资本),分别收到 B 公司和 C 公司的缴款 280 000 元和 420 000 元,款项通过开户银行转入宏泽公司的账户。

这项经济业务的发生,由于因宏泽公司接受 B 公司和 C 公司的投资而"实收资本"增加,故应贷记"实收资本";但由于 B 公司和 C 公司实际支付的投资款超过注册资本(即产生资本溢价),故超过部分应作为"资本公积"处理。银行存款属于资产类账户,增加记入该账户的借方;实收资本和资本公积属于所有者权益类,增加记入该账户的贷方。应编制如下会计分录。

借:银行存款　　　　　　　　　　　　　　　　700 000

  贷:实收资本——B公司   240 000

       ——C公司   360 000

    资本公积——资本溢价   100 000

二、负债筹资业务的核算

  企业自有资金不足无法满足企业经营运转需要时,可以通过从银行或其他金融机构借款的方式筹集资金,并按借款协议约定的利率承担支付利息及到期归还借款本金的义务。因此,企业借入资金时,一方面银行存款增加,另一方面负债也相应增加。为核算企业因借款而形成的负债,企业应设置"短期借款"和"长期借款"两个科目。在此仅介绍短期借款的核算。

(一)短期借款的含义

  短期借款是指企业为了满足其生产经营活动对资金的临时需要而向银行或其他金融机构等借入的偿还期限在一年以内(含一年)的各种借款。一般情况下企业取得短期借款是为了维持正常的生产经营活动或者是为了抵偿某项债务。企业取得各种短期借款时,应遵守银行或其他金融机构的有关规定,根据企业的借款计划及确定的担保形式,经贷款单位审核批准并订立借款合同后方可取得借款。每笔借款在取得时可根据借款合同上的金额来确认和计量。

(二)利息的确认与计量

  短期借款利息支出属于企业在经营活动过程中为筹集资金而发生的一项耗费,在会计核算中,企业应将其作为期间费用加以确认。由于短期借款利息的支付方式和支付时间不同,会计处理的方法也有一定的区别:如果银行对企业的短期借款按月计收利息,或者虽在借款到期收回本金时一并收回利息,但利息数额不大,企业可以在收到银行的计息通知或在实际支付利息时,直接将发生的利息费用计入当期损益(财务费用);如果银行对企业的短期借款采取按季或半年等较长期间计收利息,或者是在借款到期收回本金时一并计收利息且利息数额较大的,为了正确地计算各期损益额,保持各个期间损益额的均衡性,通常按权责发生制原则的要求,借款企业应采取预提的方法按月计提借款利息,计入期间损益(财务费用),待季度或半年等结息期终了或到期支付利息时,再冲销已计提的利息。

  由于按照权责发生制核算基础的要求,应于每月月末确认当月的利息费用,因而这里的"时间"是一个月,而利率往往都是年利率,所以应将其转化为月利率,方可计算出一个月的利息额,年利率除以12即为月利率。如果是在月内的某一天取得的借款,则该日作为计息的起点时间,对于借款当月和还款月则应按实际经历天数计算(不足整月),此时应将月利率转化为日利率。在将月利率转化为日利率时,为简化起见,一个月一般按30天计算,一年按360天计算。

(三)账户设置

  为了核算短期借款本金和利息,需要设置"短期借款""财务费用""应付利息"等账户。

1. "短期借款"账户

"短期借款"账户用来核算企业向银行或其他金融机构借入的期限在一年以内(含一年)的各种借款(本金)的增减变动及其结余情况。该账户是负债类账户,其贷方登记借入的各种短期借款本金的增加;借方登记短期借款本金的减少;期末余额在贷方,表示尚未偿还的短期借款本金。短期借款应按照债权人不同设置明细账户,并按照借款种类、贷款人和币种进行明细分类核算。其账户结构如下。

借方	短期借款	贷方
短期借款的偿还(减少)	短期借款的取得(增加)	
	期末余额:短期借款的结余数	

2. "财务费用"账户

"财务费用"账户属于损益类,用来核算企业为筹集生产经营所需资金等而发生的各种筹资费用,包括利息支出(减利息收入)、佣金、汇兑损失(减汇兑收益)以及相关的手续费、企业发生的现金折扣或收到的现金折扣等。"财务费用"账户的借方登记发生的财务费用,贷方登记发生的应冲减财务费用的利息收入、汇兑收益以及期末转入"本年利润"账户的财务费用净额(即财务费用支出大于收入的差额,如果收入大于支出,则进行反方向的结转)。经过结转之后,该账户期末没有余额。"财务费用"账户应按照费用项目设置明细账户,进行明细分类核算。但是为购建固定资产而筹集长期资金所发生的诸如借款利息支出等费用,在固定资产尚未完工交付使用之前发生的,应对其予以资本化,计入有关固定资产的购建成本,不在该账户核算;在固定资产建造工程完工投入使用之后发生的利息支出,则应计入当期损益,记入该账户。其账户结构如下。

借方	财务费用	贷方
①利息支出	①利息收入	
②汇兑损失	②汇兑收益	
③手续费	③期末转入"本年利润"账户的财务费用净额	

3. "应付利息"账户

"应付利息"账户属于负债类,用来核算企业已经发生但尚未实际支付的利息费用。其贷方登记预先按照一定的标准提取的应由本期负担的利息费用,借方登记实际支付的利息费用。期末余额在贷方,表示已经预提但尚未支付的利息费用。该账户应按照费用种类设置明细账户,进行明细分类核算。其账户结构如下。

借方	应付利息	贷方
实际支付的利息费用	预先提取计入损益的利息费用	
	期末余额:已预提未支付的利息费用	

（四）账务处理

【例 6-5】 202×年1月1日宏泽公司从银行借入一年期借款1 000 000元，年利率6%，每半年付息一次，到期一次还本。

该项经济业务的发生，宏泽公司从银行借入资金后，银行存款增加是资产的增加，应记入"银行存款"的借方；同时，宏泽公司增加了一项负债，即"短期借款"增加，应记入"短期借款"的贷方。应编制如下会计分录。

借：银行存款　　　　　　　　　　　　　　　　1 000 000
　　贷：短期借款　　　　　　　　　　　　　　　　　1 000 000

【例 6-6】 承例6-5，宏泽公司应确认当年1—6月每月的利息费用。

对于公司发生的利息费用，应通过"财务费用"科目进行核算。对于计提的利息可以通过"应付利息"科目进行核算。确认当年1—6月的利息费用时，每月应编制如下会计分录。

借：财务费用　　　　　　　　　　　　　　　　　5 000
　　贷：应付利息　　　　　　　　　　　　　　　　　　5 000

确认当年7—12月每月利息时，会计分录同上。

【例 6-7】 承例6-5、例6-6，202×年6月30日，宏泽公司以银行存款支付银行上半年短期借款利息[1 000 000×6%×6÷12＝30 000(元)]。公司在期末确认实际支付的利息费用时，应记入"应付利息"的借方；同时，以银行存款支付利息，故银行存款减少，应贷记"银行存款"。应编制如下会计分录。

借：应付利息　　　　　　　　　　　　　　　　　30 000
　　贷：银行存款　　　　　　　　　　　　　　　　　　30 000

【例 6-8】 承例6-7，202×年12月31日，宏泽公司以银行存款归还银行短期借款本金1 000 000元及下半年利息。

宏泽公司归还借款，则公司负债减少，故记入"短期借款"账户的借方；同时银行存款的减少是资产的减少，应记入"银行存款"账户的贷方；应付利息的减少是负债的减少，应记入"应付利息"账户的借方。应编制如下会计分录。

借：短期借款　　　　　　　　　　　　　　　　1 000 000
　　应付利息　　　　　　　　　　　　　　　　　30 000
　　贷：银行存款　　　　　　　　　　　　　　　　　1 030 000

第二节　供应过程业务的核算

企业为了进行产品生产，必须购置或建造厂房、建筑物和购买机器等固定资产以及采购原材料。因此，企业供应过程的业务主要包括固定资产购置业务和材料采购业务。材料是制造业企业在生产经营过程中为耗用而储存的流动资产，属于存货的一种。材料作为生产过程中必不可少的物质要素，与固定资产的区别在于：固定资产在使用中不改变其实物形态，其价值通过计提折旧分次计入相应的成本费用中；而材料一经投入生产后，经过加工而改变其原有的实物形态，并构成产品的实体，或被消耗而有助于生产的进行、产品的形成，与此同时,其价值一次全部地转移到产品中去,成为产品成本的重要组成部分,在这一过程中,企业将持有的货币资金转化为储备资金。供应过程核算的主要任务是:核算和监督固定资产的取得成本、确定材料的采购成本。

一、固定资产购建业务的核算

(一) 固定资产的含义与特征

固定资产是企业经营过程中使用的长期资产,包括房屋建筑物、机器设备、运输车辆以及工具、器具等。我国的《企业会计准则第4号——固定资产》中对固定资产的定义是,固定资产是指同时具有下列两个特征的有形资产:①为生产商品、提供劳务、出租或经营管理而持有;②使用寿命超过一个会计年度。这里的使用寿命是指企业使用固定资产的预计期间,或者该固定资产所能生产产品或提供劳务的数量。从固定资产的定义可以看出,固定资产具有以下三个特征:①固定资产是为生产商品、提供劳务、出租或经营管理而持有;②固定资产的使用寿命超过一个会计年度;③固定资产为有形资产。

(二) 固定资产入账价值的确定

《企业会计准则第4号——固定资产》规定,固定资产应当按照成本进行初始计量。

固定资产取得时的实际成本是指企业购建固定资产达到预定可使用状态前所发生的一切合理的、必要的支出,它反映的是固定资产处于预定可使用状态时的实际成本。

对于建造的固定资产已达到预定可使用状态,但尚未办理竣工决算的,会计准则规定应自达到预定可使用状态之日起,根据工程决算、造价或工程实际成本等相关资料,按估计的价值转入固定资产,并计提折旧。这就意味着达到“预定可使用状态”是作为固定资产进行核算和管理的标志,而不再拘泥于“竣工决算”这个标准,这也是实质重于形式原则的一个具体应用。

企业的固定资产在达到预定可使用状态前发生的一切合理的、必要的支出中既有直接发生的,如支付的固定资产的买价、包装费、运杂费、安装费等,也有间接发生的,如固定资产建造过程中应予以资本化的借款利息等,这些直接的和间接的支出对形成固定资产的生产能力都有一定的作用,理应计入固定资产的价值。一般来说,构成固定资产取得时实际成本的具体内容包括买价、运输费、保险费、包装费、安装成本等。

由于企业可以从各种渠道取得固定资产,不同的渠道形成的固定资产,其价值构成的具体内容可能不同,因而固定资产取得时的入账价值应根据具体情况和涉及的具体内容分别确定。其中,外购固定资产的成本,包括购买价款、进口关税和其他税费(购买机器设备涉及的增值税应作为进项税额记入“应交税费”账户),使固定资产达到预定可使用状态前所发生的可归属于该项资产的场地整理费、运输费、装卸费、安装费和专业人员服务费等(以一笔款项购入多项没有单独标价的固定资产,应当按照各项固定资产公允价值比例对总成本进行分配,分别确定各项固定资产的成本)。购买固定资产的价款超过正常信用条件而延期支付,实质上具有融资性质的,固定资产的成本以购买价款的现值为基础确定,实际支付的价款与购买价款之间的差额除应资本化的外,应当在信用期间内计入当期损益;自行建造完成的固定资产,按照建造该项固定资产达到预定可使用状态前所发生的一切合理的、必要的支出作为其入账价值。

如果购入的是需要安装的设备,则应先通过"在建工程"账户核算其安装工程成本,应将其购进时支付的买价、运杂费、包装费以及安装时发生的安装费用记入"在建工程"账户的借方。安装工程完工交付使用时,应按安装工程的全部支出,从"在建工程"账户的贷方转入"固定资产"账户的借方。

购进固定资产增值税专用发票所列增值税不能计入固定资产成本,而是作为进项税额单独核算。

(三)账户设置

对于固定资产购建业务,涉及"在建工程""固定资产"等账户。

1. "在建工程"账户

"在建工程"账户属于资产类,用来核算企业为进行固定资产基建、安装、技术改造以及大修理等工程而发生的全部支出(包括安装设备的支出),并据以计算确定各该工程成本的账户。其借方反映工程支出的增加;贷方反映结转完工工程的成本;期末余额在借方,表示未完工工程的成本。该账户应按工程内容(如建筑工程、安装工程、技术改造工程、大修理工程等)设置明细账,进行明细核算。其账户结构如下。

借方	在建工程	贷方
工程发生的全部支出	结转完工工程成本	
期末余额:未完工工程成本		

2. "固定资产"账户

"固定资产"账户属于资产类,用来核算企业拥有或控制的固定资产原价的增减变动及其结余情况。该账户的借方登记固定资产原价的增加;贷方登记固定资产原价的减少;期末余额在借方,表示固定资产原价的结余额。该账户应按照固定资产的种类设置明细账户,进行明细分类核算。其账户结构如下。

借方	固定资产	贷方
固定资产取得成本的增加	固定资产取得成本的减少	
期末余额:固定资产原价的结余		

【例6-9】 宏泽公司购入一台不需要安装生产用设备,该设备不含税买价200 000元,增值税税率13%,包装费5 000元,运杂费10 000元(包装费和运杂费不考虑增值税),设备款及各种费用以银行存款支付。

首先这台设备不需安装,在购买过程中发生的全部支出即215 000元(200 000+5 000+10 000)和26 000元(200 000×13%)的增值税。这项经济业务的发生,一方面使公司的固定资产增加215 000元、增值税的进项税额增加了26 000元;另一方面使宏泽公司银行存款减少241 000元。固定资产的增加是资产的增加,应记入"固定资产"账户的借方;应交税费的进项税额的增加,应记入"应交税费"账户的借方;银行存款的减少是资产的减少,应记入"银行存款"账户的贷方。应编制会计分录如下。

借:固定资产   215 000

  应交税费——应交增值税(进项税额) 26 000

  贷:银行存款   241 000

【例 6-10】 宏泽公司购入一台需要安装设备,该设备不含税买价 1 800 000 元,增值税税率 13%,包装费 8 000 元,运输费 12 000 元,设备投入安装。

这台设备需安装,购买过程中发生的各项支出构成固定资产安装成本,在设备达到预定可使用状态前发生的支出应先在"在建工程"账户归集核算。这项经济业务的发生,一方面使宏达公司的在建工程支出增加 1 820 000 元(1 800 000+8 000+12 000)、增值税的进项税额增加了 234 000 元(1 800 000×13%);另一方面使宏达公司的银行存款减少 2 054 000 元。在建工程支出的增加是资产的增加,应记入"在建工程"账户的借方;应交税费的进项税额的增加,应记入"应交税费"账户的借方;银行存款的减少是资产的减少,应记入"银行存款"账户的贷方。应编制会计分录如下。

借:在建工程   1 820 000

  应交税费——应交增值税(进项税额) 234 000

  贷:银行存款   2 054 000

【例 6-11】 承例 6-10,宏泽公司的上述设备在安装过程中发生的安装费用,即领用原材料 20 000 元,应付本公司安装工人的薪酬 125 000 元,用银行存款支付其他费用 5 000 元。

这台设备在安装过程中发生的安装费也构成固定资产安装工程支出。宏泽公司的在建工程支出增加 150 000 元(20 000+125 000+5 000),原材料成本减少 20 000 元,应付职工薪酬增加 125 000 元,银行存款减少 5 000 元。在建工程支出的增加是资产的增加,应记入"在建工程"账户的借方;原材料的减少是资产的减少,应记入"原材料"账户的贷方;应付职工薪酬的增加是负债的增加,应记入"应付职工薪酬"账户的贷方;银行存款的减少是资产的减少,应记入"银行存款"账户的贷方。应编制如下会计分录。

借:在建工程   150 000

  贷:原材料   20 000

    应付职工薪酬   125 000

    银行存款   5 000

【例 6-12】 承例 6-10、例 6-11,上述设备安全完毕,达到预定可使用状态,并验收合格办理竣工决算,已交付使用,结转其实际成本。

工程安装完毕,达到预定可使用状态,可以将工程全部支出转入"固定资产"账户,该设备工程的全部成本为 1 970 000 元(1 820 000+150 000)。这项经济业务的发生,一方面使宏泽公司的固定资产取得成本增加 1 970 000 元;另一方面使宏泽公司的在建工程成本减少 1 970 000 元。固定资产取得成本的增加是资产的增加,应记入"固定资产"账户的借方;在建工程支出结转是资产的减少,应记入"在建工程"账户的贷方。应编制会计分录如下。

借:固定资产   1 970 000

  贷:在建工程   1 970 000

二、材料采购业务的核算

企业要进行正常的产品生产经营活动,就必须购买和储备一定品种、数量的原材料,原材料是产品制造企业生产产品不可缺少的物质要素,在生产过程中,材料经过加工而改变其原来的实物形态,构成产品实体的一部分,或者实物消失而有助于产品的生产。因此,产品制造企业要有计划地采购材料,既要保证及时、按质、按量地满足生产上的需要,同时又要避免储备过多,不必要地占用资金。

企业储存备用的材料通常都是向外单位采购而得的。在材料采购过程中,一方面,是企业从供应单位购进各种材料,计算购进材料的采购成本;另一方面,企业要按照经济合同和约定的结算办法支付材料的买价和各种采购费用,并与供应单位发生货款结算关系。在材料采购业务的核算过程中,还涉及增值税进项税额的计算与处理问题。

(一) 材料的采购成本

按照《企业会计准则第 1 号——存货》中的规定,存货应当按照成本进行计量,存货的成本包括采购成本、加工成本和其他成本。其中,材料的采购成本是指企业物资从采购到入库前所发生的全部支出,包括购买价款、相关税费、运输费、装卸费、保险费以及其他可归属于采购成本的费用。对于企业原材料的核算,其中非常重要的就是原材料成本的确定,包括取得原材料成本的确定和发出原材料的确定。关于取得原材料成本的确定,不同方式取得的原材料,其成本确定的方法不同,成本构成的内容也不同。其中,对于购入的原材料,实际采购成本由以下几项组成。

(1) 购买价款,是指购货发票所注明的货款金额。

(2) 采购过程中发生运杂费(包括运输费、包装费、装卸费、保险费、仓储费等,不包括按规定根据运输费的一定比例计算的可抵扣的增值税)。

(3) 材料在运输途中发生的合理损耗。

(4) 材料入库之前发生的整理挑选费用(包括整理挑选中发生的人工费支出和必要的损耗,并减去回收的下脚废料价值)。

(5) 按规定应计入材料采购成本的各种税金,如为国外进口材料支付的关税等。

(6) 其他费用,如大宗物资的市内运杂费(市内零星运杂费、采购人员的差旅费以及采购机构的经费等不构成材料的采购成本,而是计入期间费用)。

以上(1)项应当直接计入所购材料的采购成本,对于(2)、(3)、(4)、(5)、(6)项,能分清某种材料直接负担,可以直接计入材料采购成本,不能分清的,应按材料的重量标准分配计入材料采购成本。

$$材料采购成本=实际买价+采购费用$$

(二) 账户设置

为了组织材料采购业务的核算,应设置"在途物资""原材料""应付账款""应付票据""预付账款""应交税费"等账户。

1. "在途物资"账户

"在途物资"账户是用来核算企业购入材料物资的采购成本。该账户属于资产类账户，其借方反映购入材料的买价和采购费用；贷方反映结转完成采购过程、验收入库材料的实际成本；期末借方余额表示尚未到达企业或已到达企业尚未验收入库的在途材料成本。该账户应按购入材料的品种或种类设置明细账，进行明细核算。其账户结构如下。

借方　　　　　　　　　　　在途物资　　　　　　　　　　贷方	
购入材料的买价和采购费用	结转验收入库材料的实际采购成本
期末余额：在途材料的实际成本	

2. "原材料"账户

"原材料"账户属于资产类账户，用来核算企业采用实际成本进行材料物资日常核算时外购材料的买价和各种采购费用，据以计算、确定购入材料的实际采购成本，包括原料及主要材料、辅助材料、外购半成品、修理用备件、包装材料、燃料等实际成本。其借方登记已验收入库材料的实际成本；贷方登记发出材料的实际成本；期末借方余额，表示库存材料实际成本或计划成本的结余额。该科目应按材料种类或品种设置明细账，进行明细核算。其账户结构如下。

借方　　　　　　　　　　　原材料　　　　　　　　　　　贷方	
已验收入库材料实际成本的增加	发出材料的实际成本
期末余额：库存材料的实际成本	

3. "应付账款"账户

"应付账款"账户用来核算企业因购买原材料、商品和接受劳务供应等经营活动应支付的款项。该账户属于负债类账户，其贷方登记应付供应单位款项的增加额；借方登记应付供应单位款项的减少额（或偿还额）；期末余额一般在贷方，表示尚未偿还的应付账款余额。该科目应按供应单位的名称设置明细账，进行明细核算。其账户结构如下。

借方　　　　　　　　　　　应付账款　　　　　　　　　　贷方	
应付供应单位款项的减少	应付供应单位款项的增加
	期末余额：尚未偿还的应付账款

4. "应付票据"账户

"应付票据"账户属于负债类，用来核算企业采用商业汇票结算方式购买材料物资等而开出、承兑商业汇票的增减变动及其结余情况。其贷方登记企业开出、承兑商业汇票的增加；借方登记到期商业汇票的减少；期末余额在贷方，表示尚未到期的商业汇票的期末结余额。该账户应按照债权人设置明细账户，进行明细分类核算，同时设置"应付票据备查簿"，详细登记商业汇票的种类、号数、出票日期、到期日、票面金额、交易合同号、收款人姓名或收款单位名称以及付款日期和金额等资料。应付票据到期结清时,在备查簿中注销。其账户的结构如下。

借方	应付票据	贷方
到期应付票据的减少	开出、承兑商业汇票的增加	
	期末余额:尚未到期商业汇票的结余额	

5. "预付账款"账户

"预付账款"账户属于资产类,用来核算企业按照合同规定向供应单位预付购料款而与供应单位发生的结算债权的增减变动及其结余情况(企业进行在建工程预付的工程价款,也在该账户核算)。其借方登记企业向交易方预付的款项及向交易方补付的款项;贷方登记应冲销的预付款项及收到交易方退回的企业多付的款项;期末余额可能在借方,也可能在贷方。期末若为借方余额,反映企业尚未结算的预付款项;期末若为贷方余额,反映企业尚未补付的款项。该科目应按供应单位的名称设置明细账,进行明细核算。其账户结构如下。

借方	预付账款	贷方
预付供应单位款项的增加	冲销预付供应单位的款项	
期末余额:尚未结算的预付款项	期末余额:尚未补付的款项	

6. "应交税费"账户

"应交税费"账户属于负债类,用来核算企业按税法规定应缴纳的各种税费(印花税除外)与实际缴纳情况。其贷方登记计算出的各种应交而未交税费的增加,包括计算出的增值税、消费税、城市维护建设税、所得税、资源税、房产税、城镇土地使用税、车船税、教育费附加等;借方登记已缴纳的各种税金;期末贷方余额,反映尚未缴纳的税金;期末如为借方余额,反映企业多交或尚未抵扣的税金。该账户应按税种设置"应交增值税""应交消费税""应交所得税"等明细账户,进行明细核算。

在材料采购业务中设置"应交税费"账户主要是为了核算增值税。增值税是对在中华人民共和国境内销售货物或者提供加工、修理修配劳务以及进口货物的单位和个人,就其取得的货物或应税劳务销售额计算税款,并实行税款抵扣制的一种流转税。由于增值税是对商品生产或流通各个环节的新增价值或商品附加值进行征税,所以称为增值税,它是一种价外税,采取两段征收法,分为增值税进项税额和销项税额。

当期应纳税额＝当期销项税额－当期进项税额

其中,销项税额是指纳税人销售货物或提供应税劳务,按照销售额和规定的税率计算并向购买方收取的增值税税额。

销项税额＝销售货物或提供应税劳务价款×增值税税率

进项税额是指纳税人购进货物或接受应税劳务所支付或负担的增值税税额。

进项税额＝购进货物或接受应税劳务价款×增值税税率

增值税的进项税额与销项税额是相对应的,销售方的销项税额就是购买方的进项税额。"应交税费"账户结构如下。

借方	应交税费	贷方
实际缴纳的各种税费（包括增值税进项税额）	计算出的应交而未交的税费（包括增值税销项税额）	
期末余额：多交的税费	期末余额：未交的税费	

【例6-13】　宏泽公司从外地A企业购入一批甲材料500t，单价800元，不含税价款400 000元，增值税52 000元，货款以银行存款支付，材料未验收入库。

这项经济业务的发生，一方面使公司购入甲材料增加400 000元；另一方面使增值税进项税额增加52 000元。材料的增加是资产的增加，应记入"在途物资"账户的借方；增值税进项税额的增加是负债的减少，应记入"应交税费——应交增值税"明细账户的借方；银行存款的减少是资产的减少，应记入"银行存款"账户的贷方。应编制会计分录如下。

借：在途物资——甲材料　　　　　　　　　　400 000

应交税费——应交增值税（进项税额）　　　52 000

贷：银行存款　　　　　　　　　　　　　　　452 000

【例6-14】　宏泽公司从外地A企业购入一批乙材料300t，不含税单价50元，增值税税率13%，材料已到达企业，但货款尚未支付。

这项经济业务的发生，一方面使公司购入乙材料增加15 000元，增值税进项税额增加1 950元；另一方面使公司的应付供应单位款项增加16 950元。材料采购成本的增加是资产的增加，应记入"在途物资"账户的借方；增值税进项税额的增加是负债的减少，应记入"应交税费——应交增值税"账户的借方；应付账款的增加是负债的增加，应记入"应付账款"账户的贷方。应编制会计分录如下。

借：在途物资——乙材料　　　　　　　　　　15 000

应交税费——应交增值税（进项税额）　　　1 950

贷：应付账款——A企业　　　　　　　　　　16 950

【例6-15】　宏泽公司按照合同规定用银行存款预付给利华公司购买丙材料款200 000元。

这项经济业务的发生，一方面使公司预付的订货款增加200 000元；另一方面使公司的银行存款减少200 000元。预付材料款的增加是资产的增加，应记入"预付账款"账户的借方；银行存款的减少是资产的减少，应记入"银行存款"账户的贷方。应编制会计分录如下。

借：预付账款——利华公司　　　　　　　　　200 000

贷：银行存款　　　　　　　　　　　　　　　200 000

【例6-16】　宏泽公司收到利华公司发来的已经预付货款的丙材料，并未验收入库。随货附来的发票注明该批丙材料的不含税价款180 000元，10 000kg，增值税进项税额23 400元，除冲销原预付账款200 000元外，不足部分用银行存款支付。另外用现金1 000元支付运杂费。

这项经济业务的发生，一方面使公司材料采购支出增加181 000元（180 000＋1 000），增值税进项税额增加23 400元；另一方面使公司的预付账款减少200 000元。材料采购成本的增加是资产的增加，应记入"在途物资"账户的借方；增值税进项税额的增加是负债的减少，应记入"应交税费——应交增值税"账户的借方；预付款的减少是资产的减少，应记入"预付账款"账户的贷方;银行存款的减少是资产的减少,应记入"银行存款"账户的贷方;现金的减少是资产的减少,应记入"库存现金"账户的贷方。应编制会计分录如下。

借:在途物资——丙材料　　　　　　　　　　　　　181 000
　　应交税费——应交增值税(进项税额)　　　　　　23 400
　　贷:预付账款——利华公司　　　　　　　　　　　　　200 000
　　　　银行存款　　　　　　　　　　　　　　　　　　　3 400
　　　　库存现金　　　　　　　　　　　　　　　　　　　1 000

【例 6-17】 承例 6-13、例 6-14,宏泽公司用银行存款支付上述甲、乙材料外地运费 4 000 元。

材料运费按材料的重量比例进行分配:

甲、乙材料的外地运费的分配率＝4 000÷(500＋300)＝5
甲材料应负担的材料运费＝5×500＝2 500(元)
乙材料应负担的材料运费＝5×300＝1 500(元)

这项经济业务的发生,一方面使公司材料采购成本增加 4 000 元,其中甲材料采购成本增加 2 500 元,乙材料采购成本增加 1 500 元;另一方面使公司的银行存款减少 4 000 元。材料采购成本的增加是资产的增加,应记入"在途物资"账户的借方;银行存款的减少是资产的减少,应记入"银行存款"账户的贷方。应编制会计分录如下。

借:在途物资——甲材料　　　　　　　　　　　　　2 500
　　　　　　　——乙材料　　　　　　　　　　　　　1 500
　　贷:银行存款　　　　　　　　　　　　　　　　　　　4 000

【例 6-18】 本月购入的甲、乙、丙材料到达,已经验收入库,结转各种材料的实际采购成本。

这项经济业务的发生,一方面使公司已验收入库材料的实际采购成本增加;另一方面使公司的材料采购支出结转。库存材料实际成本的增加是资产的增加,应记入"原材料"账户的借方;材料采购成本的结转是资产的减少,应记入"在途物资"账户的贷方。应编制会计分录如下。

借:原材料——甲材料　　　　　　　　　　　　　402 500
　　　　　　——乙材料　　　　　　　　　　　　　16 500
　　　　　　——丙材料　　　　　　　　　　　　　181 000
　　贷:在途物资——甲材料　　　　　　　　　　　　　402 500
　　　　　　　　——乙材料　　　　　　　　　　　　　16 500
　　　　　　　　——丙材料　　　　　　　　　　　　　181 000

甲材料、乙材料、丙材料的采购成本计算表如表 6-1 所示。

表 6-1　材料采购成本计算表

项　目	甲材料(500t)		乙材料(300t)		丙材料(10 000kg)	
	总成本	单位成本	总成本	单位成本	总成本	单位成本
买价/元	400 000	800	15 000	50	180 000	18
采购费用/元	2 500	5	1 500	5	1 000	0.1

第三节　生产过程业务的核算

制造业企业从材料投入生产起,到产品完工入库止的全部过程称为生产过程,它是企业再生产过程的中心环节。在这一过程中劳动者利用劳动资料对劳动对象进行加工使之成为社会产品,所以生产过程既是物化劳动(劳动资料和劳动对象)和活劳动的消耗过程,又是产品的形成过程,或者说是生产耗费过程和产品形成过程的统一。在这一过程中,资金的形态由储备资金转变成为生产资金。

生产过程业务的核算包括两方面的内容:生产费用的归集、分配和产品生产成本的计算。生产过程中发生的各种耗费可以归纳为劳动对象的耗费、活劳动的耗费、劳动资料的耗费以及其他耗费。企业在一定时期内发生的,用货币表现的生产耗费称为生产费用。

企业发生的生产费用按其经济用途或与产品成本的关系,又可分为生产成本和期间费用两大类。

1. 生产成本

生产成本是指企业为生产产品或提供劳务而发生的、计入产品成本的费用。生产成本按照其计入产品成本的方式又可分为直接费用和间接费用。直接费用是指企业生产产品过程中实际消耗的直接材料、直接人工。间接费用是指企业为生产产品和提供劳务而发生的各种间接支出,也称为制造费用。各个成本项目的具体内容构成如下。

(1) 直接材料是指企业在生产产品和提供劳务的过程中所消耗的、直接用于产品生产,构成产品实体的各种原材料及主要材料、外购半成品以及有助于产品形成的辅助材料等。

(2) 直接人工是指企业在生产产品和提供劳务过程中,直接从事产品生产的工人工资、福利费、津贴、补贴等。

(3) 间接费用是指企业为生产产品和提供劳务而发生的各项间接费用,其构成内容包括间接的工资费用、福利费、折旧费、办公费、水电费、机物料消耗、季节性停工损失等。

间接费用应当按照一定程序和方法进行归集和分配,计入相关产品的生产成本。

2. 期间费用

期间费用是指企业在生产经营过程中发生的,不计入产品成本而直接计入当期损益的各种费用。它与产品的生产没有联系,不能计入产品成本。但它的发生与一定时期实现的收入相关,必须计入当期损益。期间费用主要包括管理费用、财务费用和销售费用。

企业的生产过程不仅是生产的耗费过程,也是产品的形成过程。在这个过程中,劳动者利用劳动资料对劳动对象进行加工,改变了原劳动对象的形态,转化为满足社会需要的产品。同时为生产产品而发生的各种耗费,也就转化为产品的制造成本,并构成产品的价值。

在会计上,产品形成的核算实际上就是产品成本的计算和结转。

一、材料费用的核算

在确定材料费用时,应在根据领料凭证区分车间、部门和不同用途后,按照确定的结果将发出材料的成本分别记入"生产成本""制造费用""管理费用"等账户和产品生产成本明细账。对于直接用于某种产品生产的材料费,应直接计入该产品生产成本明细账中的直接材料费用项目;对于由几种产品共同耗用、应由这些产品共同负担的材料费用,应选择适当的标准在各种产品之间进行分配之后,计入各有关成本计算对象;对于为创造生产条件等需要而间接消耗的各种材料费用,应先在"制造费用"账户中进行归集,然后再同其他间接费用一起分配计入有关产品成本中。

(一) 账户设置

为反映和监督各项生产费用的发生、归集和分配,明确核算产品生产成本,需要设置"生产成本""制造费用""管理费用"等账户。

1. "生产成本"账户

"生产成本"账户属于成本类账户,用来归集和分配企业进行工业性生产所发生的各项生产费用,以正确地计算产品生产成本,包括生产各种产品(如产成品、自制半成品、提供劳务等)、自制材料、自制工具、自制设备等。其借方登记应计入产品生产成本的各项费用,包括直接计入产品生产成本的直接材料、直接人工和期末按照一定的方法分配计入产品生产成本的制造费用;贷方登记结转完工验收入库产成品的生产成本;期末如有余额在借方,表示尚未完工产品(在产品)的成本,即生产资金的占用额。该账户应按产品种类或类别设置明细账户,进行明细分类核算。其账户结构如下。

借方	生产成本	贷方
发生的生产费用: 　　直接材料 　　人工费用 　　制造费用		结转完工验收入库产品成本
期末余额:在产品成本		

2. "制造费用"账户

"制造费用"账户属于成本类,用来归集和分配企业生产车间(基本生产车间和辅助生产车间)为组织和管理产品的生产活动而发生的各项间接生产费用,包括车间内发生的管理人员的薪酬、折旧费、修理费、办公费、水电费、机物料消耗、季节性停工损失等。其借方登记实际发生的各项制造费用;贷方登记期末分配转入"生产成本"账户借方的制造费用;期末在费用结转后该账户一般没有余额(季节性生产企业除外)。该账户应按不同车间设置明细账户,按照费用项目设置专栏进行明细分类核算。其账户结构如下。

借方	制造费用	贷方
归集车间内发生的各项间接费用		期末分配转入"生产成本"账户的制造费用

3. "管理费用"账户

"管理费用"账户属于损益类账户,是用来核算企业为组织和管理企业生产经营所发生的管理费用,包括企业在筹建期间内发生的开办费、董事会和行政管理部门在企业的经营管理中发生的或者应由企业统一负担的公司经费(如行政管理部门人员薪酬、物料消耗、低值易耗品摊销、会议费和差旅费等)、工会经费、董事会费(如董事会成员津贴、会议费和差旅费等)、聘请中介机构费、咨询费(含顾问费)、修理费、诉讼费、业务招待费、技术转让费、矿产资源补偿费、研究费用、排污费等。借方登记企业发生的管理费用;贷方登记期末结转入"本年利润"账户的各项管理费用;结转后本账户应无余额。本账户可按费用项目设置明细账,进行明细核算。其账户结构如下。

借方	管理费用	贷方
发生的各项管理费用		期末结转入"本年利润"账户的管理费用

(二)账务处理

产品制造企业无论是自制材料还是外购材料,经验收入库后,均形成储备物资,以备生产领用。材料被领用时,应填制领料单,向仓库办理领料手续。为了更好地控制材料的领用,节约材料费用,应该尽量采用限额领料单。仓库做了必要的登记后,将领料凭证交给会计部门。会计部门对领料凭证进行记录,并编制发料凭证汇总表,进行材料发出的总分类核算。成本核算人员可根据发料凭证汇总表编制材料费用分配表,据以进行成本的明细核算。

企业发出材料后,根据发料凭证的计价,确定材料的价值,按领料部门和领料用途将材料分配到有关账户,凡是基本生产部门为生产产品直接领用的材料应直接记入"生产成本"账户,车间一般领用则记入"制造费用"账户,管理部门领用应记入"管理费用"账户等。

【例6-19】 宏泽公司根据当月领料凭证,编制发料凭证汇总表,如表6-2所示。

表6-2　发料凭证汇总表　　　　单位:元

用　途	甲材料		乙材料		丙材料		合　计
	数量	金额	数量	金额	数量	金额	
制造产品领用							
——A产品耗用	200	161 000			1 000	18 100	179 100
——B产品耗用			300	16 500			16 500
小计							195 600
车间一般消耗用	100	80 500	200	11 000			91 500
管理部门耗用					500	9 050	9 050
合　计	300	241 500	500	27 500	1 500	27 150	296 150

这项经济业务的发生,一方面使公司生产产品的直接材料费用增加 195 600 元,间接费用增加 91 500 元,期间费用增加 9 050 元;另一方面使公司的库存原材料减少 296 150 元。生产产品的直接材料、间接材料费和期间费用的增加,应分别记入"生产成本""制造费用""管理费用"账户的借方;库存材料减少是资产的减少,应记入"原材料"账户的贷方。应编制会计分录如下。

```
借:生产成本——A 产品                    179 100
         ——B 产品                     16 500
   制造费用                            91 500
   管理费用                             9 050
   贷:原材料——甲材料                          241 500
          ——乙材料                           27 500
          ——丙材料                           27 150
```

二、人工费用的核算

职工为企业劳动,理应从企业获得一定的报酬,也就是企业应向职工支付一定的薪酬。《企业会计准则第 9 号——职工薪酬》(以下简称职工薪酬准则)将职工薪酬界定为"企业为获得职工提供的服务或解除劳动关系而给予的各种形式的报酬或补偿。企业提供给职工配偶、子女、受赡养人、已故员工遗属及其他受益人等的福利,也属于职工薪酬"。凡是企业为获得职工提供的服务给予或付出的各种形式的对价,都构成职工薪酬,作为一种耗费构成人工成本,与这些服务产生的经济利益相匹配,与此同时,企业与职工之间因职工提供服务形成的关系,大多数构成企业的现时义务,将导致企业未来经济利益的流出,从而形成企业的一项负债。职工薪酬包括以下内容。

(1) 短期薪酬,是指企业预期在职工提供相关服务的年度报告期间结束后 12 个月内将全部予以支付的职工薪酬,因解除与职工的劳动关系给予的补偿除外。短期薪酬具体包括:①职工工资、奖金、津贴和补贴;②职工福利费,是指企业向职工提供的除职工工资、奖金、津贴和补贴、社会保险费、住房公积金以及职工教育经费等以外的福利待遇;③医疗保险费、工伤保险费和生育保险费等社会保险费,是指企业按照国家规定的基准和比例计算,向社会保险经办机构缴纳的医疗保险费、工伤保险费和生育保险费等;④住房公积金,是指企业按照国家规定的基准和比例计算,向住房公积金管理机构缴存的住房公积金;⑤工会经费和职工教育经费,是指企业为了改善职工文化生活、为职工学习先进技术与提高文化水平和业务素质,开展工会活动和职工教育及职业技能培训等的相关支出;⑥短期带薪缺勤,是指职工虽然缺勤但企业仍向其支付报酬的安排,包括年休假、病假、婚假、产假、丧假、探亲假等;⑦短期利润分享计划,是指因职工提供服务而与职工达成的基于利润或其他经营成果提供薪酬的协议;⑧其他短期薪酬,是指除上述薪酬以外的其他为获得职工提供的服务而给予的短期薪酬。

(2) 离职后福利,是指企业为获得职工提供的服务而在职工退休或与企业解除劳动关系后，提供的各种形式的报酬和福利，短期薪酬和辞退福利除外。

（3）辞退福利，是指企业在职工劳动合同到期之前解除与职工的劳动关系，或者为鼓励职工自愿接受裁减而给予职工的补偿。

（4）其他长期职工福利，是指除短期薪酬、离职后福利、辞退福利之外所有的职工薪酬，包括长期带薪缺勤、长期残疾福利、长期利润分享计划等。

1. 账户设置

"应付职工薪酬"账户属于负债类账户。用来核算企业职工薪酬的确认与实际发放情况，并反映和监督企业与职工薪酬结算情况。该账户贷方登记本月计算的应付职工薪酬总额，包括各种工资、奖金、津贴和福利费等，同时应付的职工薪酬应作为一项费用按其经济用途分配记入有关的成本、费用账户；借方登记本月实际支付的职工薪酬数；月末如为贷方余额，表示本月应付职工薪酬大于实付职工薪酬的数额，即应付未付的职工薪酬。"应付职工薪酬"账户可以按照"工资""职工福利""社会保险费""住房公积金"等进行明细分类核算。其账户结构如下。

借方	应付职工薪酬	贷方
实际支付的职工薪酬	月末计算分配的职工薪酬	
	期末余额：应付未付的职工薪酬	

2. 账务处理

在确定职工薪酬费用时，应根据"职工薪酬汇总表"，区分为生产工人的直接薪酬和其他人员的薪酬。人工费用按职工所在的职能部门不同，有的职工直接参与产品生产，有的参与管理活动等，所以，在确定本月应付职工薪酬总额时，就应该按用途分配记入有关账户。分别按下列情况处理。

（1）应由生产产品、提供劳务负担的短期职工薪酬，计入产品成本或劳务成本。其中，生产工人的短期职工薪酬应借记"生产成本"科目，贷记"应付职工薪酬"科目；生产车间管理人员的短期职工薪酬属于间接费用，应借记"制造费用"科目，贷记"应付职工薪酬"科目。当企业采用计件工资制时，生产工人的短期职工薪酬属于直接费用，应直接计入有关产品的成本。当企业采用计时工资制时，对于只生产一种产品的生产工人的短期职工薪酬也属于直接费用，应直接计入产品成本；对于同时生产多种产品的生产工人的短期职工薪酬，则需采用一定的分配标准（实际工时或定额生产工时等）分配计入产品成本。

（2）应由在建工程、无形资产负担的短期职工薪酬，计入建造固定资产或无形资产成本。

（3）除上述两种情况之外的其他短期职工薪酬应计入当期损益。如企业行政管理部门人员和专设销售机构销售人员的短期职工薪酬均属于期间费用，应分别借记"管理费用""销售费用"等科目，贷记"应付职工薪酬"科目。

【例6-20】　宏泽公司根据本月"职工薪酬汇总表"确定应付职工薪酬，如表6-3所示。

表 6-3　职工薪酬汇总表

202×年 12 月　　　　　　　　　　　　　　　　　　单位:元

部门、人员	标准工资	奖　金	津　贴	应付薪酬
生产工人				
——A 产品工人薪酬	17 000	5 000	3 000	25 000
——B 产品工人薪酬	34 000	18 000	8 000	60 000
车间管理人员	8 000	2 000	1 000	11 000
公司管理人员	4 000	1 000	1 500	6 500
合　计	63 000	26 000	13 500	102 500

　　这项经济业务的发生,使公司的生产费用、间接费用和期间费用增加 102 500 元。生产工人的薪酬作为直接费用应记入"生产成本"账户的借方;车间管理人员的薪酬作为间接费用应记入"制造费用"账户的借方;公司管理人员的薪酬作为期间费用应记入"管理费用"账户的借方;分配应付职工薪酬应记入"应付职工薪酬"账户的贷方。应编制会计分录如下。

　　借:生产成本——A 产品　　　　　　　　　　　　25 000
　　　　　　　　——B 产品　　　　　　　　　　　　60 000
　　　　制造费用　　　　　　　　　　　　　　　　11 000
　　　　管理费用　　　　　　　　　　　　　　　　 6 500
　　　贷:应付职工薪酬　　　　　　　　　　　　　　　　102 500

三、制造费用的核算

　　制造费用是指企业为生产产品和提供劳务而发生的各项间接费用,它主要是企业生产部门为管理、组织生产和为生产服务而发生的费用,如生产工人以外的其他生产人员的工资和福利费,车间范围内发生的工资费、福利费、办公费、折旧费、水电费、取暖费、动力费、运输费、消耗性材料、劳动保护费和季节性停工损失等。在生产多种产品的企业里,制造费用在发生时一般无法直接判定其应归属的成本核算对象,因而不能直接计入所生产的产品成本中,必须将上述各种费用按照发生的不同空间范围在"制造费用"账户中予以归集、汇总,然后选用一定的标准(如生产工人工资、生产工时等),在各种产品之间进行合理的分配,以便于准确地确定各种产品应负担的制造费用额。在制造费用的归集过程中,要按照权责发生制核算基础的要求,正确地处理跨期间的各种费用,使其分摊于应归属的会计期间。企业通过按月设置"制造费用"明细账将它们归集在一起,月末分配转入"生产成本"账户。常见的分配标准有生产工人工资、生产工时、机器工时等。

　　制造费用包括的具体内容又可以分为以下三部分。

　　(1)间接用于产品生产的费用,如机物料消耗费用,车间生产用固定资产的折旧费、修理费、保险费,车间生产用的照明费、劳动保护费等。

　　(2)直接用于产品生产,但管理上不要求或者不便于单独核算,因而没有单独设置成本项目进行核算的某些费用,如生产工具的摊销费、设计制图费、试验费以及生产工艺用的动力费等。

（3）车间用于组织和管理生产的费用，如车间管理人员的工资及福利费，车间管理用的固定资产折旧费、修理费，车间管理用具的摊销费，车间管理用的水电费、办公费、差旅费等。

1. 账户设置

固定资产管理要求原价与实物口径一致，以考核固定资产的原始投资规模。固定资产由于损耗而减少的价值就是固定资产的折旧。固定资产的折旧应该作为折旧费用计入产品成本和期间费用，这样做不仅是为了使企业在将来有能力重置固定资产，更主要的是为了实现期间收入与费用的正确配比。计提固定资产折旧，通常是根据期初固定资产的原价和规定的折旧率按月计算提取的。

为了使"固定资产"账户能按固定资产的取得成本反映其增减变动和结存情况，并便于计算和反映固定资产的账面净值（折余价值），需要专门设置一个用来反映固定资产损耗价值（即折旧额）的账户，即"累计折旧"账户。

"累计折旧"账户属于资产类账户，用来核算企业固定资产已提折旧的累计情况。其贷方登记按月提取的折旧额，即累计折旧的增加，借方登记因固定资产减少而减少的累计折旧。期末余额在贷方，表示已提折旧的累计额。该账户只进行总分类核算，不进行明细分类核算。其账户结构如下。

借方	累计折旧	贷方
减少的累计折旧	提取的固定资产折旧增加	
	期末余额：固定资产的累计折旧额	

每月计提的固定资产折旧记入该账户的贷方，表示固定资产因损耗而减少的价值；对于固定资产因出售、报废等原因引起的取得成本的减少，在注销固定资产的取得成本时，贷记"固定资产"账户，同时还应借记"累计折旧"账户，注销其已提取的折旧额。"累计折旧"账户期末应为贷方余额，表示现有固定资产已提取的累计折旧额。将"累计折旧"账户的贷方余额抵减"固定资产"账户的借方余额即可求得固定资产的净值。

2. 账务处理

【例6-21】 宏泽公司支付本月水电费5 000元，其中，生产车间耗用3 000元，公司办公耗用2 000元。

该项经济业务的发生，一方面使公司车间办公费用增加了3 000元，行政管理部门办公费增加了2 000元；另一方面使公司银行存款减少了5 000元。车间水电费的增加是费用的增加，应记入"制造费用"账户的借方；公司办公水电费的增加应记入"管理费用"账户的借方；银行存款支付应记入"银行存款"账户的贷方。应编制会计分录如下。

借：制造费用 3 000
  管理费用 2 000
  贷：银行存款 5 000

【例6-22】 宏泽公司本月计提固定资产折旧35 800元，其中，生产车间固定资产折旧15 000元，公司其他管理用固定资产折旧20 800元。

这项经济业务的发生,一方面在提取固定资产折旧时,意味着当期费用成本的增加;另一方面固定资产已提折旧额的增加,意味着累计折旧的增加。车间折旧费的增加,应记入"制造费用"账户的借方;厂部折旧费用的增加,应记入"管理费用"账户的借方;固定资产提取的折旧额,应记入"累计折旧"账户的贷方。应编制会计分录如下。

借:制造费用   15 000

  管理费用   20 800

  贷:累计折旧   35 800

【例6-23】 宏泽公司本月"制造费用"明细账发生额共 120 500 元,月末将本月发生的制造费用按照生产工时比例分配计入 A、B 产品生产成本。其中 A 产品生产工时 4 000 小时,B 产品生产工时 6 000 小时。

本月制造费用累计发生额 120 500 元(91 500+11 000+3 000+15 000),按照工时比例分配,计算如下。

$$分配率=\frac{制造费用总额}{生产工时总额}=\frac{120\ 500}{4\ 000+6\ 000}=12.05(元/工时)$$

A 产品应负担的制造费用=12.05×4 000=48 200(元)

B 产品应负担的制造费用=12.05×6 000=72 300(元)

这项经济业务的发生,一方面使公司产品生产费用增加了 120 500 元(A 产品生产费用增加和 B 产品生产费用的增加);另一方面使公司的制造费用减少 120 500 元。产品生产费用的增加应记入"生产成本——A 产品"和"生产成本——B 产品"账户的借方;制造费用的减少是费用的结转,应记入"制造费用"账户的贷方。应编制会计分录如下。

借:生产成本 ——A 产品   48 200

      ——B 产品   72 300

  贷:制造费用   120 500

四、完工产品成本的核算

将制造费用分配到各种产品成本后,"生产成本"账户的借方归集了各种产品所发生的直接材料、直接人工和制造费用。在此基础上就可以进行产品成本的计算,就是将企业生产过程中为制造产品所发生的各种费用按照所生产的品种、类别等进行归集和分配,以便计算各种产品的总成本和单位成本。

企业应设置产品生产成本明细账,用来归集应计入各种产品的生产费用。在以产品品种为成本计算对象的企业或车间,如果只生产一种产品,计算产品成本时,只需为这种产品开设一本明细账,账内按照成本项目设立专栏或专行。在这种情况下发生的生产费用,可以直接记入产品成本明细账,而不存在在各成本计算对象之间分配费用问题。如果生产的是多种产品,就应按照产品品种分别开设产品生产明细账。生产过程中发生的费用凡能分清为哪种产品所消耗的,应根据有关凭证直接记入该种产品成本明细账中;凡分不清的,如制造费用或几种产品共同耗用的某种原材料费用、生产工人的计时工资等,则应采取适当的分配方法在各成本计算对象之间进行分配,然后记入各产品成本明细账,产品生产成本的计算应在生产成本明细账中进行。如果月末某种产品全部完工,该种产品生产明细账所归集的费用总额,就是该种完工产品的总成本,用完工产品总成本除以该种产品的完工总产量即可计算出该种产品的单位成本。如果月末某种产品全部未完工,该种产品生产成本明细账所归集的费用总额就是该种产品在产品的总成本。如果月末某种产品一部分完工、一部分未完工,这时归集在产品成本明细账中的费用总额,还要采取适当的分配方法在完工产品和在产品之间进行分配,然后才能计算完工产品的总成本和单位成本。完工产品成本的计算公式为

完工产品成本＝月初在产品成本＋本期发生的生产费用－期末在产品成本

企业生产的产品经过了各道工序的加工生产后,就成为企业的完工产成品。所谓产成品,是指已经完成全部生产过程并已验收入库,可以作为商品对外销售的产品。根据完工产品生产成本计算单的资料就可以结转完工、验收入库产品的生产成本。

1. 账户设置

"库存商品"账户属于资产类账户,用来核算完工产品成本的结转及其库存商品成本情况,包括库存产成品、外购商品、存放在门市部准备出售的商品、发出展览的商品以及寄存在外的商品等。接受来料加工制造的代制品和为外单位加工修理的代修品,在制造和修理完成验收入库后,视同企业的产成品,也通过本科目核算。企业产品完工入库时,借记本账户;因出售等原因而减少库存商品时,贷记本账户;期末余额在借方,反映企业库存商品的实际成本。该账户可按库存商品的种类、品种和规格等进行明细核算。其账户结构如下。

借方	库存商品	贷方
验收入库商品成本的增加	库存商品成本的减少	
期末余额:库存商品的实际成本		

在制造费用分配之前,企业已将生产准备过程和产品生产过程中发生的各项直接费用,根据有关凭证及时地记入各生产费用明细账。制造费用分配之后,将各种产品应负担的制造费用数额根据凭证记入各明细分配账户。"生产成本"明细分类账户的登记情况如表 6-4、表 6-5 所示。

表 6-4 生产成本明细账

产品名称：A 产品 单位:元

日期	凭证编号	摘 要	借 方			
			直接材料	直接人工	制造费用	合 计
略	略	期初在产品成本	32 000	7 500	6 000	45 500
		归集材料费用	179 100			179 100
		分配工资费用		25 000		25 000
		分配制造费用			48 200	48 200
		本期发生额合计	179 100	25 000	48 200	252 300
		本月费用合计	211 100	32 500	54 200	297 800
		结转完工产品成本	211 100	32 500	54 200	297 800

表 6-5　生产成本明细账

产品名称：B产品　　　　　　　　　　　　　　　　　　　　　　　　　　　　　单位:元

日期	凭证编号	摘　要	借　方			
			直接材料	直接人工	制造费用	合　计
略	略	期初在产品成本	22 000	14 500	8 200	44 700
		归集材料费用	16 500			16 500
		分配工资费用		60 000		60 000
		分配制造费用			72 300	72 300
		本期发生额合计	16 500	60 000	72 300	148 800
		本月费用合计	38 500	74 500	80 500	193 500
		结转完工产品成本	26 500	54 500	59 500	140 500
		期末在产品成本	12 000	20 000	21 000	53 000

2. 账务处理

【例 6-24】　宏泽公司生产的 A 产品全部完工、B 产品完工一部分,均已验收入库,A 产品实际成本 297 800 元,B 产品 140 500 元(A 产品完工 1 000 件,B 产品完工 500 件)。

这项经济业务的发生,一方面使公司的库存商品成本增加,其中 A 产品成本增加 297 800 元,B 产品成本增加 140 500 元;另一方面由于结转入库商品、产品实际成本而使生产过程中占用的资金减少 438 300 元(297 800 + 140 500)。库存商品成本的增加应记入"库存商品"账户的借方;结转入库商品成本使生产成本减少,应记入"生产成本——A 产品"和"生产成本——B 产品"账户的贷方。应编制会计分录如下。

借:库存商品——A 产品　　　　　　　　297 800
　　　　　　——B 产品　　　　　　　　140 500
　贷:生产成本——A 产品　　　　　　　　　　297 800
　　　　　　——B 产品　　　　　　　　　　140 500

第四节　销售过程业务的核算

销售过程是制造业企业生产经营活动的最终环节。制造业企业从生产过程制造完成的产成品验收入库开始,到产品销售给购买方为止的过程称为销售过程。这一过程既是产品价值和使用价值的实现过程,即收入的实现过程,又是与收入相配比的成本费用的补偿过程。在这一过程中,资金的形态由成品资金再回到货币资金。在销售过程中,制造业企业通过交换,将实现对外销售产品或提供生产性劳务等主营业务,企业应按照购销双方约定价格向购买单位办理价款结算,并确认为主营业务收入;同时,除主营业务外,还可能发生材料销售、代购代销、包装物出售、固定资产出租以及提供非生产性劳务等其他业务,应按照实际发生的金额向对方单位办理价款结算,并确认为其他业务收入。企业在销售产品的过程中,还会发生其他的相关费用,即销售成本、按照国家税法的规定计算应纳的税金、支付销售费用、计算和收回销售税额,最后确定销售成果。

一、主营业务收支的核算

企业的主营业务范围包括销售商品、自制半成品、代制品、代修品以及提供劳务等。主营业务核算的主要内容就是主营业务收入的确认与计量、主营业务成本的计算与结转、销售费用的发生与归集、税金的计算与缴纳以及货款的收回等。下面仅介绍主营业务中商品销售业务的核算内容,包括商品销售收入的确认与计量、商品销售成本的计算与结转以及销售税金的计算和缴纳等内容。

（一）商品销售收入的确认与计量

由于《企业会计准则第 14 号——收入》已于 2017 年 7 月由财政部修订发布,自 2018 年 1 月 1 日起,在境内外同时上市的企业以及在境外上市并采用国际财务报告准则或企业会计准则编制财务报表的企业执行;自 2020 年 1 月 1 日起,在其他境内上市企业施行;自 2021 年 1 月 1 日起,在执行企业会计准则的非上市企业施行。

按照《企业会计准则第 14 号——收入》的要求,企业销售商品的收入确认,必须同时符合以下条件。

（1）企业已将商品所有权上的主要风险和报酬转移给购货方。

（2）企业既没有保留通常与所有权相联系的继续管理权,也没有对已售出的商品实施有效控制。

（3）收入的金额能可靠计量。

（4）相关的经济利益能够流入企业。

（5）相关的已发生或将发生的成本能够可靠地计量。

销售商品的收入按照上述的条件和原则予以确认之后,就要对其金额进行计量。《企业会计准则第 14 号——收入》准则规定,销售商品收入的计量,应当按照销货方已收或应收的合同或协议价款确定销售商品收入金额,已收或应收的合同或协议价款显失公平的除外。应收的合同或协议价款与其公允价值相差较大的,应当按照应收的合同或协议价款的公允价值确定销售商品收入金额。应收的合同或协议价款与公允价值之间的差额,应当在合同或协议期间内采用实际利率法进行摊销,计入当期损益。在计量销售商品的收入时,要注意在销售过程中发生的销售退回、销售折让、商业折扣和现金折扣等内容。

在计量销售商品收入的金额时,应将销售退回、销售折让和商业折扣等作为销售收入的抵减项目记账,即

商品销售收入=不含税单价×销售数量-销售退回-销售折让-商业折扣

（二）销售商品业务的会计处理

销售商品业务属于企业的主营业务,为了核算这种主营业务收入的实现、销售成本的结转、销售税金等内容,一般需要设置"主营业务收入""主营业务成本""税金及附加"等账户,分别核算收入的实现及其结转、成本的发生及其转销、税金及其转销的具体内容。对于货款的结算还应设置"应收账款""应收票据""预收账款"等往来账户。

1. 主营业务收入的核算

1) 账户设置

(1)"主营业务收入"账户。该账户属于损益类账户,用来核算企业销售商品和提供劳务所实现的收入。其贷方登记企业销售商品或提供劳务实现的收入,实际收到或应收金额;借方登记发生销售折让或退回时冲减的主营业务收入,实际支付或应退还的金额;期末应将本账户余额转入"本年利润"科目,结转后该账户应无余额。该账户应按照产品类别设置明细分类账进行明细核算。其账户结构如下。

借方	主营业务收入	贷方
销售退回等 期末转入"本年利润"账户的净收入	实现的主营业务收入(增加数)	

(2)"应收账款"账户。该账户属于资产类账户,用来核算因销售商品和提供劳务等而应向购货单位或接受劳务单位收取货款的结算情况(结算债权)的账户,代购货单位垫付的各种款项也在该账户中核算。借方登记由于销售商品、提供劳务等发生的应收款金额、代购买单位垫付的各种款项(包括收取的价款、税金和代垫运费等);贷方登记已经收回的货款;期末余额如在借方,表示尚未收回的应收账款;期末余额如在贷方,表示预收的账款。该账户应按不同的购货单位或接受劳务的单位设置明细账户,进行明细核算。其账户结构如下。

借方	应收账款	贷方
发生的应收账款(增加数)	收回的应收账款(减少数)	
期末余额:应收未收账款	期末余额:预收款	

(3)"应收票据"账户。该账户属于资产类账户,用来核算企业销售商品而收到购货单位开出并承兑商业承兑汇票或银行承兑汇票的增减变动及其结余情况。企业收到购货单位开出并承兑的商业汇票,表明企业票据应收款的增加,应记入"应收票据"账户的借方;票据到期收回购货单位货款表明企业应收票据款的减少,应记入"应收票据"账户的贷方,期末如有余额应在借方,表示尚未到期的票据应收款项的结余额。该账户不设置明细账户。

为了了解每张应收票据的结算情况,企业应设置"应收票据备查簿"逐笔登记每张商业汇票的种类,号数和出票日,票面金额,交易合同号和付款人、承兑人、背书人的姓名或单位名称,到期日,背书转让日,贴现日,贴现率和贴现净额以及收款日和收回金额,退票情况等资料。商业汇票到期结清票款或退票后在备查簿中注销。其账户结构如下。

借方	应收票据	贷方
本期收到的商业汇票(增加)	到期(或提前贴现)票据(减少)	
期末余额:尚未到期应收票据金额		

(4)"预收账款"账户。该账户属于负债类账户,用来核算企业按照合同的规定预收购货单位订货款的增减变动及其结余情况。其贷方登记预收购买单位订货款的增加;借方登记销售实现时冲减的预收货款;期末余额如在贷方,表示企业预收款的结余额;期末余额如在借方,表示购货单位应补付给本企业的款项。本账户应按照购货单位设置明细账户,进行

明细分类核算。其账户结构如下。

借方	预收账款	贷方
预收货款的减少	预收货款的增加	
期末余额:购货单位应补付的款项	期末余额:预收款的结余	

(5)"应交税费——应交增值税"账户。该账户属于负债类账户,是用来核算企业应交的增值税税额。"应交增值税"明细科目的贷方反映销售货物或提供应税劳务应缴纳的增值税税额、出口货物退税、转出已支付或应分担的增值税;借方反映企业购进货物或接受应税劳务支付的进项税额、实际已缴纳的增值税;期末借方余额反映企业多交或尚未抵扣的增值税;期末贷方余额反映企业尚未缴纳的增值税。"应交税费——应交增值税"账户分别设置"进项税额""已交税金""销项税额""出口退税""进项税额转出"等专栏。其账户结构如下。

借方	应交税费——应交增值税	贷方
进项税额	销项税额	
已缴税金	进项税转出	
期末转出未交的增值税	期末转出多交的增值税	
期末余额:尚未抵扣的增值税	贷方余额:尚未缴纳的增值税	

2) 账务处理

【例6-25】　宏泽公司本月销售一批A产品500件。每件600元,增值税税率13%,款项已收到存入银行。

这项经济业务的发生,一方面使公司的银行存款增加了339 000元(300 000+39 000);另一方面使公司的主营业务收入增加300 000元,增值税销项税额增加39 000元。银行存款的增加是资产的增加,应记入"银行存款"账户的借方;主营业务收入的增加是收入的增加,应记入"主营业务收入"账户的贷方;增值税销项税额的增加是负债的增加,应记入"应交税费——应交增值税"账户的贷方。应编制会计分录如下。

借:银行存款　　　　　　　　　　　　　　　339 000
　　贷:主营业务收入　　　　　　　　　　　　　300 000
　　　　应交税费——应交增值税(销项税额)　　　 39 000

【例6-26】　宏泽公司1月1日销售B商品200件,每件售价570元,增值税税额14 820元,买方于1月20日付款。3月1日,发现该批商品因质量问题要求全部退货,宏泽公司经确认同意退货并退款。

1月1日,这项经济业务的发生,一方面使公司的应收账款增加了128 820元(114 000+14 820);另一方面使公司的主营业务收入增加114 000元,增值税销项税额增加14 820元。应收账款的增加是资产的增加,应记入"应收账款"账户的借方;主营业务收入的增加是收入的增加,应记入"主营业务收入"账户的贷方;增值税销项税额的增加是负债的增加,应记入"应交税费——应交增值税"账户的贷方。1月20日,这项经济业务的发生,一方面使公司的银行存款增加了128 820元;另一方面使公司的应收账款减少128 820元。银行存款的增加是资产的增加,应记入"银行存款"账户的借方;应收账款的减少是资产的减少,应记入"应收账款"账户的贷方。3月1日,这项经济业务的发生,一方面使公司的银行存款减少了

128 820 元;另一方面使公司的主营业务收入减少 114 000 元。银行存款的减少是资产的减少,应记入"银行存款"账户的贷方;主营业务收入的减少是收入的减少,应记入"主营业务收入"账户的借方;增值税销项税额的减少是负债的减少,应记入"应交税费——应交增值税"账户的借方。应编制会计分录如下。

（1）1 月 1 日销售实现时

借:应收账款　　　　　　　　　　　　　　　　128 820

　　贷:主营业务收入　　　　　　　　　　　　　　114 000

　　　　应交税费——应交增值税(销项税额)　　　14 820

（2）1 月 20 日收到货款时

借:银行存款　　　　　　　　　　　　　　　　128 820

　　贷:应收账款　　　　　　　　　　　　　　　128 820

（3）3 月 1 日销售退回时

借:主营业务收入　　　　　　　　　　　　　　114 000

　　应交税费——应交增值税(销项税额)　　　　14 820

　　贷:银行存款　　　　　　　　　　　　　　　128 820

【例 6-27】　宏泽公司销售给机电公司 B 产品 400 件,每件售价 570 元,发票注明增值税税额 29 640 元,收到一张商业承兑汇票。

这项经济业务的发生,一方面使公司的应收票据增加了 257 640 元(228 000＋29 640);另一方面使公司的主营业务收入增加 228 000 元,增值税销项税额增加 29 640 元。应收票据的增加是资产的增加,应记入"应收票据"账户的借方;主营业务收入的增加是收入的增加,应记入"主营业务收入"账户的贷方;增值税销项税额的增加是负债的增加,应记入"应交税费——应交增值税"账户的贷方。应编制会计分录如下。

借:应收票据　　　　　　　　　　　　　　　　257 640

　　贷:主营业务收入　　　　　　　　　　　　　　228 000

　　　　应交税费——应交增值税(销项税额)　　　29 640

【例 6-28】　宏泽公司按合同规定预收利信工厂订购 A 产品 400 件的货款 280 000 元,存入银行。

这项经济业务的发生,一方面使公司的银行存款增加 280 000 元;另一方面使公司的预收款增加 280 000 元。银行存款的增加是资产的增加,应记入"银行存款"账户的借方;预收款的增加是负债的增加,应记入"预收账款"账户的贷方。应编制会计分录如下。

借:银行存款　　　　　　　　　　　　　　　　280 000

　　贷:预收账款——利信工厂　　　　　　　　　　280 000

【例 6-29】　宏泽公司本月预收利信工厂货款的 A 产品 400 件,已经发货,发票注明的价款 240 000 元,增值税销项税额 31 200 元。预收货款差额已经通过银行退回。

这项经济业务的发生,一方面使公司的预收账款减少 280 000;另一方面使公司的主营业务收入增加 240 000 元,增值税销项税额增加 31 200 元,由于预收的款项多,退回多收款项,银行存款减少 8 800 元。预收账款的减少是负债的减少,应记入"预收账款"账户的借方;银行存款的减少是资产的减少,应记入"银行存款"账户的贷方;主营业务收入的增加是收入的增加,应记入"主营业务收入"账户的贷方;增值税销项税额的增加是负债的增加,应记入"应交税费——应交增值税"账户的贷方。应编制会计分录如下。

借：预收账款   280 000

    贷：主营业务收入   240 000

      应交税费——应交增值税（销项税额）   31 200

      银行存款   8 800

2. 主营业务成本的核算

企业在销售商品过程中，一方面减少了库存中的存货；另一方面作为取得主营业务收入而垫支的资金，表明企业发生了费用，将销售发出的商品成本转为主营业务成本，应遵循配比原则的要求，不仅主营业务成本的结转应与主营业务收入在同一会计期间加以确认，而且应与主营业务成本在数量上保持一致。商品生产成本的确定，应考虑期初库存的商品成本和本期入库的商品成本，可以分别采用先进先出法、加权平均法、个别计价法等方法来确定。计价方法一经确定，不得随意变动。关于发出存货的计价方法，将在第九章中进行介绍。

本期应结转的主营业务成本＝本期销售商品的数量×单位商品的生产成本

为了核算主营业务成本的发生和结转情况，需要设置"主营业务成本"账户，该账户属于损益类账户，是用来核算企业主营业务而发生的实际成本及其结转情况的账户。其借方登记主营业务发生的实际成本；贷方登记期末转入"本年利润"账户的主营业务成本；该账户没有余额，该账户按照主营业务的种类设置明细账户，进行明细分类核算。其账户结构如下。

借方	主营业务成本	贷方
本期发生的主营业务成本	期末转入"本年利润"账户的主营业务成本	

【例 6-30】 宏泽公司在月末结转本月已销售的 A、B 产品的销售成本（其中 A 产品的单位成本为 297.8 元、B 产品的单位成本为 281 元）。

这项经济业务的发生，一方面使公司的主营业务成本增加 380 420 元（900×297.8＋400×281）；另一方面使公司的库存商品成本减少 380 420 元。主营业务成本的增加是费用成本的增加，应记入"主营业务成本"账户的借方；库存商品成本的减少是资产的减少，应记入"库存商品"账户的贷方。应编制会计分录如下。

借：主营业务成本   380 420

    贷：库存商品 ——A 产品   268 020

            ——B 产品   112 400

3. 税金及附加的核算

企业在销售商品过程中，实现了商品的销售额，就应该向国家税务机关缴纳各种销售税金及附加，包括消费税、城市维护建设税、资源税、教育费附加、房产税、城镇土地使用税、车船税、印花税等相关税费。

税金及附加一般是根据有关计税基数，按照规定的税率计算缴纳。其中：

$$应交消费税＝应税消费品的销售额×消费税税率$$

$$应交城建税＝（应交消费税＋应交增值税）×城建税税率$$

为了核算企业销售商品的税金及附加情况,需要设置"税金及附加"账户,该账户属于损益类,是用来核算企业经营主要业务而应由主营业务负担的各种税金及附加及其结转情况的账户。其借方登记按照规定计算应由主营业务负担的各种税金及附加额;贷方登记期末转入"本年利润"账户的税金及附加额;经过结转之后,该账户期末没有余额。其账户结构如下。

借方	税金及附加	贷方
本期应负担的各种税金及附加		期末转入"本年利润"账户的税金及附加

【例 6-31】 月末经计算本月应缴纳的消费税 55 000 元,城市维护建设税 15 000 元,教育费附加 5 000 元,车船税 2 000 元。

这项经济业务的发生,一方面使公司的税金及附加增加 77 000 元(55 000＋15 000＋5 000＋2 000);另一方面使公司的应交税费增加 77 000 元。税金及附加的增加是费用支出的增加,应记入"税金及附加"账户的借方;应交税费的增加是负债的增加,应记入"应交税费"账户的贷方。应编制会计分录如下。

```
借:税金及附加                           77 000
    贷:应交税费——应交消费税                    55 000
            ——应交城市维护建设税                 15 000
            ——应交教育费附加                     5 000
            ——应交车船税                        2 000
```

二、其他业务收支的核算

企业在经营过程中,除主营业务外,还会发生材料销售、出租包装物、出租固定资产、出租无形资产、出租商品、用材料进行非货币性资产交换或债务重组以及提供非生产性劳务等其他兼营业务,在经营其他兼营业务时,应按照实际发生的金额向对方单位办理价款结算,并确认其他业务收入,在经营其他兼营业务时所发生的相关成本,按照配比原则,应确认其他业务支出。由于其他业务不属于企业主要的经营业务范围,按照重要性的要求,对其他业务的核算采取比较简单的方法。

(一) 账户设置

1. "其他业务收入"账户

"其他业务收入"账户属于损益类账户,是用来核算企业确认的除主营业务活动以外的其他经营活动实现的收入,贷方登记实现的其他业务收入数额;借方登记期末转入"本年利润"账户的其他业务收入数额;结转后本账户应无余额。本账户应按照其他业务的种类设置明细账户,进行明细分类核算。其账户结构如下。

借方	其他业务收入	贷方
期末转入"本年利润"账户的其他业务收入	实现的其他业务收入	

2. "其他业务成本"账户

"其他业务成本"账户属于损益类账户,是用来核算企业确认的除主营业务活动以外的其他经营活动所发生的支出,包括销售材料的成本、出租固定资产的折旧额、出租无形资产的摊销额、出租包装物的成本或摊销额等。其借方登记发生的其他业务成本,包括材料销售成本、提供劳务的成本费用以及相关的税金及附加等;贷方登记期末转入"本年利润"账户的其他业务成本数额;期末该账户无余额。该账户应按照其他业务的种类设置明细账户,进行明细分类核算。其账户结构如下。

借方	其他业务成本	贷方
发生的其他业务成本	期末转入"本年利润"账户的其他业务成本数额	

(二) 账务处理

【例 6-32】　宏泽公司销售材料一批,价款 50 000 元,增值税税率 13%,款项收到存入银行。

这项经济业务的发生,一方面使公司的银行存款增加 56 500 元(50 000＋6 500);另一方面使公司的其他业务收入增加 50 000 元、增值税销项税额增加 6 500 元。银行存款的增加是资产的增加,应记入"银行存款"账户的借方;其他业务收入的增加是收入的增加,应记入"其他业务收入"账户的贷方;增值税销项税额的增加是负债的增加,应记入"应交税费"账户的贷方。应编制会计分录如下。

借:银行存款　　　　　　　　　　　　　　56 500
　　贷:其他业务收入　　　　　　　　　　　　50 000
　　　　应交税费——应交增值税(销项税额)　6 500

【例 6-33】　宏泽公司向某单位转让商标使用权,取得收入存入银行 200 000 元(不考虑增值税)。

这项经济业务的发生,一方面使公司的银行存款增加 200 000 元;另一方面使公司的其他业务收入增加 200 000 元。银行存款的增加是资产的增加,应记入"银行存款"账户的借方;其他业务收入的增加是收入的增加,应记入"其他业务收入"账户的贷方。应编制会计分录如下。

借:银行存款　　　　　　　　　　　　　　200 000
　　贷:其他业务收入　　　　　　　　　　　　200 000

【例 6-34】　宏泽公司向某单位出租包装物,收取含税租金 113 000 元,存入银行。

由于租金中包括增值税税额,因此,不含税租金为 100 000 元[113 000÷(1＋13%)],增值税税额为 13 000 元。这项经济业务的发生,一方面使公司的银行存款增加 113 000 元;另一方面使公司的其他业务收入增加 100 000 元,增值税销项税额增加 13 000 元。银行存款的增加是资产的增加,应记入"银行存款"账户的借方;其他业务收入的增加是收入的增加,应记入"其他业务收入"账户的贷方;增值税销项税额的增加是负债的增加,应记入"应交税费——应交增值税"账户的贷方。应编制会计分录如下。

借:银行存款 113 000
　贷:其他业务收入 100 000
　　应交税费——应交增值税(销项税额) 13 000

【例 6-35】 假设例 6-32 中所售出材料的账面成本为 20 000 元。

这项经济业务的发生,一方面使公司的其他业务成本增加 20 000 元;另一方面使公司的库存材料成本减少 20 000 元。其他业务成本的增加是费用的增加,应记入"其他业务成本"账户的借方;库存材料成本的减少是资产的减少,应记入"原材料"账户的贷方。应编制会计分录如下。

借:其他业务成本 20 000
　贷:原材料 20 000

【例 6-36】 宏泽公司月末结转本月出租包装物的成本 60 000 元。

这项经济业务的发生,一方面使公司的其他业务成本增加 60 000 元,另一方面使公司的库存包装物成本减少 60 000 元。包装物成本摊销,应记入"其他业务成本"账户的借方;库存包装物成本的减少是资产的减少,应记入"包装物"账户的贷方。应编制会计分录如下。

借:其他业务成本 60 000
　贷:包装物 60 000

第五节　财务成果业务的核算

　　财务成果是指企业在一定会计期间所实现的最终经营成果,也就是企业所实现的利润或亏损总额。利润是按照配比的要求,将一定时期内存在因果关系的收入与费用进行配比而产生的结果,收入大于费用支出的差额部分为利润,反之则为亏损。利润是综合反映企业在一定时期生产经营成果的重要指标。它不仅可以考核企业的工作成果,还可以全面衡量企业工作质量。企业也只有通过获取利润,为社会创造更多的财富,才能满足人们日益增长的物质和文化需要。

一、利润的构成

　　制造业企业的利润一般包括营业利润和营业外收支等内容。也就是说,企业在生产经营过程中通过销售活动将商品卖给购买方,实现收入,扣除当初的投入成本以及其他一系列费用,再加减非经营性质的收支等,就形成了企业的利润或亏损总额。按照我国企业会计准则规定,利润的组成内容包括营业利润、利润总额、净利润、其他综合收益的税后净额、综合收益总额和每股收益部分。

1. 营业利润

营业利润是企业利润的主要组成部分,它是由营业收入减去营业成本、税金及附加,销售费用、管理费用、财务费用、研发费用、资产减值损失,加上其他收益、投资收益(或减去投资损失),加上公允价值变动收益(或减去公允价值变动损失),加上资产处置收益(或减去资产处置损失)后的金额。其中:①资产减值损失是企业各项资产减值准备所形成的损失;②公允价值变动收益是企业交易性金融资产、交易性金融负债等公允价值变动形成的应计入当期损益的利得;③投资收益是企业对外投资获得的收益,减去发生的投资损失和计提的投资跌价准备的净额。其计算公式为

$$营业利润=营业收入-营业成本-税金及附加-期间费用-资产减值损失$$
$$+公允价值变动净损益+投资净损益+资产处置净损益$$

其中:

$$营业收入=主营业务收入+其他业务收入$$
$$营业成本=主营业务成本+其他业务成本$$

2. 利润总额

利润总额是由营业利润加上营业外收入减去营业外支出构成。其中:①营业外收入是企业发生的各项与正常经营活动业务没有直接关系的各项收入,包括非流动资产处置净收益、非货币性资产交换利得、盘盈利得、债务重组利得、政府补助、捐赠利得等。②营业外支出是企业发生的各项与正常经营活动业务没有直接关系的各项支出。包括非流动资产处置净损失、非货币性资产交换净损失、债务重组损失、公益性捐赠支出、非常损失、罚款支出、固定资产盘亏支出等。其计算公式为

$$利润总额=营业利润+营业外收入-营业外支出$$

3. 净利润

企业实现利润总额之后,首先应向国家缴纳所得税费用,扣除所得税费用后的利润即为净利润,净利润的计算公式为

$$净利润=利润总额-所得税费用$$

式中,所得税费用是企业按应纳税所得税额和所得税税率计算的应计入当期损益的所得税费用。

除了上述经营业务外,企业还会发生其他一些日常性业务或非经常性事项,如行政管理业务、资产减值准备业务、非流动资产的处置与交换业务、对外投资业务、债务重组业务、利润的形成与分配业务等。这些业务的发生会导致企业资产等会计要素发生变化,从而需要进行相应的会计核算。

二、营业外收支的核算

企业的营业外收支是指与企业正常的生产经营业务没有直接关系的各项收入和支出,包括营业外收入和营业外支出。营业外收入是指与企业正常的生产经营活动没有直接关

系的各种收入,这种收入不是由企业经营资金耗费所产生的,一般不需要企业付出代价,因而无法与有关的费用支出相配比,营业外收入包括报废毁损非流动资产利得、债务重组利得、与企业日常活动无关的政府补助、盘盈利得、捐赠利得等。营业外支出是指与企业正常的生产经营活动没有直接关系的各项支出,这种支出不属于企业的生产经营费用,营业外支出包括非流动资产报废毁损损失、债务重组损失、公益性捐赠支出、非常损失、盘亏损失等。

营业外收支虽然与企业正常的生产经营活动没有直接关系,但从企业主体考虑,营业外收支同样能够增加或减少企业的利润,对利润或亏损总额乃至净利润都会产生一定的影响。在会计核算过程中,一般按照营业外收支具体项目发生的时间,按其实际数额在当期作为利润的加项或减项分别予以确认和计量。

营业外收入和营业外支出不存在必然联系,因而不存在配比关系,应当分别核算,并在利润表中分列项目反映。

(一) 账户设置

为了核算企业各项营业外收支的实现及其结转情况,需设置以下账户。

1. "营业外收入"账户

"营业外收入"账户属于损益类账户,用来核算企业各项营业外收入的实现及其结转情况。其贷方登记营业外收入的实现(即营业外收入的增加);借方登记期末转入"本年利润"账户的营业外收入数额;结转后本账户应无余额。本账户可按营业外收入的项目进行明细分类核算。其账户结构如下。

借方	营业外收入	贷方
期末转入"本年利润"账户的营业外收入数额	实现的营业外收入数额	

2. "营业外支出"账户

"营业外支出"账户属于损益类账户,用来核算企业各项营业外支出的发生及其结转情况。借方登记企业确认发生营业外支出;贷方登记期末转入"本年利润"账户的金额;结转后本账户应无余额。本账户可按支出的项目进行明细分类核算。其账户结构如下。

借方	营业外支出	贷方
发生的营业外支出数额	期末转入"本年利润"账户的营业外支出额	

(二) 账务处理

【例6-37】 宏泽公司欠B公司200 000元货款,宏泽公司因财务困难,经双方协商,B公司同意减免宏泽公司80 000元的债务,剩余的120 000元由宏泽公司以存款支付。

这项经济业务的发生,一方面使应付账款减少200 000元、银行存款减少120 000元;

另一方面使公司的营业外收入增加 80 000 元。营业外收入的增加是收益的增加,应记入"营业外收入"账户的贷方;银行存款的减少是资产的减少,应记入"银行存款"账户的贷方;应付账款的减少是负债的减少,应记入"应付账款"账户的借方。应编制会计分录如下。

```
借:应付账款——B公司            200 000
    贷:银行存款                      120 000
        营业外收入——债务重组收益        80 000
```

【例 6-38】　宏泽公司用银行存款支付一项公益性捐赠 50 000 元。

这项经济业务的发生,一方面使公司的银行存款减少 50 000 元;另一方面使公司的营业外支出增加 50 000 元。营业外支出的增加是费用支出的增加,应记入"营业外支出"账户的借方;银行存款的减少是资产的减少,应记入"银行存款"账户的贷方。应编制会计分录如下。

```
借:营业外支出                    50 000
    贷:银行存款                      50 000
```

三、期间费用的核算

期间费用是指不能直接归属于某个特定的产品成本,而应直接计入当期损益的各种费用。它是企业在经营过程中随着时间的推移而不断地发生、与产品生产活动的管理和销售有一定的关系,但与产品的制造过程没有直接关系的各种费用。期间费用不计入产品制造成本,而是从当期损益中予以扣除。主要包括销售费用、管理费用、财务费用,前面已讲述了财务费用、管理费用,在此仅介绍销售费用。

"销售费用"账户属于损益类账户,是用来核算企业销售商品和材料、提供劳务的过程中发生的各种费用,包括保险费、包装费、展览费和广告费、商品维修费、预计产品质量保证损失、运输费、装卸费以及为销售本企业商品而专设的销售机构(含销售网点、售后服务网点等)的职工薪酬、业务费、折旧费等经营费用。其借方登记发生的各种销售费用;贷方登记期末转入"本年利润"账户的销售费用额;结转后该账户无余额。本账户应按费用项目设置明细账户,进行明细分类核算。其账户结构如下。

借方	销售费用	贷方
发生的销售费用		期末转入"本年利润"账户的销售费用额

【例 6-39】　用银行存款支付销售产品的运杂费 1 500 元,广告费 20 000 元。

这项经济业务的发生,一方面使公司的销售费用增加 21 500 元(1 500+20 000);另一方面使公司的银行存款减少 21 500 元。销售费用的增加是费用支出的增加,应记入"销售费用"账户的借方;银行存款的减少是资产的减少,应记入"银行存款"账户的贷方。应编制会计分录如下。

```
借:销售费用                      21 500
    贷:银行存款                      21 500
```

【例 6-40】 宏泽公司计提销售部门当期固定资产折旧 10 000 元。

这项经济业务的发生,一方面使公司的销售费用增加 10 000 元;另一方面使公司的累计折旧增加 10 000 元。销售费用的增加是费用支出的增加,应记入"销售费用"账户的借方;计提的累计折旧,记入"累计折旧"账户的贷方。应编制会计分录如下。

```
借:销售费用                          10 000
  贷:累计折旧                              10 000
```

四、投资收益的核算

企业为了合理有效地使用资金以获取更多的经济利益,除进行正常的生产经营活动外,还可以将资金投放于债券、股票或其他财产等,形成企业的对外投资。投资收益的实现或投资损失的发生都会影响企业当期的经营成果。投资收益是指企业对外投资所取得的投资收益,减去发生的投资损失和计提减值准备后的净额。投资收益包括企业对外投资的债券利息、股利、利润、投资到期收回或转让所取得的价款与投资账面价值之间的差额等。

(一) 账户设置

1. "投资收益"账户

"投资收益"账户属于损益类账户,用以核算企业对外投资取得的收益或发生的损失。其贷方登记实现的投资收益和期末转入"本年利润"账户的投资净损失;借方登记发生的投资损失和期末转入"本年利润"账户的投资净收益;结转后账户无余额。该账户应按投资收益的种类设置明细账,进行明细分类核算。其账户结构如下。

借方	投资收益	贷方
发生的投资损失	实现的投资收益	
期末转入"本年利润"账户的投资净收益	期末转入"本年利润"账户的投资净损失	

2. "交易性金融资产"账户

"交易性金融资产"账户属于资产类账户,用来核算企业为交易目的所持有的债券、股票、基金等交易性金融资产的公允价值。借方登记交易性金融资产的取得成本、资产负债表日其公允价值高于账面余额的差额,以及出售金融资产时公允价值低于账面金额的变动金额;贷方登记企业出售交易性金融资产时结转的成本、资产负债表日其公允价值低于账面余额的差额,以及出售金融资产时结转的成本和公允价值高于账面余额的变动金额;期末余额在借方,反映企业持有的交易性金融资产的公允价值。本账户可按交易性金融资产的类别和品种分别设置"成本""公允价值变动"等明细账,进行明细分类核算。其账户的结构如下。

借方	交易性金融资产	贷方
①交易性金融资产取得成本		①出售交易性金融资产时结转的成本
②资产负债表日公允价值高于账面余额的差额		②资产负债表日其公允价值低于账面余额的差额
③出售金融资产时公允价值低于账面金额的变动金额		③出售金融资产时结转的成本和公允价值高于账面余额的变动金额
期末余额：企业持有的交易性金融资产的公允价值		

（二）账务处理

【例6-41】　宏泽公司将持有为交易目的的股票抛售，卖价286 000元，该股票买价200 000元，款项已存入银行。

这项经济业务的发生，一方面使公司的银行存款增加286 000元；另一方面使公司持有的交易性金融资产减少200 000元，同时使投资收益增加86 000元。银行存款的增加是资产的增加，应记入"银行存款"账户的借方；交易性金融资产的减少是资产的减少，应记入"交易性金融资产"账户的贷方；投资收益的增加是收入的增加，应记入"投资收益"账户的贷方。应编制会计分录如下。

借：银行存款　　　　　　　　　　　　　　　　286 000
　　贷：交易性金融资产　　　　　　　　　　　　　　200 000
　　　　投资收益　　　　　　　　　　　　　　　　　　86 000

五、所得税费用的核算

所得税费用是企业按照国家税法的有关规定，对企业某一经营年度实现的经营所得和其他所得，按照规定的所得税税率计算缴纳的一种税款。所得税费用是企业使用政府所提供的各种服务而向政府应尽的义务。所得税费用应计入当期损益，它是企业按照税法规定依据应纳税所得额计算并向国家缴纳的税款，是企业利润总额的减项。

所得税是根据企业的所得额征收的，而企业的所得额又可以依据不同的标准分别计算确定，即所谓的会计所得和纳税所得。会计所得是由企业根据会计准则、制度等的要求确认的收入与费用进行配比计算得出的税前会计利润，纳税所得是根据税收法规规定的收入和准予扣除的费用计算得出的企业纳税所得，即应税利润。由于会计法规和税收法规是两个不同的经济范畴，两者的适度分离被认为是允许的，实际上它们分别遵循着不同的原则和方法、规范着不同的对象。会计的最终目标是提供财务报告，全面、真实、完整地反映企业的财务状况和经营成果，为会计信息的使用者提供有用的会计信息；税法的目的是为了确保税收收入。两者目标上的不同导致了收益确定上的差异。因此，按照会计法规计算确定的会计利润与按照税收法规计算确定的应税利润对同一个企业的同一个会计期间来说，其计算的结果往往不一致，在计算口径和确认时间方面存在一定的差异，即计税差异，一般将这个差异称为纳税调整项目。

企业所得税通常是按年计算、分期预交、年末汇算清缴的，其计算公式为

$$应交所得税＝应纳税所得额×所得税税率$$

$$应纳税所得额＝利润总额±所得税前利润中予以调整的项目$$

为了核算所得税费用的发生情况,需要设置"所得税费用"账户,该账户属于损益类账户,是用来核算企业按照有关规定应在当期损益中扣除的所得税费用的计算及其结转情况。借方登记按照应纳税所得额计算出的所得税费用额;贷方登记期末转入"本年利润"账户的所得税费用额;结转后该账户应无余额。其账户结构如下。

借方	所得税费用	贷方
计算出的所得税费用额		期末转入"本年利润"账户的所得税费用额

【例6-42】 宏泽公司本期实现利润总额 621 730 元,按 25% 计算本期所得税费用。假设没有纳税调整。

本期应交所得税 155 432.50 元(621 730×25%),这项经济业务的发生,一方面使公司的所得税费用增加 155 432.50 元;另一方面使公司应交税费增加 155 432.50 元。所得税费用的增加是费用的增加,应记入"所得税费用"账户的借方;应交税费的增加是负债的增加,应记入"应交税费"账户的贷方。应编制会计分录如下。

借:所得税费用 155 432.50

贷:应交税费——应交所得税 155 432.50

【例6-43】 用银行存款缴纳所得税 155 432.50 元。

这项经济业务的发生,一方面使公司的应交税费减少 155 432.50 元;另一方面使公司银行存款减少 155 432.50 元。应交税费的减少是负债的减少,应记入"应交税费"账户的借方;银行存款的减少是资产的减少,应记入"银行存款"账户的贷方。应编制会计分录如下。

借:应交税费——应交所得税 155 432.50

贷:银行存款 155 432.50

六、本年利润的核算

按照我国会计规范的要求,企业一般应当按月核算利润,按月核算利润有困难的,经批准,也可以按季或者按年核算利润。企业计算确定本期利润总额、净利润和本年累计利润总额、累计净利润的具体方法有"账结法"和"表结法"两种。其中,账结法是在每个会计期末(一般是指月末)将各损益类账户记录的金额全部转入"本年利润"账户,通过"本年利润"账户借、贷方的记录结算出本期损益总额和本年累计损益额,在这种方法下,需要在每个会计期末通过编制结账分录,结清各损益类账户;表结法是在每个会计期末(月末)各损益类账户余额不进行转账处理,而是通过编制利润表进行利润的结算,根据损益类项目的本期发生额、本年累计数额填报会计报表(主要是指利润表),在会计报表中直接计算确定损益额,即利润总额、净利润,年终,在年度会计决算时再用账结法,将各损益类账户全年累计发生额通过编制结账分录转入"本年利润"账户。"本年利润"账户集中反映了全年累计净利润的实现或亏损的发生情况。

为了核算企业当期实现的利润(或发生的亏损)情况,应设置"本年利润"账户。该账户属于所有者权益类账户,贷方登记期末转入的各项收入,包括主营业务收入、其他业务收入、投资净收益、营业外收入等;借方登记会计期末转入的各项成本费用,包括主营业务成本、其他业务成本、税金及附加、销售费用、财务费用、管理费用、投资净损失、营业外支出和所得税费用等。该账户年内期末余额如果在贷方,表示实现的累计净利润;如果在借方,表示累计发生的亏损。年末应将该账户的余额转入"利润分配"账户(如果是净利润,应自该账户的借方转入"利润分配"账户的贷方;如果是亏损,应自该账户的贷方转入"利润分配"账户的借方),结转之后,该账户年末没有余额。其账户结构如下。

借方　　　　　　　　　　　　　本年利润　　　　　　　　　　　　　贷方	
期末转入的各项成本费用:	期末转入的各项收入:
主营业务成本	主营业务收入
其他业务成本	其他业务收入
税金及附加	投资净收益
销售费用	营业外收入
管理费用	
财务费用	
投资净损失	
营业外支出	
所得税费用	
期末余额:累计发生的亏损	期末余额:实现的累计净利润

会计期末(月末或年末)结转各项收入时,借记"主营业务收入""其他业务收入""投资收益""营业外收入"等账户,贷记"本年利润"账户;结转各项费用时,借记"本年利润"账户,贷记"主营业务成本""税金及附加""其他业务成本""管理费用""财务费用""销售费用""营业外支出""所得税费用"等账户。如果"投资收益"账户反映的为投资净损失,则应进行相反的结转。下面以"账结法"为例说明本年利润结转的核算。

【例6-44】　宏泽公司本期实现各项收入包括主营业务收入768 000元、其他业务收入350 000元、投资净收益86 000元、营业外收入80 000元,期末转入"本年利润"账户。

这项经济业务的发生,一方面使公司的有关损益类账户记录的各种收入减少;另一方面使公司的利润额增加。各项收入的结转是收入的减少,应记入"主营业务收入""其他业务收入""投资收益""营业外收入"账户的借方;利润的增加是所有者权益的增加,应记入"本年利润"账户的贷方。应编制的会计分录如下。

借:主营业务收入　　　　　　　　　　　　768 000
　　其他业务收入　　　　　　　　　　　　350 000
　　投资收益　　　　　　　　　　　　　　86 000
　　营业外收入　　　　　　　　　　　　　80 000
　　贷:本年利润　　　　　　　　　　　　　　　1 284 000

【例6-45】　宏泽公司本期发生各项费用包括主营业务成本380 420元、其他业务成本80 000元、税金及附加77 000元、管理费用38 350元、财务费用5 000元、销售费用31 500元、营业外支出50 000元,期末转入"本年利润"账户。

这项经济业务的发生,一方面使公司的有关损益类账户记录的各种成本费用减少;另一方面使公司的利润额减少。各项成本的结转是费用支出的减少,应记入"主营业务成本""其他业务成本""税金及附加""管理费用""财务费用""销售费用""营业外支出"等账户的贷方;利润的减少是所有者权益的减少,应记入"本年利润"账户的借方。应编制的会计分录如下。

借:本年利润　　　　　　　　　　　　　　662 270
　　贷:主营业务成本　　　　　　　　　　　380 420
　　　　税金及附加　　　　　　　　　　　　77 000
　　　　其他业务成本　　　　　　　　　　　80 000
　　　　管理费用　　　　　　　　　　　　　38 350
　　　　销售费用　　　　　　　　　　　　　31 500
　　　　财务费用　　　　　　　　　　　　　 5 000
　　　　营业外支出　　　　　　　　　　　　50 000

【例6-46】 宏泽公司期末将计算出的所得税费用转入"本年利润"账户。

宏泽公司本期计算出的所得税费用为 155 432.50 元[(1 284 000－662 270)×25%]。这项经济业务的发生,一方面使公司的所得税费用减少 155 432.50 元;另一方面使公司的利润额减少 155 432.50 元。所得税费用的减少是费用支出的减少,应记入"所得税费用"账户的贷方;利润的减少是所有者权益的减少,应记入"本年利润"账户的借方。应编制的会计分录如下。

借:本年利润　　　　　　　　　　　　　　155 432.50
　　贷:所得税费用　　　　　　　　　　　　155 432.50

所得税费用转入"本年利润"账户之后,可以根据"本年利润"账户的借贷方记录的各项收入和费用计算确定企业的净利润额。

净利润＝621 730－155 432.50＝466 297.50(元)

年度终了,企业应将"本年利润"账户的本年累计余额转入"利润分配——未分配利润"账户。如"本年利润"为贷方余额,借记"本年利润",贷记"利润分配——未分配利润";如为借方余额,做相反的会计分录,借记"利润分配——未分配利润",贷记"本年利润"。结转后,"本年利润"账户应无余额。

七、利润分配的核算

投资者投入企业的资金,作为股本或实收资本,参与企业的生产经营活动。企业生产经营活动过程中取得各种收入,补偿了各项耗费之后形成盈利,并按照国家规定缴纳所得税费用,形成企业的净利润,即税后利润,对于税后利润需要按照规定在有关方面进行合理的分配。

利润分配是指企业根据国家有关规定和企业章程、投资等,对企业当年可供分配利润指定其特定用途和分配给投资者的行为。利润分配过程和结果不仅关系到每个股东的合法权益是否得到保障,还关系到企业的生存与发展。股份公司实现的净利润应按公司法、公司章程以及股东大会决议的要求进行分配,利润分配的过程和结果不仅关系到每个股东的权益是否得到保障,而且关系到企业的未来发展问题,所以必须做好企业利润分配工作,并依据利润分配的具体方案进行会计核算。

（一）利润分配的顺序

企业实现的净利润,应按照国家的规定和投资者的决议进行合理的分配。企业净利润的分配涉及各个方面的利益关系,包括投资者、企业以及企业内部职工的经济利益,必须遵循兼顾投资者利益、企业利益以及企业职工利益的原则对净利润进行分配。其分配的去向主要有:以利润的形式分配给投资者,作为投资者对企业投资的回报;以公积金的形式留归企业,用于企业扩大生产经营;以未分配利润的形式留存于企业。企业向投资者分配利润,应按一定的顺序进行。按照我国《公司法》的有关规定,首先应弥补以前年度尚未弥补的亏损,剩余部分,应按照下列顺序进行分配。

1. 提取法定盈余公积

按照《公司法》的有关规定,公司制企业应按净利润的 10% 提取法定盈余公积金;非公司制企业可以根据需要自行确定法定盈余公积金提取比例,但不得低于 10%。企业提取的法定盈余公积金累计额超过注册资本 50% 的,可以不再提取。

2. 提取任意盈余公积

企业提取法定盈余公积金后,经股东大会或类似权力机构决议,还可以按照净利润的一定比例提取任意盈余公积金。

3. 向投资者分配利润或股利

企业实现的净利润在扣除上述项目后,再加上年初未分配利润和其他转入数(公积金弥补的亏损等),形成可供投资者分配的利润,用公式表示为

$$\frac{\text{可供投资者}}{\text{分配的利润}} = \text{净利润} - \frac{\text{弥补以前}}{\text{年度的亏损}} - \frac{\text{提取的法定}}{\text{盈余公积}} - \frac{\text{提取的任意}}{\text{盈余公积}} + \frac{\text{以前年度}}{\text{未分配利润}} + \frac{\text{公积金}}{\text{转入数}}$$

可供投资者分配的利润,应按下列顺序进行分配。

（1）支付优先股股利,是指企业按照利润分配方案分配给优先股股东的现金股利,优先股股利是按照约定的股利率计算支付。

（2）支付普通股现金股利,是指企业按照利润分配方案分配给普通股股东的现金股利,普通股现金股利一般按各股东持有股份的比例进行分配。如果是非股份制企业,则为分配给投资者的利润。

（3）转作资本(或股本)的普通股股利,是指企业按照利润分配方案以分派股票股利的形式转作的资本(或股本)。

可供投资者分配的利润经过上述分配之后,为企业的未分配利润(或未弥补亏损)。未分配利润是企业留待以后年度进行分配的利润或等待分配的利润,它是所有者权益的一个重要组成部分。相对于所有者权益的其他部分来说,企业对于未分配利润的使用具有较大的自主权。

（二）账户设置

为了核算企业利润分配的具体过程及结果,全面贯彻企业利润分配政策,以便于更好地

进行利润分配业务的核算,需要设置以下几个账户。

1. "利润分配"账户

"利润分配"账户属于所有者权益类账户,用来核算企业一定时期内净利润的分配或亏损的弥补以及历年结存的未分配利润(或未弥补亏损)情况。其借方登记实际分配的利润额,包括提取的盈余公积金和分配给投资人的利润以及年末从"本年利润"账户转入的全年累计亏损额;贷方登记用盈余公积金弥补的亏损额等其他转入数以及年末从"本年利润"账户转入的全年实现的净利润额。年内期末余额如果在借方,表示已分配的利润额;年末余额如果在借方,表示未弥补的亏损额;期末余额如果在贷方,表示未分配的利润额。"利润分配"账户一般应设置以下几个主要的明细账户:"盈余公积补亏""提取法定盈余公积""提取任意盈余公积""应付现金股利或利润""转作资本(或股本)的股利""未分配利润"等。年末,应将"利润分配"账户下的其他明细账户的余额转入"未分配利润"明细账户,经过结转后,除"未分配利润"明细账户有余额外,其他各个明细账户均无余额。其账户结构如下。

借方	利润分配——未分配利润	贷方
实际分配的利润额:	盈余公积补亏	
提取法定盈余公积	年末从"本年利润"账户转入	
应付现金股利	的全年净利润	
转作资本的股利		
年末转入的亏损		
期末余额:未弥补的亏损额	期末余额:未分配的利润额	

2. "盈余公积"账户

"盈余公积"账户属于所有者权益类账户,用来核算企业从税后利润提取的盈余公积金,包括法定盈余公积、任意盈余公积的变动及其结余情况。其贷方登记提取的盈余公积金,即盈余公积金的增加;借方登记实际使用的盈余公积金,即盈余公积金的减少;期末余额在贷方,表示结余的盈余公积金。"盈余公积"应设置"法定盈余公积""任意盈余公积"等明细账户。其账户结构如下。

借方	盈余公积	贷方
实际使用的盈余公积	提取的盈余公积	
	期末余额:结余的盈余公积金	

3. "应付股利"账户

"应付股利"账户属于负债类账户,用来核算企业按照股东大会或类似权力机构决议分配给投资人的股利(现金股利)或利润的增减变动及其结余情况。其贷方登记应付未付给投资人股利(现金股利)或利润的增加;借方登记实际支付给投资人的现金股利或利润,即应付股利的减少;期末余额在贷方,表示尚未支付的现金股利或利润。企业分配给投资人的股票股利不在本账户核算。其账户结构如下。

借方	应付股利	贷方
实际支付的股利或利润	应付未付的股利或利润	
	期末余额：尚未支付的现金股利或利润	

【例 6-47】 宏泽公司期末结转本期实现的净利润。

宏泽公司本期实现的净利润为 466 297.50 元。这项经济业务的发生，一方面使公司"本年利润"账户的累计净利润减少 466 297.50 元；另一方面使公司可供分配的利润增加 466 297.50 元。该项经济业务涉及"本年利润"和"利润分配"两个账户。本年利润的减少是所有者权益的减少，应记入"本年利润"账户的借方；利润分配的增加是所有者权益的增加，应记入"利润分配"账户的贷方（如果结转亏损，则进行相反的处理）。应编制的会计分录如下。

借：本年利润　　　　　　　　　　　　　　466 297.50
　　贷：利润分配——未分配利润　　　　　　　　　　466 297.50

若企业当年发生亏损，则"本年利润"的余额应在借方，故结转时分录如下。

借：利润分配——未分配利润
　　贷：本年利润

【例 6-48】 宏泽公司期末按净利润的 10% 提取法定盈余公积金。

宏泽公司期末净利润 466 297.50 元，提取法定盈余公积金为 46 629.75 元（466 297.50×10%）。这项经济业务的发生，一方面使公司的已分配利润额增加 46 629.75 元；另一方面使公司的盈余公积增加了 46 629.75 元。已分配利润额的增加是所有者权益的减少，应记入"利润分配"账户的借方；盈余公积的增加是所有者权益的增加，应记入"盈余公积"账户的贷方。应编制的会计分录如下。

借：利润分配——提取法定盈余公积　　　　46 629.75
　　贷：盈余公积——法定盈余公积　　　　　　　　46 629.75

【例 6-49】 宏泽公司按股东大会决议，分配给股东现金股利 200 000 元，股票股利 50 000 元。

这项经济业务的发生，一方面使公司的已分配利润额增加 250 000 元；另一面使公司的应付股利增加 250 000 元。已分配利润的增加是所有者权益的减少，应记入"利润分配"账户的借方；应付股利的增加是负债的增加，应记入"应付股利"账户的贷方。对于股票股利，在分配时，应按面值记入"实收资本"账户的贷方（如有超面值部分，应增加资本公积）。应编制的会计分录如下。

分配现金股利。

借：利润分配——应付现金股利　　　　　　200 000
　　贷：应付股利　　　　　　　　　　　　　　　　200 000

分配股票股利。

借：利润分配——转作股本的股利　　　　　50 000
　　贷：实收资本　　　　　　　　　　　　　　　　50 000

【例 6-50】 宏泽公司决定用任意盈余公积弥补当年的亏损 100 000 元。

这项经济业务的发生，一方面使公司的盈余公积金减少 100 000 元；另一方面使公司的可供分配利润增加 100 000 元。盈余公积金的减少是所有者权益的减少,应记入"盈余公积"账户的借方;可供分配利润的增加是所有者权益的增加,应记入"利润分配"账户的贷方。应编制的会计分录如下。

借:盈余公积——任意盈余公积　　　　　　　　　100 000

　　贷:利润分配——盈余公积补亏　　　　　　　　　　　100 000

【例 6-51】 宏泽公司会计期末结清利润分配账户所属的各有关明细账户。

该项经济业务的发生,公司"利润分配"所属其他明细账户的记录,即"提取法定盈余公积"明细账户余额为 46 629.75 元,"应付现金股利"明细账户的余额为 200 000 元,"转作资本(或股本)的普通股股利"明细账户余额为 50 000 元,"其他转入"明细账户的余额为 100 000 元。结清时,各个明细账户的余额从其相反方向分别转入"未分配利润"明细账户中。应编制的会计分录如下。

借:利润分配——盈余公积补亏　　　　　　　　　100 000

　　贷:利润分配——未分配利润　　　　　　　　　　　100 000

借:利润分配——未分配利润　　　　　　　　　296 629.75

　　贷:利润分配——提取法定盈余公积金　　　　　　　46 629.75

　　　　　　——应付现金股利　　　　　　　　　　200 000

　　　　　　——转作资本(或股本)的普通股股利　　 50 000

本 章 小 结

本章主要介绍了制造业企业生产经营的过程,并通过生产经营过程中的经济业务进一步熟悉账户的设置方法和借贷记账法的运用。制造业企业主要的经济业务有筹集资金业务、固定资产的购建与材料采购业务、生产过程的业务、产品销售的业务、利润的形成与分配等业务。

资金筹集业务主要是投资者投入资金业务以及企业向债权人借入资金业务。核算中涉及的核心账户有实收资本、资本公积、短期借款、财务费用以及有关资产账户。

供应过程业务主要是固定资产的购置与材料采购业务的核算。核算中使用的主要账户有固定资产、在建工程、在途物资、原材料账户以及相应货款结算账户,如应付账款、应付票据、预付账款等。

生产过程业务主要是生产费用的发生、归集分配与产品成本的计算。具体有材料的发出、工资的分配与支付、间接费用的发生与支付以及完工产品成本的结转入库。核算中涉及的账户有生产成本、制造费用、应付职工薪酬、累计折旧、库存商品等。

销售过程的主要经济业务是核算企业产品销售收入、支付销售费用及税金、结转销售产品的实际成本以及与购货单位所发生的货款结算等业务。涉及的主要账户有主营业务收入、主营业务成本、税金及附加、销售费用、应收账款、应收票据、预收账款等。

企业应于会计期末结算其经营成果并进行分配。本年利润账户反映了企业利润的形成过程。企业实现的利润应按国家有关规定进行分配,如提取盈余公积金、分配利润等。涉及账户除销售过程使用的损益类账户外,还有利润分配、盈余公积、应付股利、营业外收入、营业外支出、所得税费用等账户。

复习思考题

1. 资金筹集过程中通常会发生哪些主要经济业务？利用哪些账户进行核算？需要编制哪些主要会计分录？

2. 什么是直接费用？什么是间接费用？如何分配间接费用？

3. 生产过程中通常会发生哪些经济业务？利用哪些账户进行核算？主要编制哪些会计分录？

4. 材料采购成本包括哪些内容？材料采购成本如何计算？

5. 产品生产成本包括哪些内容？产品生产成本如何计算？

6. 产品制造企业生产经营活动的特点是什么？如何对材料采购进行核算？账户设置有何特点？

7. 直接生产费用和间接生产费用的含义是什么？直接计入费用和间接计入费用的含义是什么？

8. 产品发出的成本是如何确定、如何结转的？

9. 主营业务过程通常发生哪些经济业务？需利用哪些账户进行核算？主要需编制哪些会计分录？

10. 在我国现行会计实务中，常按照何种条件确认销售收入？

11. 主营业务成本包括哪些内容？如何计算？

12. 企业的利润总额包括哪些内容？如何核算？

13. 利润形成和利润分配主要包括哪些经济业务？利用哪些账户进行核算？需编制哪些会计分录？

业　务　题

习题一

1. 目的：练习筹资业务的核算。

2. 资料：

(1) 国家以 1 栋厂房投入宏泽公司，原价 2 000 000 元，经验资确认其评估为 1 000 000 元。

(2) 某公司以 1 套自动生产线向宏泽公司投资，原价 250 000 元，经验资确认现值为 350 000 元。

(3) 某人以人民币 600 000 元投入宏泽公司，通过银行转账收讫。

(4) 某公司以一项专利投入宏泽公司，经评估确认 280 000 元。

(5) 宏泽公司向银行借入期限为 6 个月、年利率 5% 的借款 500 000 元，存入银行。

(6) 宏泽公司月末计提本月应付利息。

3. 要求：根据以上资料编制宏泽公司会计分录。

习题二

1. 目的:练习供应过程的核算。

2. 资料:宏泽公司发生下列经济交易事项。

(1) 购买一套需安装生产线,买价 2 000 000 元,增值税税率 13%,运杂费 20 000 元,保险费 30 000 元,货款已全部支付。安装时领用企业原材料 10 000 元,安装工人工资 125 000 元。发生其他费用 10 000 元,以银行存款支付。安装完毕达到预定可使用状态。

(2) 购买不需安装设备价值 500 000 元,增值税税率 13%,运输费 15 000 元,保险费 25 000 元,款项尚未支付。

(3) 以银行存款 500 000 元,预付给 A 单位订购甲材料 500t。

(4) 向 B 单位购买甲材料 500t,单价 1 000 元,乙材料 450t,单价 1 200 元,共计 1 040 000 元,增值税进项税额为 135 200 元,已开出商业承兑汇票。

(5) 向 C 单位购买丙材料 400t,单价 800 元,增值税税率 13%,货款暂欠,同时以现金支付装卸搬运费 4 600 元。

(6) 收到 A 单位发来甲材料 500t,发票价税合计 678 000 元,其中增值税进项税额为 78 000 元,代垫甲材料运杂费共计 7 000 元。通过银行补付 7 000 元,余款暂欠。

(7) 以银行存款 84 000 元支付向 B、C 两单位购买甲、乙、丙材料共同负担的运杂费。

(8) 收到银行通知,商业汇票到期已从企业存款中支付 12 000 元。

(9) 以银行存款 361 600 元,归还前欠 C 单位购材料款。

(10) 月末甲、乙、丙材料全部验收入库,结转采购材料实际成本。

3. 要求:

(1) 根据上述资料编制会计分录。

(2) 材料运杂费按材料重量比例分摊。

(3) 编制材料采购成本计算表。

习题三

1. 目的:练习产品生产业务的核算。

2. 资料:宏泽公司本月发生以下业务。

(1) 仓库发出材料汇总如下。

用于 A 产品生产	325 000 元
用于 B 产品生产	280 000 元
车间一般耗用	110 000 元
企业管理部门领用	250 000 元
合计	965 000 元

(2) 月末分配应付职工薪酬如下。

A 产品生产工人	450 000 元
B 产品生产工人	330 000 元
车间管理人员	250 000 元
管理人员	150 000 元

合计　　　　　　　　　　　　1 180 000 元

（3）本月计提固定资产折旧 56 000 元。其中车间应提折旧 30 000 元,管理部门应提折旧 26 000 元。

（4）用现金支付车间办公费 920 元。

（5）以银行存款支付水电费 18 000 元。其中:车间用水电费 12 000 元,管理部门用水电费 6 000 元。

（6）车间人员出差回来报销差旅费 9 500 元(预借 10 000 元,余款退回)。

（7）月末结转制造费用。按工时比例分配(A 产品生产工时 6 000 小时,B 产品生产工时 4 000 小时)。

（8）本月生产 A 产品 1 000 件,B 产品 1 200 件,并已全部完工入库,月末无在产品,已完工产品按实际生产成本转账。

3. 要求:

（1）根据上述业务编制会计分录。

（2）编制产品生产成本计算单。

习题四

1. 目的:练习销售过程及财务成果的核算。

2. 资料:宏泽公司发生下列经济业务。

（1）销售 A 产品 500 件,1 650 元/件,计 825 000 元,增值税销项税额为 107 250 元,款项已存入银行。

（2）销售 A 产品 450 件,1 650 元/件,计 742 500 元,增值税税率为 13%,收到商业承兑汇票。

（3）销售 B 产品 600 件,1 400 元/件,计 840 000 元,增值税税率 13%,收到转账支票一张。

（4）接银行通知,D 单位汇来预付购货款 700 000 元。

（5）给 D 单位发货 B 产品 500 件。售价 1 400 元,增值税税率 13%,银行存款垫付运杂费 5 500 元。除冲减 D 单位预付购货款外其余暂欠。

（6）以银行存款支付本月产品销售费 7 200 元,广告费 200 000 元。

（7）计算本月应交房产税 5 000 元,资源税 1 000 元,城市维护建设税 2 000 元,教育费附加 1 000 元。

（8）结转销售 A 产品 950 件,B 产品 1 100 件的主营业务成本。其单位成本为 A 产品 800 元,B 产品 700 元。

（9）用银行存款支付公益性捐赠 100 000 元。

（10）本月销售材料一批价值 50 000 元,增值税税率 13%,收到货款;该批材料成本 26 000 元。

（11）收到联营单位分来利润 150 000 元,存入银行。

（12）经确认有一笔无法支付的应付款 280 000 元同意核销。

（13）预提本月应付利息 2 000 元。

（14）将本月所有损益账户转入本年利润账户。

（15）按 25％税率计算本期应交所得税，将所得税费用转入本年利润。

（16）按税后利润 10％提取盈余公积金。

（17）将税后利润的 60％分配给应付投资者。

3. 要求：根据上述业务编制会计分录。

习题五

1. 目的：练习全部经营业务的核算。

2. 资料：宏泽公司发生下列经济业务。

（1）收到甲投资者投入设备一台，价值 400 000 元，收到乙投资者投入货币资金 100 000 元存入银行。

（2）从银行取得期限 3 个月，年利率 9％的短期借款 500 000 元，存入银行。月末计提借款利息 3 750 元。

（3）采购 A 材料 16 000kg，80 元/kg；采购 B 材料 24 000kg，50 元/kg；增值税税率 13％，货款以银行存款支付。同时转账支付运费 4 000 元。

（4）上述 A、B 材料验收入库，结转材料采购成本。

（5）用转账支付 1 850 元购买车间办公用品。

（6）仓库发出材料汇总如下。

	A 材料	B 材料
甲产品耗用	82 500 元	63 000 元
乙产品耗用	41 250 元	78 750 元
车间一般耗用	16 500 元	15 750 元
管理部门耗用	1 000 元	1 600 元
合计	141 250 元	159 100 元

（7）收到银行付款通知，本月水电费 14 500 元，其中：车间负担 5 700 元，厂部负担 8 800 元。

（8）月末分配职工薪酬，其中：

甲产品生产工人薪酬	126 000 元
乙产品生产工人薪酬	214 000 元
车间管理人员薪酬	115 000 元
厂部管理人员薪酬	100 000 元
合计	555 000 元

（9）计提本月固定资产折旧费，其中：车间提取 12 100 元，厂部提取 15 000 元。

（10）以银行存款购买不需安装设备一台，买价 100 000 元，增值税税额 13 000 元，运杂费 4 000 元，已投入使用。

（11）车间人员出差回公司报销差旅费 4 200 元（预借 5 000 元）。

（12）结转本月制造费用（甲产品工时 6 000 小时，乙产品工时 4 000 小时）。

（13）本月甲产品、乙产品全部完工，已验收入库（甲产品完工 1 000 件，乙产品完工 500 件）。

（14）本月销售甲产品 850 件，每件售价 1 100 元，销售乙产品 450 件，每件售价 1 600 元，增值税税率 13％，货款尚未收到。

（15）结转本月已销商品成本。［参考（13）、（14）］

（16）用银行存款支付本月销售商品运杂费 12 000 元。

（17）计算应交本月消费税 5 000 元，房产税 4 000 元，城市维护建设税 2 000 元，教育费附加 1 500 元。

（18）用银行存款支付公益性捐赠 50 000 元。

（19）销售不需用材料取得收入 20 000 元存入银行，增值税税率 13％，该材料成本 10 000 元。

（20）出售股票取得收入 289 000 元，该股票购买成本 142 000 元。

（21）收到联营单位分来利润 150 000 元。

（22）月末经确认有一笔应付款 165 000 元，无法支付予以核销。

（23）将本月所有的损益账户转入本年利润。

（24）计算本月应交所得税，并将所得税转入本年利润。

（25）按净利润的 10％提取盈余公积金。

（26）按净利润的 50％向投资者分配利润。

（27）将本年利润转入利润分配。

（28）将利润分配的所有明细科目转入未分配利润明细账。

3. 要求：根据上述业务编制会计分录。

第七章

会计凭证

◆ **学习目标** ||||||||||||||

    通过本章的学习,学生应了解会计凭证的作用和会计凭证的传递和保管的有关规定;熟悉填制和审核原始凭证、记账凭证的有关内容;掌握会计凭证、原始凭证、记账凭证的概念及分类。

第一节　会计凭证概述

一、会计凭证的概念

    会计凭证是记录经济业务发生或者完成情况、明确经济责任的书面证明,也是登记账簿的依据。会计管理工作要求会计核算提供真实的会计资料,强调记录的经济业务必须有根有据。因此,任何企业、事业和行政单位,每发生一笔经济业务,都必须由执行或完成该项经济业务的有关人员取得或填制会计凭证,并在凭证上签名或盖章,以对凭证上所记载的内容负责。例如,购买商品、材料由供货方开出发票;支出款项由收款方开出收据;接收商品、材料入库要有收货单;发出商品要有发货单;发出材料要有领料单等。这些发票、收据、收货单、发货单、领料单都是会计凭证。

    所有会计凭证都必须认真填制,同时还得经过财会部门严格审核,只有审核无误的会计凭证才能作为经济业务发生或完成的证明,才能作为登记账簿的依据。

二、会计凭证的作用

    填制和审核会计凭证是会计核算的方法之一,也是会计核算工作的基础。填制和审核会计凭证在经济管理中具有重要作用。

1. 为会计核算提供原始依据

任何一项经济业务的发生,都要编制或取得会计凭证。会计凭证是记录经济活动的最原始资料,是经济信息的载体。通过会计凭证的加工、整理和传递,可以直接取得和传导经济信息,既协调了会计主体内部各部门、各单位之间的经济活动,保证生产经营各个环节的正常运转,又为会计分析和会计检查提供了基础资料。

2. 发挥会计监督作用

任何单位,每发生一项经济业务,如现金的收付、商品的进出以及往来款项的结算等,都必须通过填制会计凭证来如实记录经济业务的内容、数量和金额,然后经过审核无误,才能登记入账。如果没有合法的凭证作依据,任何经济任务都不能登记到账簿中去。因此,做好会计凭证的填制和审核工作是保证会计账簿资料真实性、正确性的重要条件。

3. 加强岗位责任制

通过会计凭证的审核,可以查明各项经济业务是否符合法规、制度的规定,有无贪污盗窃、铺张浪费和损公肥私的行为,从而发挥会计的监督作用,保护各会计主体所拥有资产的安全完整,维护投资者、债权人和有关各方的合法权益。

三、会计凭证的种类

经济业务的纷繁复杂决定了会计凭证是多种多样的。为了正确地使用和填制会计凭证,必须对会计凭证进行分类。会计凭证按照编制程序和用途的不同,可分为原始凭证和记账凭证。

第二节 原 始 凭 证

一、原始凭证的基本内容

原始凭证又称单据,是在经济业务发生或完成时由相关人员取得或填制的,用以记录或证明经济业务发生或完成情况,并明确有关经济责任的一种原始凭据。原始凭证是证明经济业务发生或完成情况的原始依据,具有较强的法律效力,是一种很重要的会计凭证。

企业发生的经济业务纷繁复杂,反映其具体内容的原始凭证也品种繁多。虽然原始凭证反映经济业务的内容不同,但无论哪一种原始凭证,都应该说明有关经济业务的执行和完成情况,都应该明确有关经办人员和经办单位的经济责任。因此,各种原始凭证,尽管名称和格式不同,但都应该具备一些共同的基本内容。这些基本内容就是每一张原始凭证所应该具备的要素。原始凭证必须具备以下基本内容。

(1) 原始凭证的名称。

(2) 填制原始凭证的日期和凭证编号。

（3）接受凭证的单位名称。

（4）经济业务内容，如品名、数量、单价、金额大小写。

（5）填制原始凭证的单位名称和填制人姓名。

（6）经办人员的签名或盖章。

各单位根据会计核算和管理的需要，可自行设计印制适合本单位需要的各种原始凭证。但是对于在一个地区范围内经常发生大量同类经济业务，应由各主管部门统一设计印制原始凭证。如银行统一印制的银行汇票、转账支票和现金支票等，由铁路部门统一印制的火车票，由税务部门统一印制的有税务登记的发票，财政部门统一印制的收款收据等。这样不但可以使原始凭证的内容格式统一，而且还便于加强监督管理。

二、原始凭证的种类

原始凭证按照不同的分类标准可以分为不同的种类。

（一）按其来源不同分类

原始凭证按其来源不同，可以分为外来原始凭证和自制原始凭证两种。外来原始凭证是在经济业务活动发生或完成时，从其他单位或个人直接取得的原始凭证。如增值税专用（或普通）发票、铁路运输部门的火车票、银行的转账支票、由银行转来的结算凭证和对外支付款项时取得的收据等都是外来原始凭证。其格式如图 7-1 和图 7-2 所示。

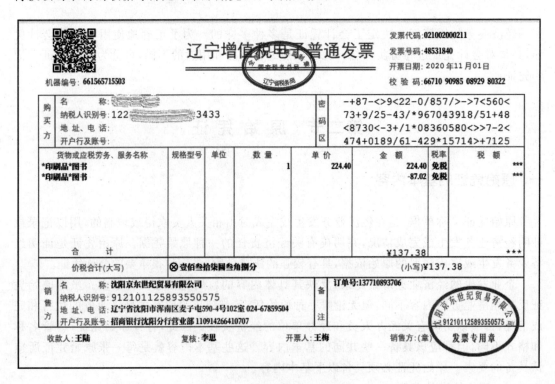

图 7-1　增值税电子普通发票

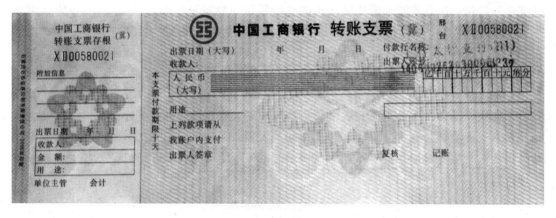

图 7-2 银行转账支票

自制原始凭证是指本单位内部具体经办业务的部门和人员,在执行或完成一项经济业务时所填制的原始凭证,如收料单、领料单、销货发票、产品入库单、工资结算表等。其格式如表 7-1 和表 7-2 所示。

表 7-1 领料单

领料部门: 凭证编号:
用途: 年 月 日 收料仓库:

材料编号	材料规格及名称	计量单位	数 量		价 格		备 注
			请领	实领	单价	金额/元	
备注					合 计		

记账: 发料: 审批: 领料: 仓库: 填制:

表 7-2 产品入库单

交库单位: 年 月 日 收料仓库: 凭证编号:

产品编号	产品名称	规格	计量单位	交付数量	检验结果		实收数量	单价	金额
					合格	不合格			
备注							合 计		

车间负责人: 仓库管理员: 制单:

(二) 按其填制的手续和内容不同分类

原始凭证按其填制的手续和内容不同,可以分为一次凭证、累计凭证和汇总凭证三种。

1. 一次凭证

一次凭证是指一次填制完成的原始凭证。它是反映一笔经济业务或同时反映若干同类经济业务且仅一次有效的原始凭证。外来原始凭证一般属于一次凭证,自制原始凭证中大多数也是一次凭证。日常的原始凭证多属此类,如现金收据、发货票、收料单等。一次凭证能够清晰地反映经济业务活动情况,使用方便灵活,但数量较多。

2. 累计凭证

累计凭证是指在一张凭证上连续登记一定时期内不断重复发生的若干同类经济业务,直到期末才能填制完毕的原始凭证。累计凭证可以连续登记相同性质的经济业务,随时计算出累计数及结余数,期末按实际发生额记账。如费用限额卡、限额领料单等。限额领料单的格式如表 7-3 所示。

表 7-3　限额领料单

领料部门:　　　　　　　　　　年　月　日　　　　　　　　凭证编号:
产品名称、号码:　　　　　　　　　　　　　　　　　　　　单位消耗定额:
计划产量:　　　　　　　　　　　　　　　　　　　　　　　编号:

材料编号	材料名称	规格	计量单位	计划投产量	领料限额	实　领		
						数量	单价	金额

领料日期	领用			退料			限额结余
	数量	领用人	发料人	数量	退料人	收料人	

供应部门负责人:　　　　生产部门负责人:　　　　仓库负责人:　　　　仓库管理员:

3. 汇总凭证

汇总凭证,也叫原始凭证汇总表,是指对一定时期内反映经济业务内容相同的若干张原始凭证,根据许多同类经济业务的原始凭证或会计核算资料定期加以汇总而重新编制的原始凭证。汇总原始凭证合并了同类型经济业务,简化了记账工作。如发出材料汇总表、差旅费报销单等。发出材料汇总表的格式如表 7-4 所示。

表 7-4　发出材料汇总表
年　月　日

会计科目		领料部门	原材料	燃料	合　计
生产成本	基本生产车间	一车间			
		二车间			
		小　计			
	辅助生产车间	供电车间			
		供气车间			
		小　计			

会计科目	领料部门	原材料	燃料	合　计
制造费用	一车间			
	二车间			
	小　计			
管理费用	行政部门			
合　计				

会计主管：　　　记账：　　　审核：　　　保管：　　　制表：

（三）按用途不同分类

原始凭证按其用途不同分类，可以分为通知凭证、执行凭证和计算凭证三种。

通知凭证是指要求、指示或命令企业进行某项经济业务的原始凭证，如罚款通知书、付款通知单等。

执行凭证是用来证明某项经济业务发生或已经完成的原始凭证，如销货发票、材料验收单、领料单等。

计算凭证是指根据原始凭证和有关会计核算资料而编制的原始凭证。计算凭证一般是为了便于以后记账和了解各项数据来源和产生的情况而编制的。如制造费用分配表、产品成本计算单、工资结算表等。

（四）按其格式不同分类

原始凭证按其格式不同分类，可以分为通用凭证和专用凭证两种。

通用凭证是指全国或某一地区、某一部门统一格式的原始凭证。如由银行统一印制的结算凭证、税务部门统一印制的发票等。

专用凭证是指一些单位具有特定内容、格式和专门用途的原始凭证。如高速公路通行费收据、养路费缴款单等。

以上是按不同的标准对原始凭证进行的分类，它们之间是相互依存、密切联系的，有些原始凭证按照不同的分类标准分别属于不同的种类。如现金收据对出具收据的单位来说是自制原始凭证，而对接收收据的单位来说则是外来原始凭证；同时，它既是一次凭证，又是执行凭证，也是专用凭证。外来的凭证大多为一次凭证，计算凭证、累计凭证大多为自制原始凭证。

根据上述原始凭证的分类，总结如图7-3所示。

三、原始凭证的填制

填制原始凭证，要由填制人员将各项原始凭证要素按规定方法填写齐全，办妥签章手续，明确经济责任。

原始凭证是具有法律效力的证明文件，是进行会计核算的依据，必须认真填制。为了保

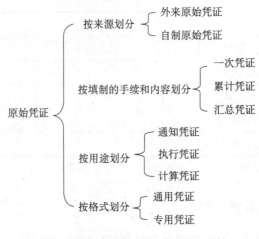

图 7-3　原始凭证的分类

证原始凭证能清晰地反映各项经济业务的真实情况,原始凭证的填制必须符合以下要求。

1. 记录要真实

原始凭证上填制的日期、经济业务内容和数字必须符合经济业务发生或完成的实际情况,不得弄虚作假,不得以估算数或估计数填入,不得涂改、挖补。从外单位取得的原始凭证如有丢失,应取得原签发单位盖有"财务专用章"的证明,并注明原凭证的号码、所载金额等内容,由经办单位负责人批准后,可代作原始凭证;对于确实无法取得证明的,如火车票、轮船票、飞机票等,可由当事人写出详细情况,由经办单位负责人批准后,也可代作原始凭证。

2. 内容要完整

原始凭证中应该填写的项目要逐项填写齐全,不可缺漏;名称要写全,不要简化;品名和用途要填写明确,不能含糊不清;有关部门和人员的签名和盖章必须齐全。从外单位取得的原始凭证,必须有填制单位的公章或财务专用章;从个人取得的原始凭证,必须有填制人员的签名或盖章。自制原始凭证必须有经办部门负责人或其指定人员的签名或盖章。对外开出的原始凭证,必须加盖本单位的公章或财务专用章。

3. 手续要完备

单位自制的原始凭证必须有经办业务的部门和人员的签名盖章;对外开出的凭证必须加盖本单位的公章或财务专用章;从外部取得的原始凭证必须有填制单位的公章或财务专用章;从个人取得的原始凭证必须有填制人员的签名或盖章。总之,取得的原始凭证必须符合手续完备的要求,以明确经济责任,确保凭证的合法性、真实性。一式几联的凭证,必须用双面复写纸套写,单页凭证必须用钢笔填写;销货退回时,除填制退货发票外,必须取得对方的收款收据或开户行的汇款凭证,不得以退货发票代替收据;各种借出款项的收据,必须附在记账凭证上,收回借款时,应另开收据或退回收据副本,不得退回原借款收据;经有关部门批准办理的某些特殊业务,应将批准文件作为原始凭证的附件或在凭证上注明批准机关名称、日期和文件字号。

4. 填制要及时

所有业务的有关部门和人员,在经济业务实际发生或完成时,必须及时填写原始凭证,做到不拖延、不积压,不事后补填,并按规定的程序及时送交会计机构审核。

5. 编号要连续

原始凭证要按顺序连续或分类编号,以便检查。在填制时要按照编号的顺序使用,跳号的凭证要加盖"作废"戳记,连同存根一起保管,不得撕毁。

6. 书写要清楚、规范

原始凭证中的文字、数字的书写都要清晰、工整、规范,做到字迹端正,易于辨认,不草、不乱、不造字。大小写金额要一致。大写数字金额要符合规范,复写的凭证要不串行、不串格,不模糊。一式几联的原始凭证,应当注明各联的用途。不得使用未经国务院颁布的简化字。合计的小写金额前要冠以人民币符号。用外币计价、结算的凭证,金额前要加注外币符号,如"HK$"。数字和货币符号的书写要符合下列要求。

(1)数字要一个一个地写,不得连笔写。特别是在要连写几个"0"时,也一定要单个地写,不能将几个"0"连在一起一笔写完。数字排列要整齐,数字之间的空格要均匀,不宜过大。此外阿拉伯数字的书写还应有高度的标准,一般要求数字的高度占凭证横格的1/2为宜。书写时还要注意紧靠横格底线,使上方能有一定的空位,以便需要进行更正时可以再次书写。

(2)阿拉伯数字前面应该书写货币币种或者货币名称简写和币种符号。币种符号(如人民币符号¥)与阿拉伯数字之间不得留有空白。凡阿拉伯金额数字前写有货币币种符号的,数字后面不再写货币单位。所有以元为单位(其他货币种类为货币基本单位,下同)的阿拉伯数字,除表示单价等情况外,一律填写到角分;无角分的,角位和分位写"00"或者符号"—";有角无分的,分位应当写"0",不得用符号"—"代替。在发货票等须填写大写金额数字的原始凭证上,如果大写金额数字前未印有货币名称,应当加填货币名称,然后在其后紧接着填写大写金额数字,货币名称和金额数字之间不得留有空白。

(3)汉字填写金额如零、壹、贰、叁、肆、伍、陆、柒、捌、玖、拾、佰、仟、万、亿等,应一律用正楷或行书体填写,不得用零、一、二、三、四、五、六、七、八、九、十等简化字代替。不得任意自造简化字。大写金额数字到元或角为止的,在"元"或"角"之后应当写"整"或"正"字。阿拉伯金额数字之间有"0"时,汉字大写金额应写"零"字;阿拉伯金额数字中间连续有几个"0"时,大写金额中可以只有一个"零";如¥15 008.16,汉字大写金额应写成"人民币壹万伍仟零捌元壹角陆分"。阿拉伯金额数字元位为"0"或者数字中间连续有几个"0",元位也是"0",但角位不是"0"时,汉字大写金额可以只写一个"零"字,也可以不写"零"字。

7. 不得涂改、刮擦、挖补

原始凭证金额有误,应当由出具单位重开,不得在原始凭证上更改。原始凭证有其他错误的,应当由出具单位重开或更正,更正处应当加盖出具单位的印章。

四、原始凭证的审核

为了正确反映和监督各项经济业务,财务部门对取得的原始凭证,必须进行严格审核和核对,以保证核算资料的真实、合法、完整。只有经过审查无误的凭证,方可作为编制记账凭证和登记账簿的依据。原始凭证的审核,是会计监督工作的一个重要环节,一般应从以下几方面进行。

1. 审查原始凭证的真实性

真实性的审核内容包括凭证日期是否真实、业务内容是否真实、数据是否真实等。对于外来原始凭证,填制单位必须加盖公章或财务专用章,填制人员必须签章。对于自制的原始凭证,经办部门和经办人员必须签名或盖章。

2. 审查原始凭证所反映经济业务的合理、合法性

这种审查是以有关政策、法规、制度和计划合同等为依据,审查凭证所记录的经济业务是否符合有关规定,有无贪污盗窃、虚报冒领、伪造凭证等违法乱纪现象,有无不讲经济效益、违反计划和标准的要求等。

3. 审核原始凭证的填制是否符合规定的要求

首先审查所用凭证的格式是否符合规定,凭证的要素是否齐全,是否有经办单位和经办人员签章,原始凭证上单位的名称是否正确;其次审查凭证上的金额填写和计算是否正确,大、小写是否一致;最后审查凭证上数字和文字的更正是否符合规定,是否有涂改、污损等不符合规定之处。如果通过审查发现凭证不符合上述要求,那么凭证本身就失去作为记账依据的资格,会计部门应把那些不符合规定的凭证退还给原编制凭证的单位或个人,要求重新补办手续。

4. 审核原始凭证上加盖"收讫"或"付讫"的戳记

原始凭证的审核是一项很细致而且十分严肃的工作。要做好原始凭证的审核,充分发挥会计监督的作用,会计人员应该做到精通会计业务;熟悉有关的政策、法令和各项财务规章制度;对本单位的生产经营活动有深入的了解;同时还要求会计人员具有维护国家法令、制度和本单位财务管理工作的高度责任感,敢于坚持原则,才能在审核原始凭证时正确掌握标准,及时发现问题。

原始凭证经过审核后,对于符合要求的原始凭证,应当及时编制记账凭证并登记账簿;对于手续不完备、内容记载不全或数字计算不正确的原始凭证,应退回有关经办部门或人员补办手续或更正;对于伪造、涂改或经济业务不合法的原始凭证,应拒绝受理,并向本单位领导汇报,提出拒绝执行的意见;对于弄虚作假、营私舞弊、伪造涂改凭证等违法乱纪行为,必须及时揭露并严肃处理。

第三节 记账凭证

一、记账凭证的基本内容

记账凭证是会计人员根据审核后的原始凭证进行归类、整理,并确定会计分录而编制的会计凭证,它是登记账簿的依据。由于原始凭证只表明经济业务的内容,而且种类繁多、数量庞大、格式不一,因而不能直接记账。为了做到分类反映经济业务的内容,必须按会计核算方法的要求,将其归类、整理、编制记账凭证,标明经济业务应记入的账户名称及应借应贷的金额,作为记账的直接依据。所以,记账凭证必须具备以下内容。

(1) 记账凭证的名称。

(2) 填制凭证的日期、凭证编号。

(3) 经济业务的内容摘要。

(4) 经济业务应记入的会计科目、记账方向和金额。

(5) 所附原始凭证的张数和其他附件资料。

(6) 会计主管、记账、复核、出纳、制单等有关人员签名或盖章。

记账凭证和原始凭证同属于会计凭证,但两者存在以下不同:①原始凭证是由经办人员填制,记账凭证一律由会计人员填制;②原始凭证根据发生或完成的经济业务填制,记账凭证根据审核后的原始凭证填制;③原始凭证仅用以记录、证明经济业务已经发生或完成,记账凭证要依据会计科目对已经发生或完成的经济业务进行归类、整理;④原始凭证是填制记账凭证的依据,记账凭证是登记账簿的依据。

二、记账凭证的种类

由于会计凭证记录和反映的经济业务多种多样,因此,记账凭证也是多种多样的。记账凭证按不同的标准可以分为不同的种类。

(一) 按其反映的经济内容不同分类

按其反映的经济内容不同,可分为专用记账凭证和通用记账凭证。专用记账凭证又可分为收款凭证、付款凭证、转账凭证三种。

1. 收款凭证

收款凭证是指专门用于记录库存现金和银行存款收款业务的记账凭证,是根据有关库存现金和银行存款收入业务的原始凭证填制的。收款凭证是出纳人员收讫款项的依据,也是登记总账、现金日记账和银行存款日记账以及有关明细账的依据。收款凭证格式如表 7-5 所示。

表 7-5　收款凭证

借方科目：　　　　　　　　　　年 月 日　　　　　　　　　收字第　号

摘　要	贷方科目		金　额	记账符号	附件
	一级科目	二级或明细科目			
合　计					张

会计主管：　　　记账：　　　出纳：　　　审核：　　　制单：

2. 付款凭证

付款凭证是指专门用于记录现金和银行存款付款业务的会计凭证,是根据有关库存现金和银行存款支付业务的原始凭证填写的。付款凭证是出纳人员支付款项的依据,也是登记总账、现金日记账和银行存款日记账以及有关明细账的依据,一般按现金和银行存款分别编制。付款凭证格式如表 7-6 所示。

表 7-6　付款凭证

贷方科目：　　　　　　　　　　年 月 日　　　　　　　　　付字第　号

摘　要	借方科目		金　额	记账符号	附件
	一级科目	二级或明细科目			
合　计					张

会计主管：　　　记账：　　　出纳：　　　审核：　　　制单：

3. 转账凭证

转账凭证是指专门用于记录不涉及现金和银行存款收付款业务的会计凭证。转账凭证根据有关转账业务的原始凭证填制,它是登记总账和有关明细账的依据。转账凭证格式如表 7-7 所示。

表 7-7　转账凭证

年 月 日　　　　　　　　　转字第　号

摘要	一级科目	二级或明细科目	借方金额	贷方金额	记账	附件
合计						张

会计主管：　　　记账：　　　出纳：　　　审核：　　　制单：

收款凭证、付款凭证和转账凭证分别用以记录现金、银行存款收款业务、付款业务和转账业务（与现金、银行存款收支无关的业务），为了便于识别，各种凭证印制成不同的颜色。在会计实务中，对于现金和银行存款之间的收付款业务，为了避免记账重复，一般只编制付款凭证，不编制收款凭证。

收款凭证、付款凭证和转账凭证称为专用记账凭证。实际工作中，货币资金的管理是财会人员的一项重要工作。为了单独反映货币资金收付情况，在货币资金收付业务量较多的单位，往往对货币资金的收付业务编制专用的收、付款凭证。有些单位经济业务简单或收、付款业务不多，可以使用一种通用格式的记账凭证。这种通用记账凭证既可用于收、付款业务，又可用于转账业务，所以称为通用记账凭证。通用记账凭证的格式如表7-8所示。

表7-8 通用记账凭证

年 月 日　　　　　　　　　　　　　字第 号

摘要	一级科目	二级或明细科目	借方金额	贷方金额	记账
合计					

会计主管：　　　　记账：　　　　出纳：　　　　审核：　　　　制单：

附件 张

（二）按其填制方式不同分类

按其填制方式不同，可分为单式记账凭证和复式记账凭证。

1. 单式记账凭证

单式记账凭证是指在每张凭证上只填列经济业务事项所涉及的一个会计科目及其金额的记账凭证。填列借方科目的称为借项记账凭证，填列贷方科目的称为贷项记账凭证。一项经济业务涉及几个科目，就分别填制几张凭证，并采用一定的编号方法将它们联系起来。单式凭证的优点是内容单一，便于记账工作的分工，也便于按科目汇总，并可加速凭证的传递。其缺点是凭证张数多，内容分散，在一张凭证上不能完整地反映一笔经济业务的全貌，不便于检验会计分录的正确性，故需加强凭证的复核、装订和保管工作。单式记账凭证的一般格式如表7-9和表7-10所示。

表7-9 借项记账凭证

对应科目：　　　　　　　年 月 日　　　　　　　　　编号：

摘要	一级科目	二级或明细科目	金 额	记账
合计				

会计主管：　　　　记账：　　　　出纳：　　　　审核：　　　　制单：

附件 张

表 7-10　贷项记账凭证

对应科目：　　　　　　　　　　年　月　日　　　　　　　　　编号：

摘要	总账科目	明细科目	金　额	账页	附 件 张
合计					

会计主管：　　　　记账：　　　　出纳：　　　　审核：　　　　制单：

2. 复式记账凭证

复式记账凭证是指将每一笔经济业务事项所涉及的全部会计科目及其发生额均在同一张凭证中反映的一种记账凭证，即一张记账凭证上登记一项经济业务所涉及的两个或者两个以上的会计科目，既有"借方"，又有"贷方"。复式记账凭证的优点是可以集中反映账户的对应关系，有利于了解经济业务的全貌；同时还可以减少凭证的数量，减轻编制记账凭证的工作量，便于检验会计分录的正确性。其缺点是不便于汇总计算每一会计科目的发生额和进行分工记账。在实际工作中，收款凭证、付款凭证、转账凭证都是复式记账凭证。

(三) 按汇总方法不同分类

按汇总方法不同，可分为分类汇总凭证和全部汇总凭证。

1. 分类汇总凭证

分类汇总是指定期按现金、银行存款及转账业务进行分类汇总，也可以按科目进行汇总。如可以将一定时期的收款凭证、付款凭证、转账凭证分别汇总，编制汇总收款凭证、汇总付款凭证、汇总转账凭证。

2. 全部汇总凭证

全部汇总凭证是指将单位一定时期内编制的会计分录，全部汇总在一张记账凭证上。将一定时期的所有记账凭证按相同会计科目的借方和贷方分别汇总，编制记账凭证汇总表（或称科目汇总表）。

汇总凭证是将许多同类记账凭证逐日或定期（3 天、5 天、10 天等）加以汇总后编制的记账凭证，有利于简化总分类账的登记工作。

记账凭证的分类如图 7-4 所示。

三、记账凭证的填制

(一) 记账凭证的填制要求

填制记账凭证是一项重要的会计工作，为了便于登记账簿，保证账簿记录的正确性，填制记账凭证应符合以下要求。

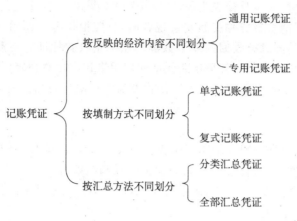

图 7-4 记账凭证的分类

1. 依据真实

除结账和更正错误外,记账凭证应根据审核无误的原始凭证及有关资料填制,记账凭证必须附有原始凭证并如实填写所附原始凭证的张数。记账凭证所附原始凭证张数的计算一般应以原始凭证的自然张数为准。如果记账凭证中附有原始凭证汇总表,则应该把所附的原始凭证和原始凭证汇总表的张数一起记入附件的张数之内。但报销差旅费等零散票券,可以粘贴在一张纸上,作为一张原始凭证。一张原始凭证如果涉及几张记账凭证的,可以将原始凭证附在一张主要的记账凭证后面,在该主要记账凭证摘要栏注明"本凭证附件包括××号记账凭证业务"字样,并在其他记账凭证上注明该主要记账凭证的编号或者附上该原始凭证的复印件,以便复核查阅。如果一张原始凭证所列的支出需要由两个以上的单位共同负担时,应当由保存该原始凭证的单位开给其他应负担单位原始凭证分割单,原始凭证分割必须具备原始凭证的基本内容,并可作为填制记账凭证的依据,计算在所附原始凭证张数之内。

2. 内容完整

记账凭证应具备的内容都要具备,要按照记账凭证上所列项目逐一填写清楚,有关人员的签名或者盖章要齐全,不可缺漏。如有以自制的原始凭证或者原始凭证汇总表代替记账凭证使用的,也必须具备记账凭证应有的内容。金额栏数字的填写必须规范、准确,与所附原始凭证的金额相符。金额登记方向、数字必须正确,角分位不留空格。

3. 分类正确

填制记账凭证,要根据经济业务的内容,区别不同类型的原始凭证,正确应用会计科目和记账凭证。记账凭证可以根据每一张原始凭证填制,或者根据若干张同类原始凭证汇总填制,也可以根据原始凭证汇总表填制,但不得将不同内容或类别的原始凭证汇总填制在一张记账凭证上,会计科目要保持正确的对应关系。一般情况下,现金或银行存款的收、付款业务,应使用收款凭证或付款凭证;如将现金送存银行,或者从银行提取现金,应以付款业务为主,只填制付款凭证不填制收款凭证,以避免重复记账。在一笔经济业务中,如果既涉及现金或银行存款收、付,又涉及转账业务,则应分别填制收款或付款凭证和转账凭证。例如,单位职工出差归来报销差旅费并交回剩余现金时,就应根据有关原始凭证按实际报销的金额填制一张转账凭证,同时按收回的现金数额填制一张收款凭证。不涉及现金和银行存款收付的业务,应填制转账凭证。各种记账凭证的使用格式应相对稳定,特别是在同一会计年度内,不宜随意更换,以免引起编号、装订、保管方面的不便与混乱。

4. 日期正确

记账凭证的填制日期一般应填制记账凭证当天的日期,不能提前或拖后;按权责发生制原则计算收益、分配费用、结转成本利润等调整分录和结账分录的记账凭证,虽然需要到下月才能填制,但为了便于在当月的账内进行登记,仍应填写当月月末的日期。

5. 连续编号

为了分清会计事项处理的先后顺序,以便记账凭证与会计账簿之间的核对,确保记账凭证完整无缺,填制记账凭证时,应当对记账凭证连续编号。记账凭证编号的方法有多种:一种是将全部记账凭证作为一类统一编号;另一种是分别按现金和银行存款收入业务、现金和银行付出业务、转账业务三类进行编号,这样记账凭证的编号应分为收字第×号、付字第×号、转字第×号;还有一种是分别按现金收入、现金支出、银行存款收入、银行存款支出和转账业务五类进行编号,这种情况下,记账凭证的编号应分为现收字第×号、现付字第×号、银收字第×号、银付字第×号和转字第×号,或者将转账业务按照具体内容再分成几类编号。各单位应当根据本单位业务繁简程度、会计人员多寡和分工情况来选择便于记账、查账、内部稽核的简单严密的编号方法。无论采用哪一种编号方法,都应该按月顺序编号,即每月都从 1 号编起,按自然数 1、2、3、4、5、…顺序编至月末,不得跳号、重号。一笔经济业务需要填制两张或两张以上记账凭证的,可以采用分数编号法进行编号,例如一笔经济业务需要填制三张记账凭证,凭证顺序号为 6,就可以编成 $6\frac{1}{3}$、$6\frac{2}{3}$、$6\frac{3}{3}$,前面的数表示凭证顺序,后面分数的分母表示该号凭证共有三张,分子分别表示三张凭证中的第一张、第二张、第三张。

6. 简明扼要

记账凭证的摘要栏是填写经济业务简要说明的,摘要应与原始凭证内容一致,能正确反映经济业务的主要内容,既要防止简而不明,又要防止过于烦琐。阅读者通过摘要就能了解该项经济业务的性质、特征,判断出会计分录正确与否,一般不需要再去翻阅原始凭证或询问有关人员。

7. 分录正确

会计分录是记账凭证中重要的组成部分,在记账凭证中,要正确编制会计分录并保持借贷平衡,就必须根据国家统一会计制度的规定和经济业务的内容,正确使用会计科目,不得任意简化或改动。应填写会计科目的名称,或者同时填写会计科目的名称和会计科目编号,不应只填编号,不填会计科目名称。应填明总账科目和明细科目,以便于登记总账和明细分类账。会计科目的对应关系要填写清楚,应先借后贷,一般填制一借一贷、一借多贷或者多借一贷的会计分录。但如果某项经济业务本身就需要编制一个多借多贷的会计分录,也可以填制多借多贷的会计分录,以集中反映该项经济业务的全过程。填入金额数字后,要在记账凭证的合计行计算填写合计金额。记账凭证中借、贷双方的金额必须相等,合计数必须计算正确。

8. 空行注销

填制记账凭证时,应按行次逐行填写,不得跳行或留有空行。记账凭证填完经济业务后,如有空行,应当在金额栏自最后一笔金额数字下的空行至合计数上的空行处划斜线或"～"线注销。

9. 填错更改

填制记账凭证时如果发生错误,应当重新填制。已经登记入账的记账凭证在当年内发生错误的,如果是使用的会计科目或记账凭证方向有错误,可以用红字金额填制一张与原始凭证内容相同的记账凭证,在摘要栏注明"注销某月某日某号凭证"字样,同时再用蓝字重新填制一张正确的记账凭证,在摘要栏注明"更正某月某日某号凭证"字样;如果会计科目和记账方向都没有错误,只是金额错误,可以按正确数字和错误数字之间的差额,另编一张调整的记账凭证,调增金额用蓝字,调减金额用红字。发现以前年度的金额有错误时,应当用蓝字填制一张更正的记账凭证。

记账凭证中,文字、数字和货币符号的书写要求,与原始凭证相同。实行会计电算化的单位,其机制记账凭证应当符合对记账凭证的基本要求,打印出来的机制凭证上,要加盖制单人员、审核人员、记账人员和会计主管人员印章或者签字,以明确责任。

(二)记账凭证的填制方法

1. 单式记账凭证的填制

单式记账凭证就是在一张凭证上只填列一个会计科目。一项经济业务的会计分录涉及几个会计科目,就填几张记账凭证。为了保持会计科目间的对应关系,便于核对,在填制一个会计分录时编一个总号,再按凭证张数编几个分号,如第 18 笔经济业务涉及三个会计科目,编号则为 $18\frac{1}{3}$、$18\frac{2}{3}$、$18\frac{3}{3}$。

单式记账凭证中,填列借方账户名称的称为借项记账凭证,填列贷方账户名称的称为贷项记账凭证。为了便于区别,两者常用不同的颜色印制。

2. 复式记账凭证的填制

复式记账凭证就是在一张记账凭证上记载一笔完整的经济业务所涉及的全部会计科目。为了清晰地反映经济业务的来龙去脉,不应将不同的经济业务合并填制。

(1)收款凭证的填制。收款凭证是根据审核无误的现金和银行存款收款业务的原始凭证编制的。收款凭证左上角的"借方科目",按收款的性质填写"现金"或者"银行存款";日期填写的是编制本凭证的日期;右上角填写编制收款凭证顺序号;"摘要栏"简明扼要地填写经济业务的内容梗概;"贷方科目"栏内填写与收入"库存现金"或"银行存款"科目相对应的总账科目及所属明细科目;"金额"栏内填写实际收到的库存现金或银行存款的数额,各总账科目与所属明细科目的应贷金额,应分别填写与总账科目或明细科目同一行的"总账科目"或"明细科目"金额栏内;"金额栏"的合计数,只合计"总账科目"金额,表示借方科目"库存现金"或"银行存款"的金额;"记账栏"供记账人员在根据收款凭证登记有关账簿后作记号用,表示已经记账,以防止经济业务的事项重记或漏记;该凭证右边"附件　张"根据所附原始凭证的张数填写;凭证最下方有关人员签章处由有关人员在履行了责任后签名或签章,以明确经济责任。

(2)付款凭证的填制。付款凭证是根据审核无误的现金和银行付款业务的原始凭证编制的。付款凭证的左上角"贷方科目",应填列"库存现金"或者"银行存款","借方科目"栏应填写与"库存现金"或"银行存款"科目相对应的总账科目及所属的明细科目。其余各部分的填制方法与收款凭证基本相同,不再赘述。

(3)转账凭证的填制。转账凭证是根据审核无误的不涉及现金和银行存款收付的转账业务的原始凭证编制的。转账凭证的"会计科目"栏应按照先借后贷的顺序分别填写应借应贷的总账科目及所属的明细科目;借方总账科目及所属明细科目的应记金额,应在与科目同一行的"借方金额"栏内相应栏次填写,贷方总账科目及所属明细科目的应记金额,应在与科目同一行的"贷方金额"栏内相应栏次填写;"合计"行只合计借方总账科目金额和贷方总账科目金额,借方总账科目金额合计数与贷方总账金额合计数应相等。

下面分别举例说明收款凭证、付款凭证和转账凭证的填制。

【例7-1】　宏泽公司202×年12月12日收到W公司偿还所欠货款20 000元,存入银行。根据这项经济业务的原始凭证填制的收款凭证如表7-11所示。

表7-11　收款凭证

借方科目:银行存款　　　　　　202×年12月12日　　　　　　银收第＿008＿号

摘　要	贷方科目		金　额	计账符号	附件
	一级科目	二级或明细科目			
收到W公司偿还货款	应收账款	W公司	20 000	√	张
合　计			￥20 000		

会计主管:　　　　记账:　　　　出纳:　　　　审核:　　　　制单:

【例7-2】　宏泽公司202×年12月17日以现金支付采购员张×预借差旅费5 000元。根据这项经济业务的原始凭证填制的付款凭证如表7-12所示。

表7-12　付款凭证　　　　　　　　　　　　　　　　　　出纳编号:024-5

贷方科目:库存现金　　　　　　202×年12月17日　　　　　　现付第＿003＿号

摘　要	贷方科目		金　额	计账符号	附件
	一级科目	二级或明细科目			1
预支差旅费	其他应收款	张×	50 000	√	张
合　计			￥50 000		

会计主管:　　　　记账:　　　　出纳:　　　　审核:　　　　制单:

【例7-3】　宏泽公司202×年12月28日销售产品50 000元(增值税暂不考虑)冲减M公司的预收款。根据这项经济业务的原始凭证填制的转账凭证如表7-13所示。

表 7-13 转账凭证

202×年 12 月 28 日　　　　　　　　　　　　转字第 ___050___ 号

摘　要	总账科目	明细科目	借方金额	贷方金额	记账	
销售产品冲预收款	预收账款	M 公司	50 000			附件2张
	主营业务收入			50 000		
合　计			￥50 000	￥50 000		

会计主管：　　　记账：　　　出纳：　　　审核：　　　制单：王敏

四、记账凭证的审核

记账凭证编制以后，必须由专人进行审核，借以监督经济业务的真实性、合法性和合理性，并检查记账凭证的编制是否符合要求。特别要审核最初证明经济业务实际发生、完成的原始凭证。因此，对记账凭证的审核是一项严肃细致、政策性很强的工作。只有做好这项工作，才能正确地发挥会计反映和监督的作用。记账凭证审核的基本内容包括以下几项。

（1）审核记账凭证是否有原始凭证为依据，所附原始凭证的内容是否与记账凭证的内容一致，记账凭证汇总表的内容与其所依据的记账凭证的内容是否一致等。

（2）审核记账凭证各项目的填写是否齐全，如日期、凭证编号、摘要、金额、所附原始凭证张数及有关人员签章等。

（3）审核记账凭证的应借、应贷科目是否正确，是否有明确的账户对应关系，所使用的会计科目是否符合国家统一的会计制度的规定等。

（4）审核记账凭证所记录的金额与原始凭证的有关金额是否一致、计算是否正确，记账凭证汇总表的金额与记账凭证的金额合计是否相符等。

（5）审核记账凭证中的记录是否文字工整、数字清晰，是否按规定进行更正等。

在审核过程中，如果发现不符合要求的地方，应要求有关人员采取正确的方法进行更正。只有经过审核无误的记账凭证，才能作为登记账簿的依据。

第四节　会计凭证的传递与保管

一、会计凭证的传递

会计凭证的传递，是指从会计凭证取得或填制起至归档保管时止，在单位内部有关部门和人员之间按照规定的时间、程序进行处理的过程。各种会计凭证所记载的经济业务不同，涉及的部门和人员不同，办理的业务手续也不同，因此，应当为各种会计凭证规定一个合理的传递程序，即一张会计凭证填制后应交到哪个部门、哪个岗位，由谁办理业务手续等，直到归档保管为止。

（一）会计凭证传递的意义

正确组织会计凭证的传递，对于提高会计核算资料的及时性、正确组织经济活动、加强经济责任、实行会计监督，具有重要意义。

1. 正确组织会计凭证的传递，有利于提高工作效率

正确组织会计凭证的传递，能够及时、真实反映和监督各项经济业务的发生和完成情况，为经济管理提供可靠的经济信息。例如，材料运到企业后，仓库保管员应在规定的时间内将材料验收入库，填制收料单，注明实收数量等情况，并将收料单及时送到财会部门及其他有关部门。财会部门接到收料单，经审核无误，就应及时编制记账凭证和登记账簿，生产部门得到该批材料已验收入库凭证后，便可办理有关领料手续，用于产品生产等。如果仓库保管员未按时填写收料单，或虽填写收料单但没有及时送到有关部门，就会给人以材料尚未入库的假象，影响企业生产正常进行。

2. 正确组织会计凭证的传递，能更好地发挥会计监督作用

正确组织会计凭证的传递，便于有关部门和个人分工协作，相互牵制，加强岗位责任制，更好地发挥会计监督作用。例如，从材料运到企业验收入库，需要多少时间，由谁填制收料单，何时将收料单送到供应部门和财会部门，会计部门收到收料单后由谁进行审核，并与供应部门的发货票进行核对，由谁何时编制记账凭证和登记账簿，由谁负责整理保管凭证等，这样就把材料收入业务验收入库到登记入账的全部工作，在本单位内部进行分工合作，共同完成。同时可以考核经办业务的有关部门和人员是否按规定的会计手续办理，从而加强经营管理，提高工作质量。

（二）会计凭证传递的基本要求

各单位的经营业务性质是多种多样的，各种经营业务又有各自的特点，所以，办理各项经济业务的部门和人员以及办理凭证所需要的时间、传递程序也必然各不相同。这就要求每个单位都必须根据自己的业务特点和管理特点，由单位领导会同会计部门及有关部门共同设计制订出一套会计凭证的传递程序，使各个部门保证有序、及时地按规定的程序处理凭证传递。各单位在设计制定会计凭证传递时，应注意以下几个问题。

1. 根据经济业务的特点、机构设置和人员分工情况，明确会计凭证的传递程序

由于企业生产经营业务的内容不同，企业管理的要求也不尽相同。在会计凭证的传递过程中，要根据具体情况，确定每一种凭证的传递程序和方法。合理设计会计凭证所经过的环节，规定每个环节负责传递的相关责任人员，规定会计凭证的联数以及每一联凭证的用途。做到既可使各有关部门和人员了解经济活动情况、及时办理手续，又可避免凭证经过不必要的环节，以提高工作效率。

2. 规定会计凭证经过每个环节所需要的时间，以保证凭证传递的及时性

会计凭证的传递时间，应考虑在正常情况下各部门和有关人员的工作内容和工作量完成的时间，明确规定各种凭证在各个环节上停留的最长时间，不能拖延和积压会计凭证，以免影响会计工作的正常程序。一切会计凭证的传递和处理，都应在报告期内完成，不允许跨

期,否则将影响会计核算的准确性和及时性。

会计凭证在传递过程中的衔接手续,应该做到既完备、严密,又简单易行。凭证的收发、交接都应当按一定的制度办理,以保证会计凭证的安全和完整。会计凭证的传递程序、传递时间和衔接手续明确后,制定凭证传递程序,规定凭证传递路线、环节及在各个环节上的时间、处理内容及交接手续,使凭证传递工作有条不紊、迅速而有效进行。

二、会计凭证的保管

会计凭证的保管是指会计凭证记账后的整理、装订、归档和存查工作。

会计凭证是重要的经济档案和历史资料。任何企业在完成经济业务手续和记账之后,必须按规定立卷归档,形成会计档案资料,妥善保管,以便日后随时查阅。

会计凭证整理保管的要求包括以下内容。

(1)各种记账凭证,连同所附原始凭证和原始凭证汇总表,要分类按顺序编号,定期(一天、五天、十天或一个月)装订成册,并加具封面、封底,注明单位名称、凭证种类、所属年月和起讫日期、起止号码、凭证张数、会计主管人员、装订人员等。为防止任意拆装,应在装订处贴上封签,并由经办人员在封签处加盖骑缝章。

(2)对一些性质相同、数量很多或各种随时需要查阅的原始凭证,可以单独装订保管,在封面上写明记账凭证的时间、编号、种类,同时在记账凭证上注明"附件另订"。

(3)各种经济合同和重要的涉外文件等凭证,应另编目录,单独登记保管,并在有关原始凭证和记账凭证上注明。

(4)原始凭证不得外借,其他单位因有特殊原因需要使用原始凭证时,经本单位领导批准,可以复制,但应在专门的登记簿上进行登记,并由提供人员和收取人员共同签章。

(5)每年会计凭证装订成册后,可暂时由单位会计机构保管一年,期满后应移交本单位档案机构统一保管;单位未设档案机构的,应在会计机构内部指定专人保管。出纳人员不得监管会计档案。

(6)会计凭证在归档后,应按年月日顺序排列,以便查阅。对已归档凭证的查阅、调用和复制,都应得到批准,并办理一定的手续。会计凭证在保管中应防止霉烂破损和鼠咬虫蛀,以确保其安全和完整。

(7)凭证的保管期限和销毁手续,应严格按照《会计档案管理办法》进行管理,会计凭证保管期为30年,期满前不得任意销毁。

本 章 小 结

会计凭证是记录经济业务发生和完成情况、明确经济责任的书面证明,是登记账簿的依据。会计凭证按其填制程序和用途的不同可以分为原始凭证和记账凭证两大类。原始凭证是在经济业务发生或完成时取得或填制的、用以记录和证明经济业务的发生或完成情况并明确有关经济责任的原始依据。

原始凭证按照其来源的不同,可分为外来原始凭证与自制原始凭证;按填制手续和内容的不同进行分类,可以分为一次凭证、累计凭证、汇总原始凭证和记账编制凭证;按用途不同进行分类,可以分为通知凭证、执行凭证和计算凭证。填制原始凭证必须做到真实可靠、内容完整、书写规范、填制及时、顺序编号。

记账凭证是会计人员根据审核无误的原始凭证按照经济业务事项的内容加以归类,并据以确定会计分录后所填制的会计凭证。记账凭证是登记账簿的直接依据。记账凭证可以按其用途、填制的方式、包括的内容等几方面进行分类。如记账凭证按其用途的不同可分为专用记账凭证和通用记账凭证两种,专用记账凭证又可分为收款凭证、付款凭证和转账凭证。记账凭证应当根据经过审核无误的原始凭证,按照相关要求进行编制。经过审核无误后的记账凭证,才能据以登记账簿。

会计凭证的传递和保管是会计制度的重要组成部分,必须按照相关规定严格执行。

复习思考题

1. 什么是会计凭证?它具有哪些作用?
2. 什么是原始凭证?原始凭证按照其来源可分为哪几种?
3. 原始凭证与记账凭证的主要区别是什么?
4. 什么叫一次凭证?什么叫累计凭证?两者的填制有什么不同?
5. 收、付款凭证与转账凭证的填制有何不同?
6. 记账凭证的基本内容有哪些?
7. 如何对原始凭证和记账凭证进行审核?

业　务　题

习题一

1. 目的:练习记账凭证的编制。
2. 资料:
(1) 宏泽公司202×年10月发出材料情况已在"发出材料汇总表"中详细列示。

发出材料汇总表

202×年10月31日　　　　　　　　　　　　　　　　单位:元

应借科目	应贷科目:原材料					发料合计
	原料及主要材料				辅助材料	
	1—10 日	11—20 日	21—31 日	小　计		
生产成本	15 000	2 000	22 000	39 000	6 000	45 000
制造费用		3 000	1 000	4 000	400	4 400
管理费用	1 500	500		2 000	100	2 100
合　计	16 500	5 500	23 000	45 000	6 500	51 500

（2）宏泽公司202×年3月10日将现金4 000元存入银行，试编制记账凭证。

3. 要求：

（1）根据发出材料汇总表编制记账凭证（流水号为038）。

（2）根据现金送存银行编制记账凭证（流水号130）。

习题二

1. 目的：练习记账凭证。

2. 资料：宏泽公司202×年3月发生的有关材料收、发业务如下（不考虑增值税因素）。

（1）5日，向乙公司赊购下列生产用主要材料，材料已验收入库。

A材料　1 000kg　　　　　51元/kg

B材料　400kg　　　　　105元/kg

（2）10日，制造产品领用材料如下。

	甲产品	乙产品
A材料	400kg	200kg
B材料	200kg	100kg

（3）12日，收到某公司追加投资的材料一批，已验收入库。

A材料　2 000kg　　　　100 000元

B材料　500kg　　　　　50 000元

（4）15日，向某公司购进下列材料，已验收入库，货款已付讫。

B材料　　200kg　　　　100元/kg

辅助材料　1 000kg　　　5元/kg

（5）19日，车间部门制造产品领用材料如下。

	甲产品	乙产品
A材料	900kg	400kg
B材料	500kg	150kg
辅助材料	200kg	

燃料　4t（甲、乙产品共同耗用）

（6）假定耗用的材料平均单位成本如下。

A材料	B材料	辅助材料	燃料
51.00元	100元	5元	1 000元

假定燃料成本由两种产品平均负担。

3. 要求：

（1）根据上述资料，编制收料汇总表和发料汇总表。

（2）根据收、发料汇总表，编制记账凭证。

习题三

1. 目的：练习记账凭证的填制。

2. 资料：宏泽公司202×年3月发生下列经济业务。

（1）1日，开出现金支票（2866#），从银行提取现金36 000元，准备发放工资。

(2) 2 日，以现金发放工资 36 000 元。

(3) 2 日，签发转账支票(16221#)，偿还前欠 A 单位货款 50 000 元。

(4) 3 日，收回 E 单位前欠货款 80 000 元，存入银行。

(5) 3 日，签发转账支票(16222#)，购买甲材料 100 000 元，增值税税额 13 000 元。材料已入库。

(6) 4 日，收到 F 单位还来欠款 30 000 元，存入银行。

(7) 5 日，将现金 800 元送存银行。

(8) 5 日，销售给 C 单位 M 产品 120 000 元，销项税税额 15 600 元，货款尚未收到。

(9) 6 日，车间王冰出差，借支差旅费 2000 元，出纳员付给现金。

(10) 6 日，签发现金支票(2867#)，从银行提取现金 5 000 元备用。

(11) 7 日，签发转账支票(16223#)，交纳上月所得税 60 000 元。

(12) 8 日，为救助失学儿童，向希望工程捐款 100 000 元，通过银行汇出。

(13) 8 日，收到 C 单位还来前欠货款 135 600 元，存入银行。

(14) 8 日，签发转账支票(16224#)，支付电视广告费 160 000 元。

(15) 8 日，以银行存款购买国库券 300 000 元，期限 3 年。

(16) 9 日，以银行存款购买股票 200 000 元，作为短期投资。

(17) 9 日，副厂长林涛出差，预借差旅费 5 000 元，出纳员付给现金。

(18) 10 日，签发现金支票(2868#)，从银行提取现金 5 000 元备用。

(19) 10 日，以银行存款支付电话费 4 000 元，其中行政管理部门 2 500 元、销售部门 1 500 元。

(20) 11 日，签发转账支票(16225#)，预付给 B 单位货款 150 000 元。

(21) 12 日，向 C 单位销售 N 产品 900 000 元，增值税税额 117 000 元，款项收到，存入银行。

(22) 12 日，3 个月前收到的 C 单位的商业汇票到期，收回票款 150 000 元，存入银行。

(23) 12 日，从 A 单位购进甲材料 150 000 元，增值税税额 19 500 元，材料入库，货款暂欠。

(24) 13 日，向外地 D 单位销售 M 产品 80 000 元，增值税税额 10 400 元，货款尚未收到。

(25) 15 日，签发商业承兑汇票交 A 单位，抵付应付账款 169 500 元。

(26) 15 日，从 B 单位购进丙材料 160 000 元，增值税进项税税额 20 800 元，扣除预付货款 100 000 元，差额签发转账支票(16226#)付讫。材料入库。

(27) 16 日，收到 D 单位汇来 90 400 元欠款，存入银行。

(28) 16 日，王冰出差归来，报销差旅费 1 600 元，剩余 400 元交回现金。

(29) 17 日，林涛出差归来，报销差旅费 5 300 元，差额 300 元由出纳员补付林涛。

(30) 17 日，从工商银行借入 6 个月期借款 500 000 元，存入银行存款户。

(31) 18 日，从 A 单位购进甲材料 80 000 元，增值税税额 10 400 元，以银行存款支付 50 000 元，余款暂欠。材料验收入库。

(32) 19 日，经批准，从建设银行借入二年期借款 2 000 000 元，存入银行存款户。

(33) 19 日，以现金支付行政管理部门办公费 1 000 元。

（34）20 日，签发转账支票（16227[#]），偿还前欠 A 单位货款 40 400 元。

（35）21 日，从 B 单位购进丙材料 50 000 元，增值税税额 6 500 元，货款以银行存款支付，另以现金 500 元支付搬运费。

（36）22 日，向 C 企业销售 M 产品，收入 100 000 元，增值税税额 13 000 元，收到转账支票一张，面值 80 000 元，存入银行，余款暂欠。

（37）23 日，向 D 企业销售 N 产品，收入 50 000 元，增值税税额 6 500 元，货款尚未收到。

（38）23 日，支付本季度短期借款利息 12 000 元，其中前两个月已预提 9 000 元。

（39）25 日，收到 C 单位还来欠款 33 000 元，已存入银行。

（40）26 日，收到 D 企业交来银行承兑汇票一张，面值 56 500 元，期限两个月，抵付前欠货款。

3. 要求：根据上述经济业务编制记账凭证。

习题四

1. 目的：熟悉专用记账凭证的编制。

2. 资料：宏泽公司 202×年 8 月发生下列经济交易事项。

（1）1 日，购买国泰公司股票 6 000 元，准备随时变现。

（2）3 日，支付 8 月份房租 5 500 元。

（3）5 日，现销商品 17 000 元，收到客户交来的转账支票，且已送存银行。

（4）9 日，购买设备一台，价值 56 000 元。用银行存款支付 6 000 元，同时签发半年期商业汇票一张，以支付余款。

（5）10 日，赊销商品 125 000 元。

（6）12 日，支付上述销货运费 1 200 元。

（7）14 日，赊购商品 15 500 元。

（8）15 日，从银行提取现金 12 000 元，以备日常开支。

（9）17 日，现销商品 18 400 元，收到的现金已解缴银行。

（10）20 日，收到大同公司追加投资，其中银行存款 200 000 元、设备 40 000 元。

（11）25 日，收到 10 日的销货款 125 000 元，已存入银行。

（12）26 日，王经理出差预支现金 2 000 元。

（13）28 日，支付当月员工工资 165 470 元。

（14）31 日，赊销商品 25 100 元。

（15）31 日，发放奖金 50 000 元。

3. 要求：根据上述资料，编制专用记账凭证。

第八章

会计账簿

◆ **学习目标** ▮▮▮▮▮▮▮▮▮▮▮▮

　　通过本章的学习，学生应初步了解账簿的结构、账簿的登记方法；掌握账簿记录的调整与结转、账簿记录的核对、错账更正方法等会计处理。

第一节　会计账簿的意义与分类

　　会计账簿是指由一定格式账页组成的，以经过审核的会计凭证为依据，全面系统连续地记录各项经济业务的账簿。在形式上，会计账簿是由若干账页的组合；在实质上，会计账簿是会计信息形成的重要环节，是会计资料的主要载体之一，也是会计资料的重要组成部分。

　　会计账簿是账户的表现形式，两者既有区别又有联系。账户是在账簿中以规定的会计科目开设户头，用以规定不同的账簿所记录的内容，账户存在于账簿之中，账簿中的每一账页就是账户的存在形式和信息载体。如果没有账户，也就没有所谓的账簿；如果没有账簿，账户也成了一种抽象的东西，无法存在。但是账簿只是一种外在形式，账户才是它的真实内容。账簿序时分类地记载经济交易或事项，是在个别账户中完成的，也可以说，账簿是由若干张账页组成的一个整体，而开设于账页上的账户则是这个整体上的个别部分。因此，账簿和账户的关系，是形式和内容的关系。

一、会计账簿的意义

　　各单位每发生一项经济交易或事项，都必须取得或填制原始凭证，并根据审核无误的原始凭证及有关资料填制记账凭证。通过记账凭证的填制和审核，可以反映和监督单位每一项经济交易或事项的发生和完成情况。但是由于会计凭证数量多，格式不一，所提供的资料比较分散，缺乏系统性。为了连续、系统、全面地反映单位在一定时期内的某一类全部经济交易或事项及其引起的资产与权益的增减变化情况,为经济管理提供完整而系统的会计核算资料,并为编制会计报表提供依据,就需要设置会计账簿,将分散在会计凭证中的大量核算资料加以集中和归类整理,分门别类地记录在账簿中。因此,每一单位都应按照国家统一的会计制度和会计业务的需要设置和登记会计账簿。通过账簿记录,既能对经济活动进行序时核算,又能进行分类核算;既可提供各项总括的核算资料,又可提供明细核算资料。

设置和登记账簿,既是填制和审核会计凭证的延伸,也是编制财务报告的基础,是连接会计凭证和财务报表的中间环节。合理的设置和登记账簿,能系统地记录和提供企业经济活动的各种数据。它对加强企业经济核算,改善和提高经营管理有着重要意义,主要表现在以下三个方面。

(1)为改善企业经营管理,合理使用资金提供资料。通过账簿的序时核算和分类核算,可以系统地归纳和积累会计核算的资料,把企业承包经营情况,收入的构成和支出的情况,财物的购置、使用、保管情况,全面、系统地反映出来,用于监督计划、预算的执行情况和资金的合理有效使用,促使企业改善经营管理。

(2)为计算财务成果、编制会计报表提供依据。根据账簿记录的费用、成本和收入、成果资料,可以计算一定时期的财务成果,检查费用、成本、利润计划的完成情况。经核对无误的账簿资料及其加工的数据为编制会计报表提供总括和具体的资料,是编制会计报表的主要依据。

(3)为开展财务分析和会计检查提供依据。通过对账簿资料的检查、分析,可以了解企业贯彻有关方针、政策、制度的情况,以考核各项计划的完成情况。另外,还可以对企业资金使用是否合理,费用开支是否符合标准,经济效益有无提高,利润的形成与分配是否符合规定等问题进行考核分析,从而找出差距,挖掘潜力,提出改进措施。

二、会计账簿的分类

在会计账簿体系中,各种不同功能和作用的账簿,既各自独立、又相互补充。为了便于了解和使用账簿,必须从不同的角度对会计账簿进行分类。

(一)会计账簿按用途分类

会计账簿按其用途不同,可分为序时账簿、分类账簿和备查账簿。

1. 序时账簿

序时账簿又称日记账,是按经济业务发生时间的先后顺序,逐日逐笔进行登记的账簿。按其记录的内容不同,序时日记账又分为普通日记账和特种日记账。

普通日记账是指用来逐笔记录全部经济业务的序时账簿,即把每天发生的各项经济交易或事项逐日逐笔地登记在日记账中,并确定会计分录,然后据以登记分类账。

特种日记账是用来逐笔记录某一经济业务的序时账簿。在实际工作中,应用较广泛的库存现金日记账和银行存款日记账,就是特种日记账。

2. 分类账簿

分类账簿是对全部经济交易或事项按照会计要素的具体类别而设置的分类账户进行分类登记的账簿。按照总分类账户分类登记经济交易或事项的是总分类账簿,简称总账。按照明细分类账户分类登记经济交易或事项的是明细分类账簿,简称明细账。分类账簿提供的核算信息是编制会计报表的主要依据。

3. 备查账簿

备查账簿简称备查账,是对某些不能在序时账簿和分类账簿等主要账簿中进行登记或者登记不够详细的经济交易或事项进行补充登记时使用的账簿,又称为辅助账簿。这些账簿可以对某些经济交易或事项的内容提供必需的参考资料。备查账簿没有固定格式,可由各单位根据管理的需要自行设置与设计。如租入固定资产登记簿、应收票据备查簿、受托加工来料登记簿。

(二) 会计账簿按外表形式分类

会计账簿按外表形式不同,可以分为订本式账簿、活页式账簿和卡片式账簿。

1. 订本式账簿

订本式账簿也称订本账,是指在账簿启用前就把连续编号的若干张账页固定地装订成册的账簿。这种账簿的优点是:可以避免账页散失,防止账页被随意抽换,比较安全。缺点是:由于账页固定,不能根据需要增加或减少,不便于按需要调整各账户的账页,也不便于分工记账。这种账簿一般适用于总分类账、库存现金日记账和银行存款日记账。

2. 活页式账簿

活页式账簿也称活页账,是指年度内账页不固定装订成册,而是将其放置在活页账夹中的账簿。当账簿登记完毕之后(通常是一个会计年度结束之后),才能将账页予以装订,加具封面,并给各账页连续编号。这种账簿的优点是:随时取放,便于账页的增加和重新排列,便于分工记账和记账工作电算化。缺点是:账页容易散失和被随意抽换。活页账在年度终了时,应及时装订成册,妥善保管。各种明细分类账一般采用活页式账簿。

3. 卡片式账簿

卡片式账簿又称卡片账,是指由许多具有一定格式的卡片组成,存放在一定卡片箱内的账簿。卡片账的卡片一般装在卡片箱内,不用装订成册,随时可存放,也可跨年度长期使用。这种账簿的优点是:便于随时查阅,也便于按不同要求归类整理,不易损坏。缺点是:账页容易散失和随意抽换。因此,在使用时应对账页连续编号,并加盖有关人员图章,卡片箱应由专人保管,更换新账后也应封扎保管,以保证其安全。在我国,单位一般只对固定资产和低值易耗品等资产明细账采用卡片账形式。

(三) 会计账簿按账页的格式分类

会计账簿按其账页的格式不同,可以分为三栏式账簿、多栏式账簿、数量金额式账簿。

1. 三栏式账簿

三栏式账簿是指其账页的格式主要部分为借方、贷方和余额三栏的账簿。三栏式账簿又可分为设对方科目和不设对方科目两种。区别是在摘要栏和借方科目栏之间是否有一栏"对方科目"栏。有"对方科目"栏的,称为设对方科目的三栏式账簿;不设"对方科目"栏的,称为不设对方科目的三栏式账簿。它主要适用于只需要进行金额核算,不需要进行数量核算的科目,如各种日记账、总分类账以及资本、债权债务明细账等。

2. 多栏式账簿

多栏式账簿是指根据经济交易或事项的内容和管理的需要,在账页的"借方"和"贷方"栏内再分别按照明细科目或某明细科目的各明细项目设置若干专栏的账簿。这种账簿可以按"借方"和"贷方"分别设专栏,也可以只设"借方"专栏,"贷方"的内容在相应的借方专栏内用红字登记,表示冲减。收入、费用明细账一般均采用这种格式的账簿。

3. 数量金额式账簿

数量金额式账簿是指在账页中分设"借方""贷方"和"余额"或者"收入""发出"和"结存"三大栏,并在每一大栏内分设数量、单价和金额等三小栏的账簿,数量金额式账簿能够反映出财产物资的实物数量和价值量。原材料、库存商品、产成品等存货明细账一般采用数量金额式账簿。

第二节　会计账簿的设置和登记

一、会计账簿的设置原则

会计账簿的设置和登记,包括确定账簿的种类,设计账页的格式、内容和规定账簿登记的方法等。各单位应根据经济交易事项的特点和管理要求,科学、合理地设置账簿。具体表现有以下几个方面。

(1)账簿的设置必须保证能够全面、系统地核算和监督各项经济活动,为经济管理提供必要的考核指标。

(2)账簿的设置要从各单位经济活动和业务工作特点出发进行设置,以有利于会计分工和加强岗位责任制。

(3)账簿结构要求科学严密,有关账簿之间要有统驭关系或平行制约关系,并应避免重复记账或遗漏。

(4)账簿的格式,要力求简明实用,既要保证会计记录的系统和完整,又要避免过于烦琐,便于日常使用和保存。

账簿的设置要组织严密、层次分明。账簿之间要互相衔接、互相补充、互相制约,能清晰地反映账户间的对应关系,以便能提供完整、系统的资料。

二、会计账簿的基本内容

各种账簿记录的经济交易事项的内容不同,账簿的格式又多种多样,不同账簿的格式包括的具体内容也不一致,但各种主要账簿应具备以下基本内容。

(1)封面。主要用于表明账簿的名称,如库存现金日记账、银行存款日记账、总分类账、应收账款明细账等。

(2)扉页。主要用于载明经管人员一览表,其应填列的内容主要有经管人员、移交人和移交日期、接管人和接管日期。

(3)账页。账页是用来记录具体经济交易事项的载体,其格式因记录经济交易事项的内容的不同而有所不同,但每张账页上应载明的主要内容有账户的名称(即会计科目),记账日期栏,记账凭证种类和号数栏,摘要栏(经济交易事项内容的简要说明),借方、贷方金额及余额的方向、金额栏,总页次和分页次等。

三、日记账的设置和登记

日记账有普通日记账和特种日记账两种。

(一) 普通日记账

普通日记账是逐日序时登记特种日记账以外的经济交易事项的账簿。在不设特种日记账的企业,则要序时地逐笔登记企业的全部经济交易事项,因此,普通日记账也称分录簿。

普通日记账一般分为"借方金额"和"贷方金额"两栏,登记每一分录的借方账户和贷方账户及金额,这种账簿不结余额。其格式如表 8-1 所示。

表 8-1 普通日记账　　　　　　　　　　　　　　第　页

202×年		摘要	对应账户	会计科目	金　额		过账
月	日				借方	贷方	

(二) 特种日记账

常用的特种日记账是"库存现金日记账"和"银行存款日记账"。在企业、行政单位、事业单位中,库存现金日记账和银行存款日记账的登记,有利于加强货币资金的日常核算和监督,有利于贯彻执行国家规定的货币资金管理制度。

1. 库存现金日记账

库存现金日记账是用来核算和监督库存现金每日的收入、支出和结存状况的账簿。它由出纳人员根据库存现金收款凭证、库存现金付款凭证和银行存款付款凭证,按经济交易事项发生时间的先后顺序,逐日逐笔进行登记。

库存现金日记账的结构一般采用"收入""支出""结余"三栏式。库存现金日记账中的"年、月、日""凭证字号""摘要"和"对方科目"等栏,根据有关记账凭证登记;"收入"栏根据库存现金收款凭证和引起库存现金增加的银行存款付款凭证登记(从银行提取库存现金,只编制银行存款付款凭证);"支出"栏根据库存现金付款凭证登记。每日终了应计算全日的库存现金收入、支出合计数,并逐日结出库存现金余额,与库存现金实存数核对,以检查每日库存现金收付是否有误。每月期末,应结出当期"收入"栏和"支出"栏的发生额和期末余额,并与"库存现金"总分类账户核对一致,做到日清月结,账实相符。如账实不符,应查明原因。

1)三栏式和多栏式库存现金日记账

库存现金日记账采用订本式账簿,账页格式一般有"三栏式"和"多栏式"两种。

(1)三栏式库存现金日记账。三栏式库存现金日记账是指在同一张账页上设有"收入""支出""结余"(或"借方""贷方""余额")三个金额栏的日记账。实际工作中大多采用这种格式。三栏式库存现金日记账的格式如表8-2所示。

表 8-2　三栏式库存现金日记账　　　　　　　　　　单位:元

202×年		凭证号数	摘要	对方科目	对方账户	收入	支出	结余
月	日							

(2)多栏式库存现金日记账。多栏式库存现金日记账是指在三栏式库存现金日记账的基础上发展而来的,是在三栏式库存现金日记账中的"收入""支出"栏分别按对方科目再设专栏进行登记的日记账。其格式如表8-3所示。

表 8-3　多栏式库存现金日记账

202×年		凭证号数	摘要	收入栏		支出栏		结余
月	日			应贷科目	合计	应借科目	合计	

多栏式库存现金日记账是将"收入栏""支出栏"按照对应科目各设置若干专栏,并列入同一张账页上,如果专栏设置过多,势必会导致账页过宽,造成记账不便。因此,多栏式库存现金日记账一般还可分成"库存现金收入日记账"和"库存现金支出日记账"两本账簿,并在"库存现金收入日记账"中增设"支出合计"和"结余"栏,定期将"库存现金支出日记账"的支

出合计数转记到"库存现金收入日记账"中,并结出余额。这种格式的日记账可以在月末结出各种收入来源专栏和支出用途专栏的合计数,便于对现金收支的合理性、合法性进行审核分析,检查财务收支计划的执行情况。

"库存现金收入日记账"和"库存现金支出日记账"的格式见表 8-4 和表 8-5。

表 8-4　库存现金收入日记账

202×年		凭证号数	摘要	对应科目贷方				支出合计	结余
月	日			银行存款	……	……	收入合计		

表 8-5　库存现金支出日记账

202×年		凭证号数	摘要	对应科目借方				支出合计
月	日			银行存款	……	……	……	

2) 库存现金日记账登记方法

库存现金日记账与银行存款日记账登记的方法基本相同,库存现金日记账具体登记方法如下。

(1)"年、月、日"栏,登记库存现金的实际收付日期。

(2)"凭证号数"栏,登记收付款凭证的种类和编号。

(3)"摘要"栏,将经济交易事项的内容做简要说明。

(4)"对应科目"栏,登记根据库存现金收入的来源和支出的去向确定的相应的会计科目。

(5)"收入"栏,登记库存现金实际收入的金额

(6)"支出"栏,登记库存现金实际付出的金额。

(7)每日营业结束时,应分别计算当日库存现金收入、付出金额的合计数及当日余额。库存现金日记账不得出现贷方余额或红字余额。

(8)逐日盘点库存现金,将库存现金的实有数与当日结计出的库存现金账面结存金额相核对,如果发现账实不符,应立即查明原因。同时,在检查中如果发现库存现金有超过银行核定的限额或库存现金不足的情况,应及时解缴银行或提取库存现金。

(9)月份终了,必须按规定结账,分别结计出本月收入、付出金额的合计数和月末余额。每年年末,要结出全年累计发生额及年末余额,并办理必要的结转手续。

(10)涉及库存现金和银行存款之间的相互划转业务,凡是此类经济交易事项的登记均填制付款凭证。

2. 银行存款日记账

银行存款日记账是用来核算和监督银行存款每日的收入、支出和结存情况的账簿。它是由出纳人员根据银行存款收款凭证、银行存款付款凭证和库存现金付款凭证按经济交易事项发生时间的先后顺序,逐日逐笔进行登记的序时账簿。银行存款日记账应按企业在银行开立的账户和币种分别设置,每个银行存款账户设置一本银行存款日记账。

银行存款日记账的结构一般也采用"收入""支出"和"结余"三栏式,由出纳人员根据银行存款的收、付款凭证,逐日逐笔按顺序登记。对于将库存现金存入银行的业务,习惯上只填制库存现金付款凭证。另外,因在办理银行存款收付业务时,均根据银行结算凭证办理,为便于和银行对账,银行存款日记账应设有"结算凭证种类和号数"栏,单独列出每项存款收付所依据的结算凭证种类和号数。银行存款日记账和库存现金日记账一样,每日终了时要结出余额,做到日清,以便检查监督各项收支款项,避免出现透支现象,同时也便于与银行对账单核对。银行存款日记账的格式与库存现金日记账的格式相似。

三栏式银行存款日记账的格式如表 8-6 所示。

表 8-6 三栏式银行存款日记账

202×年		凭证号数	摘 要	对应科目	收 入	支 出	结 余
月	日						

四、分类账的设置和登记

分类账有总分类账和明细分类账两种。

(一)总分类账

总分类账也称总账,是按总分类账户进行分类登记,全面、总括地反映和记录经济活动情况,并为编制会计报表提供资料的账簿。由于总分类账能全面、总括地反映和记录经济交易事项引起的资金运动和财务收支情况,并为编制会计报表提供数据。因此,任何单位都必须设置总分类账。

总分类账一般采用订本式账簿,按照会计科目的编码顺序分别开设账户,并为每个账户预留若干账页。由于总分类账只进行货币度量的核算,最常用的格式是三栏式,在账页中设置借方、贷方和余额三个基本金额栏。总分类账中的对应科目栏,可以设置也可以不设置。"借或贷"栏是指账户的余额在借方还是在贷方。

总分类账的登记,可以根据记账凭证逐笔登记,也可以通过一定的方式分次或按月一次汇总成汇总记账凭证或科目汇总表,然后据以登记,还可以根据多栏式库存现金、银行存款日记账在月末时汇总登记。总分类账登记的依据和方法,取决于企业采用的账务处理程序。

经济业务少的小型单位的总分类账可以根据记账凭证逐笔登记;经济业务多的大中型单位的总分类账可以根据记账凭证汇总表或汇总记账凭证定期登记。总分类账的格式如表 8-7 所示。

表 8-7　总分类账

科目名称:

202×		凭证号数	摘要	对方科目	借方	贷方	借或贷	余额
月	日							

总分类账的具体登记方法如下。

(1)每一个账户都应在月初先列示期初余额。

(2)在根据记账凭证逐笔登记总账时,要将记账凭证的日期和编号,记入每个账户的"年、月、日"和"凭证号数"栏,在"摘要"栏将经济业务的内容做简要说明;在根据汇总记账凭证或科目汇总表等汇总登记总账时,总账账户的"年、月、日"栏和"凭证号数"栏填写的是记账凭证的汇总日期和科目汇总表等的编号,"摘要"栏只注明发生额的起止日期。

(3)"借方"和"贷方"金额栏在采用逐笔登记时,应按记账凭证的应借、应贷的金额逐笔记入各该账户的"借方"栏或"贷方"栏;根据汇总记账凭证或科目汇总表等汇总登记总账时,应将汇总的应借、应贷金额记入各该账户同一行的"借方"栏和"贷方"栏。

(4)本月经济业务全部登记完毕后,于月末结计出总账各账户的本期发生额和期末余额,并在"借或贷"栏列明余额方向。

(二)明细分类账

明细分类账是根据明细账户开设账页,分类、连续地登记经济业务以提供明细核算资料的账簿。明细分类账的信息是对总分类账的补充,同时也是编制会计报表的依据之一。根据实际需要,各种明细账分别按二级科目或明细科目开设账户,并为每个账户预留若干账页,用来分类、连续记录有关资产、负债、所有者权益、收入、费用、利润等详细资料。设置和运用明细分类账,有利于加强资金的管理和使用,并可为编制会计报表提供必要的资料,因此,各单位在设置总分类账的基础上,还要根据经营管理的需要,按照总账科目设置若干必要的明细账,以形成既能提供经济活动总括情况,又能提供具体详细情况的账簿体系。

明细账的格式,应根据它所反映经济交易事项的特点,以及财产物资管理的不同要求来设计,一般有三栏式明细分类账、数量金额式明细账、多栏式明细分类账三种。

1. 三栏式明细分类账

三栏式明细分类账的账页格式与总分类账的格式基本相同,它只设借方、贷方和金额三个金额栏,不设数量栏。所不同的是,总分类账簿为订本账,而三栏式明细分类账簿多为活页账。这种账页适用于采用金额核算的应收账款、应付账款、短期借款、实收资本等账户的明细核算。其格式如表8-8所示。

表8-8　应收账款明细账

明细分类账名称:

202×年		凭证号数	摘要	借方	贷方	借或贷	余额
月	日						

2. 数量金额式明细账

数量金额式明细账的账页格式在收入、发出、结存三栏内,再分别设置"数量""单价"和"金额"等栏目,以分别登记实物的数量和金额。数量金额式明细账适用于既要进行金额明细核算,又要进行数量明细核算的财产物资项目。如"原材料""库存商品"等账户的明细核算。它能提供各种财产物资收入、发出、结存等的数量和金额资料,便于开展经济活动和加强管理的需要,保证这些财产物资的安全完整。其格式如表8-9所示。

表8-9　原材料明细分类账

材料编号_____　　　　　存放地点_____
材料类别_____　　　　　最高存量_____
材料名称____规格____计量单位____　最低存量_____

202×年		凭　证		摘　要	收　入			发　出			结　存		
月	日	种类	号码		数量	单价	金额	数量	单价	金额	数量	单价	金额

3. 多栏式明细分类账

多栏式明细分类账是根据经济业务的特点和经营管理的需要,在一张账页的"借方"栏或"贷方"栏设置若干专栏,集中反映有关明细项目的核算资料。它主要适用于只记金额、不记数量,而且在管理上需要了解其构成内容的费用、成本、收入、利润账户,如"材料采购""生产成本""制造费用""管理费用""主营业务收入"等账户的明细分类账。"本年利润""利润分配""应交税费——应交增值税"等科目所属明细科目则需采用借、贷方均为多栏式的明细账。

多栏式明细账的格式视管理需要而多种多样。它在一张账页上,按明细科目分设若干专栏,集中反映有关明细项目的核算资料。如"制造费用明细账",它在"借方"栏下,可分设若干专栏,如"工资""折旧费""维修费""办公费"等,其格式见表8-10~表8-14。

表8-10　制造费用明细账

202×年		凭证		摘要	借　方						贷方	金额
月	日	种类	号码		工资	办公费	折旧费	维修费	水电费	其他		

表8-11　生产成本明细账

账户名称：　　　　　　　　　　　　　　　　　　　　　　　完工数量：

202×年		凭证号数	摘要	借　方				贷方	余额
月	日			直接材料	直接人工	制造费用	合计		

表8-12　主营业务收入明细账

202×年		凭证号数	摘要	贷　方				余额
月	日			主营业务收入	加工收入	……	合计	

表8-13　本年利润明细账

202×年		凭证号数	摘要	借　方			贷　方			借或贷	余额
月	日			主营业务成本	……	合计	主营业务收入	……	合计		

表 8-14 管理费用明细账

202×年		凭证		摘要	借方						合计
月	日	种类	号码		工资	办公费	折旧费	维修费	水电费	其他费用	

多栏式明细分类账是由会计人员根据审核无误的记账凭证或原始凭证,按照经济交易事项发生的时间先后顺序逐日逐笔进行登记的,对于成本费用类账户,只在借方设专栏,平时在借方登记费用、成本发生额,贷方登记月末将借方发生额一次转出的数额。平时如发生贷方发生额,应用"红字"在借方有关栏内登记,表示应从借方发生额中冲减。同样,对于收入、成果类账户,只在贷方设专栏,平时在贷方登记收入的发生额,借方登记月末将贷方发生额一次转让"本年利润"的数额,若平时发生退货,应用"红字"在贷方有关栏内登记。

各种明细账的登记方法,应根据本单位业务量的大小和经营管理上的需要,以及所记录的经济交易事项内容而定,可以根据原始凭证、汇总原始凭证或记账凭证逐笔登记,也可以根据这些凭证逐日或定期汇总登记。

(三)总分类账与明细分类账的平行登记

所谓平行登记,是指经济交易或事项发生后,凡是涉及明细账户的同一笔经济交易事项,应根据会计凭证,在登记相关的总分类账户的同时,按照相同的方向、相等的金额登记该总分账所属的各有关明细分类账户。其登记的要点如下。

(1)同时期登记。即对同一笔经济交易事项,在同一会计期间内,既要登记有关的总账,又要记入其所属的有关明细分类账,不能漏记或重记。

(2)同方向登记。即登记总分类账与登记明细分类账的方向一致。具体来说,总分账的登记方向在借方,则其明细分类账也应登记在借方;总分类账的登记方向在贷方,则其明细分类账也应登记在贷方。

(3)同金额登记。即当一笔经济交易事项记入一个总分类账的同时又记入几个明细分类账时,则记入总分类账的金额,应与记入几个明细分类账的金额之和相等。

下面以"原材料""应付账款"账户为例,说明总分类账和明细分类账的平行登记方法。

【例 8-1】 宏泽公司 202×年 5 月的"原材料"账户期初余额为 20 800 元,其中,甲材料 800kg,12 元/kg,金额 9 600 元;乙材料 800kg,14 元/kg,金额 11 200 元。"应付账款"账户期初余额为 23 500 元,其中:欠新华公司 12 100 元;欠利达公司 11 400 元。5 月发生以下经济业务。(假定不考虑增值税)

① 4 日,向新华公司购入甲材料 200kg,12 元/kg,计 2 400 元;乙材料 200kg,15 元/kg,计 3 000 元。材料已验收入库,货款未付。

② 9 日,以银行存款支付所欠新华公司部分货款 6 000 元。

③ 12 日,生产领用甲材料 520kg,12 元/kg,计 6 240 元;乙材料 650kg,14 元/kg,计

9 100 元。仓库已办妥发料手续。

④ 18 日,从利达公司购进甲材料 200kg,13 元/kg,计 2 600 元,货款尚未支付。

原材料单价采用全月一次加权平均法计算。

根据上述经济交易编制会计分录如下。

① 借:原材料——甲材料 2 400

    ——乙材料 3 000

  贷:应付账款——新华公司 5 400

② 借:应付账款——新华公司 6 000

  贷:银行存款 6 000

③ 借:生产成本 15 340

  贷:原材料——甲材料 6 240

    ——乙材料 9 100

④ 借:原材料——甲材料 2 600

  贷:应付账款——利达公司 2 600

1. 登记期初余额

"原材料"总分类账户的"余额"栏应从上期结转借方余额 20 800 元,同时,明细分类账"原材料——甲材料"也应从上期结转借方余额 9 600 元,"原材料——乙材料"也应从上期结转借方余额 11 200 元。

"应付账款"总分类账户的"余额"栏应从上期结转贷方余额 23 500 元,同时,明细分类账"应付账款——新华公司"也应从上期结转贷方余额 12 100 元,"应付账款——利达公司"也应从上期结转贷方余额 11 400 元。

2. 登记本期发生额

根据 4 日的会计分录,应在"原材料"总账的"借方"栏登记 5 400 元,在"原材料——甲材料"和"原材料——乙材料"的借方栏分别登记 2 400 元和 3 000 元;同时应在"应付账款"总分类账户的"贷方"栏登记 5 400 元,并在"应付账款——新华公司"明细分类账户的"贷方"栏登记 5 400 元。

根据 9 日的会计分录,应在"应付账款"总分类账户的"借方"栏登记 6 000 元的同时,在"应付账款——新华公司"明细分类账户的"借方"栏登记 6 000 元。

根据 9 日的会计分录,应在"原材料"总分类账户的"贷方"栏登记 15 340 元的同时,"原材料——甲材料"和"原材料——乙材料"明细分类账户的"贷方"栏分别登记 6 240 元和 9 100 元。

根据 18 日的会计分录,应在"原材料"总分类账户的"借方"栏登记 2 600 元的同时,"原材料——甲材料"明细分类账户的"借方"栏登记 2 600 元;同时应在"应付账款"总分类账户的"贷方"栏登记 2 600 元,并在"应付账款——利达公司"明细分类账户的"贷方"栏登记 2 600 元。

3. 进行期末结账

期末应分别结出"原材料""应付账款"总分类账户和所属两个明细分类账户的本期发生额和期末余额。

将上述"原材料""应付账款"总分类账和明细分类账的登记情况在具体的账簿格式中登

记,如表 8-15~表 8-20 所示。

表 8-15　总分类账

账户名称:原材料　　　　　　　　　　　　　　　　　　　　　　　　　　单位:元

202×年		凭证号数	摘　要	借　方	贷　方	借/贷	余　额
月	日						
5	1	略	期初余额			借	20 800
	4		购进甲、乙材料	5 400		借	26 200
	12		生产用甲、乙材料		15 340	借	10 860
	18		购进甲材料	2 600		借	13 460
5	31		本期发生额及期末余额	8 000	15 340	借	13 460

表 8-16　原材料明细分类账

账户名称:甲材料

202×年		凭证号数	摘　要	借　方			贷　方			结　存		
月	日			数量/kg	单价/(元/kg)	金额/元	数量/kg	单价/(元/kg)	金额/元	数量/kg	单价/(元/kg)	金额/元
5	1	略	期初余额							800	12	9 600
	4		购入	200	12	2 400				1 000		12 000
	12		生产领用				520	12	6 240	480		5 760
	18		购入	200	13	2 600				680		8 360
	31		本期发生额及期末余额	400		5 000	520		6 240	680	12.29	8 360

表 8-17　原材料明细分类账

账户名称:乙材料

202×年		凭证号数	摘　要	借　方			贷　方			结　存		
月	日			数量/kg	单价/(元/kg)	金额/元	数量/kg	单价/(元/kg)	金额/元	数量/kg	单价/(元/kg)	金额/元
5	1	略	期初余额							800	14	11 200
	4		购入	200	15	3 000				1 000		14 200
	12		生产领用				650	14	9 100	350		5 100
	31		本期发生额及期末余额	200		3 000	650		9 100	350	14.57	5 100

表 8-18 总分类账

账户名称:应付账款   单位:元

202×年		凭证号数	摘 要	借 方	贷 方	借或贷	余 额
月	日						
5	1		期初余额			贷	23 500
	9		还新华公司欠款	6 000		贷	17 500
	18		购甲材料		2 600	贷	20 100
	31		本期发生额及期末余额	6 000	2 600	贷	20 100

表 8-19 应付账款明细账

账户名称:新华公司   单位:元

202×年		凭证号数	摘 要	借 方	贷 方	借或贷	余 额
月	日						
5	1		期初余额			贷	12 100
	9		还新华公司欠款	6 000		贷	6 100
	31		本期发生额及期末余额	6 000		贷	6 100

表 8-20 应付账款明细账

账户名称:利达公司   单位:元

202×年		凭证号数	摘 要	借 方	贷 方	借或贷	余 额
月	日						
5	1		期初余额			贷	11 400
	18		购甲材料		2 600	贷	14 000
	31		本期发生额及期末余额		2 600	贷	14 000

　　账户登记完毕,如果需要检查总分类账和明细分类账的登记是否正确,则可以将各明细分类账户的本期发生额及余额分别相加,与其总分类账户直接核对;或定期编制"明细分类账户本期发生额及余额表",据以与总分类账户相核对。

　　编制原材料本期发生额及余额表和应付账款本期发生额及余额表,如表 8-21 和表 8-22 所示。

表 8-21 原材料本期发生额及余额表

202×年 5 月   单位:元

账户名称	期初余额	本期发生额		期末余额
		借 方	贷 方	
甲材料	9 600	5 000	6 240	8 360
乙材料	11 200	3 000	9 100	5 100
合 计	20 800	8 000	15 340	13 460

表8-22 应付账款本期发生额及余额表

202×年5月 单位:元

账户名称	期初余额	本期发生额		期末余额
		借方	贷方	
新华公司	12 100	6 000	0	6 100
利达公司	11 400	0	2 600	14 000
合 计	23 500	6 000	2 600	20 100

将表8-21和表8-22中的"合计"栏,与"原材料""应付账款"总分类账户的相应数字进行核对,可见,"原材料""应付账款"总分类账户的期初、期末余额及本期借方、贷方发生额,与所属明细分类账户的期初、期末余额之和及本期借方、贷方发生额之和都是相等的,说明总分类账和明细分类账的记录是基本正确的。

综上所述,平等登记的结果如下。

(1)总分类账户的期初余额,应与其所属各明细账户的期初余额之和核对相符。

(2)总分类账户的本期借方发生额,应与其所属各明细账户的本期借方发生额之和核对相符。

(3)总分类账户的本期贷方发生额,应与其所属各明细账户的本期贷方发生额之和核对相符。

(4)总分类账户的期末余额,应与其所属各明细账户的期末余额之和核对相符。

如果核对不相等,则表明记账出现了差错,应立即查明原因,予以更正。

第三节 登记账簿的规则及错账更正方法

为保证账簿记录正确,提高会计信息,登记账簿时应遵循以下规则。

一、账簿的启用规则

为了切实做好记账工作,保证会计核算工作的质量,必须按照一定的规则启用账簿。当启用新账簿时,应填写账簿扉页上的"账簿启用与经管人员一览表",详细写明所启用簿的名称、编号、页数、共计页数、启用日期等,加盖单位公章,并由会计主管和记账人员签章。更换记账人员时,应办理交接手续,在账簿扉页上填写交接日期和接管人姓名,并由交接人和监交人(一般是会计主管)签章。账簿启用与经管人员一览表如表8-23所示。

表 8-23　账簿启用与经管人员一览表

单位名称						印鉴		
账簿名称								
账簿编号								
账簿页数	本账簿共计　页（本账簿页数　　　　） （检点人签章　　　　）							
启用日期	公元　年　月　日							
经管 人员	单位主管		财务主管		复　核		记　账	
	姓名	签章	姓名	签章	姓名	签章	姓名	签章
交接 记录	经管人员		接　管			交　出		
	职别	姓名	年	月	日	签章	年	月	日	签章
备注								

二、登记账簿的规则

1. 根据审核无误的会计凭证登记账簿

记账的依据是会计凭证,记账人员在登记账簿之前,应当首先审核会计凭证的合法性、完整性和真实性,这是确保会计信息的重要措施。

2. 记账时要做到准确完整

记账人员记账时,应当将会计凭证的日期、编号、经济业务内容摘要、金额和其他有关资料记入账内。每一会计事项,要按平行登记方法,一方面记入有关总账,另一方面记入总账所属的明细账,做到数字准确、摘要清楚、登记及时、字迹清晰工整。记账后,要在记账凭证上签章并注明所记账簿的页数,或划"√"表示已经登记入账,避免重记、漏记。

3. 书写不能占满格

为了便于更正记账和方便查账,登记账簿时,书写的文字和数字上面要留有适当的空格,不要写满格,一般应占格距的 1/2,最多不能超过 2/3。

4. 顺序连续登记

会计账簿应当按照页次顺序连续登记,不得跳行、隔页。如果发生跳行、隔页的,应当将空行、空页用红色墨水对角划线注销,并注明"作废"字样,或者注明"此行空白""此页空白"字样,并由经办人员盖章,以明确经济责任。

5. 正确使用蓝黑墨水和红墨水

登记账簿要用蓝黑墨水或碳素墨水书写,不得使用圆珠笔或者铅笔书写。这是因为各种账簿归档保管年限,国家规定一般都在 10 年以上,有些关系到重要经济资料的账簿,则要长期保管,因此要求账簿记录保持清晰、耐久,以便长期查核使用,防止涂改。红色墨水只能在以下情况下使用:冲销错账;在未设借贷等栏的多栏式账页中,登记减少数;在三栏式账户的余额栏前,如未印明余额方向的,在余额栏内登记负数余额;根据国家统一会计制度的规定可以使用红字登记的其他会计记录。在会计上,书写墨水的颜色用错了,会传递错误的信息,红色表示对正常记录的冲减。因此,红色墨水不能随意使用。

6. 结出余额

凡需要结出余额的账户,应按时结出余额,库存现金日记账和银行日记账必须逐日结出余额;债权债务明细账和各项财产物资明细账,每次记账后,都要随时结出余额;总账账户平时每月需要结出月末余额。结出余额后,应当在"借或贷"栏内写明"借"或者"贷"字样以说明余额的方向。没有余额的账户,应当在"借或贷"栏内写"平"字,并在余额栏内用"0"表示,一般来说,"0"应放在"元"位。

7. 过次承前

各账户在一张账页记满时,要在该账页的最末一行加计发生额合计数和结出余额,并在该行"摘要"栏注明"过次页"字样;然后,再把这个发生额合计数和余额填列在下一页的第一行内,并在"摘要"栏内注明"承前页",以保证账簿记录的连续性。

8. 账簿记录错误应按规定的办法更正

账簿记录发生错误时,不得刮、擦、挖、补,随意涂改或用褪色药水更改字迹,应根据错误的情况,按规定的方法进行更正。

三、错账的更正方法

登记会计账簿是一项很细致的工作。在记账工作中,可能由于种种原因会使账簿记录发生错误。例如,有的是填制凭证和记账时发生的单纯笔误;有的是写错了会计科目、金额等;有的是合计时计算错误;有的是过账错误。登记账簿中发生的差错,一经查出就应立即更正。对于账簿记录错误,不准涂改、挖补、刮擦或者用药水消除字迹,不准重新抄写,而必须根据错误的具体情况和性质,采用规范的方法予以更正。错账更正方法通常有划线更正法、红字更正法和补充登记法等几种。

1. 划线更正法

记账凭证填制正确,在记账或结账过程中发现账簿记录中文字或数字有错误,应采用划线更正法进行更正。具体做法是:先在错误的文字或数字上划一条红线,表示注销,划线时必须使原有字迹仍可辨认;然后将正确的文字或数字用蓝字写在划线处的上方,并由记账人员在更正处盖章,以明确责任。对于文字的错误,可以只划去错误的局部文字,并更正错误。对于错误的数字,应当全部划红线更正,不能只更正其中的个别错误数字。例如,把"3457"元误记为"8457"时,应将错误数字"8457"全部用红线注销后,再写上正确的数字"3457",而不是只删改一个"8"字。如记账凭证中的文字或数字发生错误,在尚未结账前,也可用划线更正法更正。

2. 红字更正法

在记账以后,如果发现记账凭证中应借、应贷科目或金额发生错误时,可以用红字更正法进行更正。具体做法是:先用红字金额,填写一张与错误记账凭证内容完全相同的记账凭证,且在摘要栏注明"更正某月某日第×号凭证",并据以用红字金额登记入账,以冲销账簿中原有的错误记录,然后再用蓝字重新填制一张正确的记账凭证,登记入账。这样,原来的错误记录便得以更正。

红字更正法一般适用于以下两种情况错账的更正。

(1) 记账后,如果发现记账凭证中的应借、应贷会计科目有错误,那么可以用红字更正法予以更正。

【例 8-2】 A 车间领用甲材料 2 000 元用于一般消耗。

① 填制记账凭证时,误将借方科目写成"生产成本",并已登记入账。原错误记账凭证如下。

借:生产成本　　　　　　　　　　　　　　　　　　　　 2 000
　贷:原材料　　　　　　　　　　　　　　　　　　　　　　 2 000

② 发现错误后,用红字填制一张与原错误记账凭证内容完全相同的记账凭证。

借:生产成本　　　　　　　　　　　　　　　　　　 2 000
　贷:原材料　　　　　　　　　　　　　　　　　　　 2 000

③ 用蓝字填制一张正确的记账凭证。

借:制造费用　　　　　　　　　　　　　　　　　　　　 2 000
　贷:原材料　　　　　　　　　　　　　　　　　　　　　 2 000

(2) 记账后,如果发现记账凭证和账簿记录中应借、应贷的科目没有错误,只是所记金额大于应记金额。对于这种账簿记录的错误,更正的方法是:将多记的金额用红字填制一张与原错误记账凭证会计科目相同的记账凭证,并在摘要栏注明"更正某月某日第×号凭证",并据以登记入账,以冲销多记的金额,使错账得以更正。

【例 8-3】 仍以例 8-2 为例,假设在编制记账凭证时应借、应贷科目没有错误,只是金额由 2 000 元写成了 20 000 元,并且已登记入账。

这项经济业务只需用红字更正法编制一张记账凭证将多记的金额 18 000 元,用红字冲销即可。编制的记账凭证如下。

借:制造费用　　　　　　　　　　　　　　　| 18 000 |

贷:原材料　　　　　　　　　　　　　　　　　　　　| 18 000 |

3. 补充登记法

在记账之后,如果发现记账凭证中应借、应贷的科目没有错误,但所记金额小于应记金额,造成账簿中所记金额也小于应记金额,这种错账应采用补充登记法进行更正。更正的方法是:将少记金额用蓝笔填制一张与原错误记账凭证会计科目相同的记账凭证,在摘要栏内注明"补记某月某日第×号凭证"并予以登记入账,补足原少记金额,使错账得以更正。

【例 8-4】　仍以例 8-2 为例,假设在编制记账凭证时应借、应贷科目没有错误,只是金额由 2 000 元写成了 200 元,并且已登记入账。

这项经济业务只需用补充登记法编制一张记账凭证将少记的金额 1 800 元补足便可。其记账凭证如下。

借:制造费用　　　　　　　　　　　　　　　1 800

贷:原材料　　　　　　　　　　　　　　　　　　1 800

错账更正的三种方法中,红字更正法和补充登记法都是用来更正因记账凭证错误而产生的记账错误,如果非因记账凭证的差错而产生的记账错误,只能用划线更正法更正。

以上三种方法是对当年内发现填写记账凭证或者登记账错误而采用的更正方法,如果发现以前年度记账凭证中有错误(指会计科目和金额)并导致账簿登记出现差错,应当用蓝字或黑字填制一张更正的记账凭证。因错误的账簿记录已经在以前会计年度终了进行结账或决算,不可能将已经决算的数字进行红字冲销,只能用蓝字或黑字凭证对除文字外的一切错误进行更正,并在更正凭证上特别注明"更正××年度错账"的字样。

第四节　对账和结账

登记账簿作为会计核算的方法之一,除包括记账外,还包括对账和结账两项工作。

一、对账

对账就是核对账目,是保证会计账簿记录质量的重要程序。在会计工作中,由于种种原因,难免会发生记账、计算等差错,也难免会出现账实不符的现象。为了保证各账簿记录和会计报表的真实、完整和正确,如实地反映和监督经济活动,各单位必须做好对账工作。

账簿记录的准确与真实可靠,不仅取决于账簿的本身,还涉及账簿与凭证的关系、账簿记录与实际情况是否相符等问题。所以,对账应包括账簿与凭证的核对、账簿与账簿的核对、账簿与实物的核对。把账簿记录的数字核对清楚,做到账证相符、账账相符和账实相符。对账工作至少每年进行一次。对账的主要内容如下。

1. 账证核对

账证核对是指将会计账簿记录与会计凭证(包括记账凭证和原始凭证)有关内容进行核对。这种核对一般是在日常编制凭证和记账过程中进行。由于会计账簿是根据会计凭证登记的,两者之间存在钩稽关系,因此,通过账证核对,可以检查、验证会计账簿记录与会计凭证的内容是否正确无误,以保证账证相符。各单位应当定期将会计账簿记录与其相应的会计凭证记录(包括时间、编号、内容、金额、记录方向等)逐项核对,检查是否一致。如有不符之处,应当及时查明原因,予以更正。保证账证相符,是会计核算的基本要求之一,也是账账相符、账实相符和账表相符的基础。

2. 账账核对

账账核对是指将各种会计账簿之间相对应的记录进行核对。由于会计账簿之间相对应的记录存在着内在联系,因此,通过账账核对,可以检查、验证会计账簿记录的正确性,以便及时发现错账,予以更正,保证账账相符。账账核对的主要内容如下。

(1)总分类账各账户借方余额合计数与贷方余额合计数核对相符。

(2)总分类账各账户余额与其所属明细分类账各账户余额之和核对相符。

(3)库存现金日记账和银行存款日记账的余额与总分类账中"库存现金"和"银行存款"账户余额核对相符。

(4)会计部门有关财产物资的明细分类账余额与财产物资保管或使用部门登记的明细账核对相符。

3. 账实核对

账实核对是在账账核对的基础上,将各种财产物资的账面余额与实存数额进行核对。由于实物的增减变化、款项的收付都要在有关账簿中如实反映,因此,通过会计账簿记录与实物、款项的实有数进行核对,可以检查、验证款项、实物会计账簿记录的正确性,以便于及时发现财产物资和货币资金管理中存在的问题,查明原因,分清责任,改善管理,保证账实相符。账实核对的主要内容如下。

(1)库存现金日记账账面余额与库存现金实际库存数核对相符。

(2)银行存款日记账账面余额与开户银行对账单核对相符。

(3)各种材料、物资明细分类账账面余额与实存数核对相符。

(4)各种债权债务明细账账面余额与有关债权、债务单位或个人的账面记录核对相符。

实际工作中,账实核对一般要结合财产清查进行。有关财产清查的内容和方法将在第九章介绍。

二、结账

结账是在一定时期内发生的全部经济交易事项登记入账的基础上,按规定的方法将各种账簿的记录进行小结,计算并记录本期发生额和期末余额。

为了正确反映一定时期内在账簿中已经记录的经济交易事项,总结有关经济活动和财务状况,并为编制会计报表提供资料,各单位应在会计期末进行结账。会计期间一般按日历时间划分为年、季、月,结账于各会计期末进行,所以分为月结、季结、年结。结账的内容通常包括两个方面:①结清各种损益类账户,并据以计算确定本期利润;②结出各资产、负债和所有者权益账户的本期发生额合计和期末余额。

1. 结账的基本程序

结账前,必须将属于本期内发生的各项经济业务和应由本期受益的收入、负担的费用全部登记入账。在此基础上,才可保证结账的有用性,确保会计报表的正确性。不得把将要发生的经济业务提前入账,也不得把已经在本期发生的经济业务延至下期(甚至以后期)入账。结账的基本程序具体表现如下。

(1) 将本期发生的经济交易事项全部登记入账,并保证其正确性。

(2) 根据权责发生制的要求,调整有关账项,合理确定本期应计的收入和应计的费用。

① 应计收入和应计费用的调整。应计收入是指那些已在本期实现、因款项未收而未登记入账的收入。企业发生的应计收入,主要是本期已经发生且符合收入确认标准,但尚未收到相应款项的商品或劳务。对于这类调整事项,应确认为本期收入,借记“应收账款”等科目,贷记“主营业务收入”等科目;待以后收妥款项时,再借记“库存现金”或“银行存款”等科目,贷记“应收账款”等科目。

② 收入分摊和成本分摊的调整。收入分摊是指企业已经收取有关款项,但未完成或未全部完成销售商品或提供劳务,需在期末按本期已完成的比例,分摊确认本期已实现收入的金额,并调整以前预收款项时形成的负债,如企业销售商品预收定金、提供劳务预收佣金。在收到预收款项时,应借记“银行存款”等科目,贷记“预收账款”等科目;在以后提供商品或劳务、确认本期收入时,借记“预收账款”等科目,贷记“主营业务收入”等科目。

成本分摊是指企业的支出已经发生、能使若干个会计期间受益,为正确计算各个会计期间的盈亏,将这些支出在其受益期间进行分配。如企业已经支出,但应由本期或以后各期负担的待摊费用,购建固定资产和无形资产的支出等。企业在发生这类支出时,应借记“预付账款”“固定资产”“无形资产”等科目,贷记“银行存款”等科目。在会计期末进行摊销时,应借记“制造费用”“管理费用”“销售费用”等科目,贷记“预付账款”“累计折旧”“累计摊销”等科目。

(3) 将损益类账户转入“本年利润”账户,结平所有损益类账户。

(4) 结算出资产、负债和所有者权益账户的本期发生额和余额,并结转下期。

2. 结账的基本方法

结账时,应当结出每个账户的期末余额。需要结出当月(季、年)发生额的账户,如各项收入、费用账户等,应单列一行登记发生额,在摘要栏内注明“本月(季)合计”或“本年累计”。结出余额后,应在余额前的“借或贷”栏内写“借”或“贷”字样;没有余额的账户,应在余额栏前的“借或贷”栏内写“平”字,并在余额栏内用“0”表示。为了突出本期发生额及期末余额,表示本会计期间的会计记录已经截止或者结束,应将本期与下期的会计记录明显分开,结账一般都划"结账线"。划线时，月结、季结用单线，年结划双线。划线应划红线，并应划通栏线，不能只在账页中的金额部分划线。

结账时应根据不同的账户记录，分别采用不同的结账方法。

(1)总账账户的结账方法。总账账户平时只需结计月末余额，不需要结计本月发生额。每月结账时，应将月末余额计算出来并写在本月最后一笔经济业务记录的同一行内，并在下面通栏划单红线。年终结账时，为了反映全年各会计要素增减变动的全貌，便于核对账目，要将所有总账账户结计全年发生额和年末余额，在摘要栏内注明"本年累计"字样，并在"本年累计"行下划双红线。

(2)库存现金日记账、银行存款日记账和需要按月结计发生额的收入、费用等明细账的结账方法。库存现金日记账、银行存款日记账和需要按月结计发生额的各种明细账，每月结账时，要在每月的最后一笔经济交易事项下面通栏划单红线，结出本月发生额和月末余额写在红线下面，并在摘要栏内注明"本月合计"字样，再在下面通栏划单红线。

(3)不需要按月结计发生额的债权、债务和财产物资等明细分类账的结账方法。对这类明细账，每次记账后，都要在该行余额栏内随时结出余额，每月最后一笔余额即为月末余额。也就是说月末余额就是本月最后一笔经济交易事项记录的同一行内的余额。月末结账时只需在最后一笔经济交易事项记录之下通用栏划单红线即可，无须再结计一次余额。

(4)需要结计本年累计发生额的收入、成本等明细账的结账方法。对这类明细账，先按照需按月结计发生额的明细账的月结方法进行月结，再在"本月合计"行下的摘要栏内注明"本年累计"字样，并结出自年初起至本月末止的累计发生额，再在下面通栏划单红线。12月末的"本年累计"就是全年累计发生额，全年累计发生额下面通栏划双红线。

(5)年度终了结账时，有余额的账户，要将其余额结转到下一会计年度，并在摘要栏内注明"结转下年"字样；在下一会计年度新建有关会计账簿的第一行余额栏内填写上年结转的余额，并在摘要栏内注明"上年结转"字样。结转下年时，既不需要编制记账凭证，也不必将余额再记入本年账户的借方或贷方，使本年有余额的账户的余额变为零，而是使有余额的账户的余额如实反映在账户中，以免混淆有余额账户和无余额的账户的区别。

若由于会计准则或会计制度改变而需要在新账中改变原有账户名称及其核算内容的，可将年末余额按新会计准则或会计制度的要求编制余额调整分录，或编制余额调整工作底稿，将调整后的账户余额抄入新账的有关账户余额栏内。

第五节　会计账簿的更换和保管

一、会计账簿的更换

会计账簿是记录和反映经济交易事项的重要历史资料和证据。为了使每个会计年度的账簿资料明晰和便于保管，一般来说，总账、日记账和多数明细账要每年更换一次，这些账簿在每年年终按规定办理完毕结账手续后，就应更换、启用新的账簿，并将余额结转记入新账簿中。但有些财产物资明细账和债权、债务明细账，由于材料等财产物资的品种、规格繁多，债权、债务单位也较多，如果更换新账，重抄一遍的工作量相当大，因此，可以跨年度使用，不必每年更换一次。卡片式账簿,如固定资产卡片,以及各种备查账簿,也都可以连续使用。

二、会计账簿的保管

会计账簿与会计凭证和会计报表一样,都属于会计档案,是重要的经济档案,各单位必须按规定妥善保管,确保其安全与完整,并充分加以利用。

1. 会计账簿的装订整理

在年度终了更换新账簿后,应将使用过的各种账簿(跨年度使用的账簿除外)按时装订整理立卷。

(1)装订前,首先要按账簿启用和经管人员一览表的使用页数核对各个账户是否相符,账页数是否齐全,序号排列是否连续;然后按会计账簿封面、账簿启用表、账户目录、该账簿按页数顺序排列的账页、装订封底的顺序装订。

(2)对活页账簿,要保留已使用过的账页,将账页数填写齐全,除去空白页并撤掉账夹,用质地好的牛皮纸做封面和封底,装订成册。多栏式、三栏式、数量金额式等活页账不得混装,应按同类业务、同类账页装订在一起。装订好后,应在封面上填明账目的种类,编号卷号,并由会计主管人员和装订人员签章。

(3)装订后会计账簿的封口要严密,封口处要加盖有关印章。封面要齐全、平整,并注明所属年度和账簿名称和编号。不得有折角、缺角、错页、掉页、加空白纸的现象。会计账簿要按保管期限分别编制卷号。

2. 按期移交档案部门进行保管

年度结账后,更换下来的账簿,可暂由本单位财务会计部门保管一年,期满后原则上应由财务会计部门移交本单位档案部门保管。移交时需要编制移交清册,填写交接清单,交接人员按移交清册和交接清单项目核查无误后签章,并在账簿使用日期栏内填写移交日期。

已归档的会计账簿作为会计档案为本单位提供使用,原件不得借出,如有特殊需要,须经上级主管单位或本单位领导、会计主管人员批准,在不拆散原卷册的前提下,可以提供查阅或者复制,并要办理登记手续。

会计账簿是重要的会计档案之一,必须严格按《会计档案管理办法》规定的保管年限妥善保管,不得丢失和任意销毁。通常总账(包括日记总账)和明细账保管期限为 15 年;日记账保管期限为 15 年,但库存现金和银行存款日记账保管期限为 25 年;固定资产卡片账在固定资产报废清理后保管 5 年;辅助账簿保管期限为 15 年。实际工作中,各单位可以根据实际利用的经验、规律和特点,适当延长有关会计档案的保管期限,但必须有较为充分的理由。

本 章 小 结

会计账簿是以会计凭证为依据,由具有一定格式又相互联系的账页所组成,用来序时地、分类地记录和反映各项经济业务的簿籍。企业应遵循会计账簿设置的原则,各单位应根据经济交易事项的特点和管理要求,科学、合理地设置账簿。

账簿包括日记账和分类账。日记账有普通日记账和特种日记账两类。分类账有总分类账和明细分类账两类。总分类账与明细分类账需要进行平行登记并掌握登记要点。

为了保证账簿记录正确,提高会计信息,登记账簿时应遵循记账规则。登记账簿作为会计核算的方法之一,还包括对账和结账两项工作。

复习思考题

1. 什么是账簿?账簿按其用途可分为哪几种?按其外形可分为哪几种?
2. 既然已经将经济交易事项记入会计凭证,为何还要设置账簿进行登记?
3. 什么是日记账?为什么要设置日记账?
4. 什么叫分类账?为什么要设置分类账?如何设置?
5. 什么叫平行登记?为什么要进行平行登记?平行登记的要点有哪些?
6. 记账有哪些技术要求?
7. 发现记账错误后有哪些更正方法?如何更正?
8. 结账与对账工作包括哪些内容?

业务题

习题一

1. 目的:练习库存现金日记账和银行存款日记账的登记方法。

2. 资料:宏泽公司202×年4月30日银行存款日记账和库存现金日记账余额分别为1 500 000元和1 500元。5月上半月发生下列库存现金和银行存款的收付业务。

(1) 2日,国家增拨资金12 500元,存入银行(凭证501号)。

(2) 2日,以银行存款5 000元归还银行短期借款(凭证502号)。

(3) 3日,用银行存款10 000元偿还应付账款(凭证503号)。

(4) 4日,将现金1 000元存入银行(凭证504号)。

(5) 4日,用现金暂付职工差旅费500元(凭证505号)。

(6) 5日,从银行提取现金2 000元备用(凭证506号)。

(7) 6日,收到应收账款30 000元,存入银行(凭证507号)。

(8) 7日,用银行存款支付购材料款2 000元及260元增值税款,材料验收入库(凭证508号)。

(9) 8日,从银行提取现金10 000元,准备发放工资(凭证509号)。

(10) 8日,用现金发放职工工资10 000元(凭证510号)。

(11) 9日,用银行存款支付本月水电费9 000元(凭证511号)。

(12) 11日,销售产品一批,货款25 000元,增值税税额3 250元,已存入银行(凭证512号)。

(13) 14日,用银行存款支付广告费1 000元(凭证513号)。

（14）15 日,用银行存款上交税费 2 560 元(凭证 514 号)。

3. 要求:登记库存现金及银行存款日记账,并结出前 15 日的累计发生额和余额。

习题二

1. 目的:练习现金日记账、银行存款日记账的登记。

2. 资料:宏泽公司 202×年 3 月 1 日"银行存款"账户期初余额为 2 520 000 元,"库存现金"账户期初余额 2 000 元。3 月发生下列往来业务。

（1）1 日,从银行提取现金 2 000 元备用。

（2）3 日,从银行取得短期借款 70 000 元存入银行。

（3）3 日,公司职工王阳预借差旅费 1 000 元,以现金支付。

（4）6 日,王阳出差回来,实际报销差旅费 1 200 元,财会人员当即补付现金 200 元。

（5）10 日,购买材料 1 800 元,外地运费 200 元,款项以银行存款付清。

（6）12 日,收到 A 公司投资 50 000 元,款项已送存银行。

（7）15 日,企业用资本公积 13 000 元转增资本。

（8）20 日,A 产品 1 000 件完工入库,每件单位成本 1.50 元。

（9）22 日,公司本月计提固定资产折旧 15 000 元,其中生产部门 10 000 元,公司管理部门 5 000 元。

（10）25 日,公司本月应付职工工资 50 000 元,其中生产 A 产品工人工资 25 000 元,生产 B 产品的工人工资 15 000 元,车间管理人员工资 3 000 元,公司管理人员工资 7 000 元。

（11）25 日,公司以银行存款支付产品广告费 1 700 元。

（12）28 日,预提银行短期借款利息 3 000 元。

（13）28 日,期末计算本期损益,结转产品销售收入 450 000 元。

（14）29 日,以银行存款缴纳企业所得税 3 300 元。

（15）30 日,用现金支付职工张力困难补助 1 000 元。

3. 要求:

（1）开设银行存款日记账和库存现金日记账,并过入期初余额。

（2）登记银行存款日记账和库存现金日记账,并逐笔结出余额。

习题三

1. 目的:练习三栏式明细分类账的登记。

2. 资料:宏泽公司 202×年 2 月 1 日"应收账款——A 单位"账户期初余额为 35 100 元。2 月发生下列往来业务。

（1）2 日,收到 A 单位还来欠款 35 100 元,存入银行。

（2）2 日,从 B 单位购入甲材料 50 000 元,增值税税额 6 500 元,货款尚未支付。

（3）3 日,从 B 单位购入乙材料 80 000 元,增值税税额 10 400 元,货款尚未支付。

（4）5 日,向 A 单位销售 M 产品 100 000 元,增值税税额 13 000 元,货款尚未收回。

（5）6 日,收到 A 单位转账支票一张,面值 113 000 元,当日送存银行。

（6）7 日,签发转账支票一张,偿还前欠 B 单位货款 146 900 元。

（7）9 日,从 B 单位购进甲材料 30 000 元,增值税税额 3 900 元,以银行存款支付 20 000 元,其余暂欠。

(8) 9 日,向 A 单位销售 N 产品 60 000 元,增值税税额 7 800 元,当即收到 50 000 元存入银行,其余暂欠。

(9) 10 日,向 A 单位销售 M 产品 50 000 元,增值税税额 6 500 元,货款尚未收到。

(10) 12 日,以银行存款偿还 B 单位货款 13 900 元。

(11) 15 日,向 B 单位购进乙材料 40 000 元,增值税税额 5 200 元,货款暂欠。

(12) 18 日,以银行存款归还 B 单位货款 20 000 元。

(13) 22 日,向 A 单位销售 M 产品 80 000 元,增值税税额 10 400 元,当日办妥委托银行收款手续。

(14) 23 日,收到 A 单位还来前欠货款 74 300 元,存入银行。

(15) 26 日,接银行通知,委托银行向 A 单位收取的货款 90 400 元已收妥入账。

3. 要求:

(1) 开设"应收账款——A 单位""应付账款——B 单位"明细账户,并过入应收账款的期初余额。

(2) 根据上述经济业务,编制记账凭证。

(3) 根据记账凭证登记"应收账款——A 单位""应付账款——B 单位"明细账户,其余账户从略。

习题四

1. 目的:练习数量金额式明细分类账的登记。

2. 资料:

(1) 宏泽公司 202×年 7 月 1 日"原材料"总账余额为 180 000 元,其中:甲材料 1 000kg,60 元/kg,计 60 000 元;乙材料 3 000kg,40 元/kg,计 120 000 元。

(2) 7 月发生下列材料收发业务。

① 2 日,甲材料入库 2 000kg,61 元/kg,计 122 000 元。

② 3 日,发出甲材料 1 500kg。

③ 4 日,乙材料入库 2 000kg,38 元/kg,计 76 000 元。

④ 6 日,甲材料入库 3 000kg,59 元/kg,计 177 000 元;乙材料入库 2 000kg,40 元/kg,计 80 000 元。

⑤ 8 日,甲材料发出 2 000kg;乙材料发出 3 000kg。

⑥ 10 日,乙材料发出 1 500kg。

⑦ 12 日,乙材料入库 3 000kg,42 元/kg,计 126 000 元。

⑧ 15 日,甲材料发出 1 500kg;乙材料发出 2 500kg。

⑨ 18 日,甲材料入库 3 000kg,60 元/kg,计 180 000 元;乙材料入库 2 000kg,40 元/kg,计 80 000 元。

⑩ 22 日,乙材料发出 1 600kg。

⑪ 25 日,甲材料入库 2 000kg,59 元/kg,计 118 000 元。

⑫ 28 日,甲材料发出 3 000kg;乙材料发出 1 200kg。

3. 要求:

(1) 根据资料开设原材料明细分类账户。

(2) 根据资料直接登记原材料明细分类账户,并随时结出结存数量。

习题五

1. 目的:练习总账与明细账的平行登记。
2. 资料:宏泽公司202×年1月初各账户余额如下表所示。

宏泽公司202×年1月初各账户余额 单位:元

账 户 名 称	借 方	贷 方
库存现金	4 450	
银行存款	83 000	
应收账款	55 000	
库存商品	125 000	
原材料	50 000	
固定资产	150 000	
短期借款		50 000
应付账款		32 450
应付票据		50 000
实收资本		230 000
本年利润		40 000
利润分配——未分配利润		65 000
合 计	467 450	467 450

其中,应收账款是 W 公司所欠货款,应付账款、应付票据分别是欠 G 和 K 公司的购货款。宏泽公司1月发生下列经济业务。

(1) 2 日,现销商品一批,销售额为 75 000 元。

(2) 3 日,向 H 公司购入商品一批,计 86 000 元,已验收入库,货款尚未支付。

(3) 5 日,收到 W 公司上月所欠款 45 000 元。

(4) 6 日,销售给 P 公司商品一批,销售额为 90 000 元,货款尚未收到。

(5) 9 日,向 K 公司购入商品一批,计 124 000 元,已验收入库,货款尚未支付。开出支票支付商品运费 1 500 元。

(6) 10 日,开出支票支付上月欠 G 公司货款 30 500 元。

(7) 11 日,以银行存款支付广告费 25 000 元。

(8) 12 日,销售给 W 公司商品一批,计 135 000 元,其中 22 000 元当即收到转账支票,送存银行,余款暂欠。

(9) 15 日,职工张立公出,预支差旅费现金 500 元。

(10) 16 日,收到 P 公司本月 6 日的销货款 80 000 元,存入银行存款账户。

(11) 17 日,购入计算机两台,价值 22 000 元,以银行存款支付。

(12) 20 日,开出支票支付本月 3 日欠 H 公司购货款。

(13) 22 日,向 G 公司购入商品一批,计 54 780 元,供货方代垫运杂费 520 元。商品已入库,货款及运杂费未支付。

(14) 23 日,向 M 公司赊销商品一批,销售额 100 770 元,代垫运杂费 1 230 元。

(15) 24 日,以现金购入办公用品 950 元,直接使用。

（16）26 日，应付票据到期，票据本金 60 000 元及利息 400 元，以银行存款支付。

（17）27 日，现销商品一批，销售额为 18 790 元。

（18）29 日，职工张立公出差回来，报销差旅费 550 元。

（19）30 日，向银行借入半年期借款 150 000 元。

（20）30 日，从银行存款账户中提取库存现金 68 760 元，支付本月职工工资。

（21）30 日，接银行通知，以银行存款支付短期借款利息 8 080 元。

（22）30 日，以银行存款支付保险费 2 560 元，水电费 3 690 元，其他各项杂费 1 750 元。

（23）30 日，经盘点，月末结存各种商品 145 630 元，材料物资 3 650 元。

3. 要求：

（1）根据上述资料开设三栏式总分类账户，开设应收账款、应付账款和应付票据的明细分类账。将期初余额登记入账。

（2）编制必要的会计分录。

（3）登记各有关总分类账户和应收账款、应付账款及应付票据的明细分类账户。

（4）结出各总分类账户和明细分类账户的本期发生额及期末余额，核对有关总分类账户及其明细分类账户的期末余额，检查是否相符。

（5）编制试算平衡表。

习题六

1. 目的：练习错账更正方法。

2. 资料：宏泽公司会计人员李某在对账的过程中发现了如下几项错误。

（1）2 日，宏泽公司以库存现金支付生产车间设备修理费 5 000 元，针对该项经济交易编制的会计分录如下（已过账）。

借：销售费用　　　　　　　　　　　　　　　5 000

　　贷：库存现金　　　　　　　　　　　　　　　　5 000

（2）3 日，宏泽公司以银行存款 200 000 元购买了一台机器设备。根据该项购货交易编制的记账凭证是正确的，但在登记"固定资产"账户的时候，却将金额错写为 220 000 元。

（3）6 日，生产产品领用原材料 10 000 元，针对该项经济交易编制的会计分录如下（已过账）。

借：生产成本　　　　　　　　　　　　　　　1 000

　　贷：原材料　　　　　　　　　　　　　　　　　1 000

（4）15 日，企业销售商品，取得收入 25 000 元，货款已存入银行。针对该项经济交易编制的会计分录如下（已过账）。

借：银行存款　　　　　　　　　　　　　　　250 000

　　贷：主营业务收入　　　　　　　　　　　　　　250 000

3. 要求：

（1）判断上述账簿记录错误的原因。

（2）对上述账簿记录错误进行更正。

第九章

财产清查

◆ 学习目标 ▌▌▌▌▌▌▌▌▌▌▌▌

　　通过本章的学习,学生应重点掌握财产清查的概念和意义、财产清查的必要性和财产清查的种类;熟悉各种财产物资、往来款项的清查方法;重点掌握存货盘存制度以及财产清查结果的财务处理。

第一节　财产清查的意义和种类

一、财产清查的意义

　　财产清查也叫财产检查,是指通过对实物、库存现金的实地盘点以及对银行存款、往来款项的询证核对,查明各项财产物资、往来款项的实有数和账面数是否相符的一种会计核算的专门方法。

　　企业的会计工作都要通过会计凭证的填制和审核,然后及时地在账簿中进行连续登记。这一过程能保证账簿记录的正确性,也能真实反映企业各项财产的实有数,各项财产的账实应该是一致的。但是,在实际工作中,由于种种原因,账簿记录会发生差错,各项财产的实际结存数也会发生差错,造成账存数与实存数发生差异,原因是多方面的,一般有以下几种情况。

　　(1)在收发物资中,由于计量、检验不准确而造成品种、数量或质量上的差错。

　　(2)财产物资在运输、保管、收发过程中,在数量上发生自然增减变化。

　　(3)在财产增减变动中,由于手续不齐或计算、登记上发生错误。

　　(4)由于管理不善或工作人员失职,造成财产损失、变质或短缺等。

　　(5)贪污盗窃、营私舞弊造成的损失。

　　(6)自然灾害造成的非常损失。

　　(7)未达账项引起的账账、账实不符等。

上述种种原因都会影响账实的一致性。因此,运用财产清查的手段,对各种财产物资进行定期或不定期的核对和盘点,具有十分重要的意义。

1. 保证账实相符,使会计资料真实可靠

通过财产清查可以确定各项财产物资的实际结存数,将账面结存数和实际结存数进行核对,可以揭示各项财产物资的溢缺情况,从而及时地调整账面结存数,保证账簿记录真实、可靠。

2. 保护财产的安全和完整

通过财产清查,可以查明企业单位财产、商品、物资是否完整,有无缺损、霉变现象,以便堵塞漏洞,改进和健全各种责任制,切实保证财产的安全和完整。对发现的情况要采取措施加强管理,发现问题及时采取措施,堵塞漏洞,建立健全保管的责任制,以确保财产物资的安全完整。

3. 挖掘财产潜力,加速资金周转

通过财产清查可以及时查明各种财产物资的结存和利用情况。如发现企业有闲置不用的财产物资应及时加以处理,以充分发挥它们的效能;如发现企业有呆滞积压的财产物资,也应及时加以处理,并分析原因,采取措施,改善经营管理。这样,可以使财产物资得到充分合理的利用,加速资金周转,提高企业的经济效益。

4. 保证财经纪律和结算纪律的执行

通过对财产物资、货币资金及往来款项的清查,可以查明有关业务人员是否遵守财经纪律和结算纪律,有无贪污盗窃、挪用公款的情况;查明企业资金使用是否合理,是否符合党和国家的方针政策和法规,从而使工作人员更加自觉地遵纪守法,自觉维护和遵守财经纪律。

5. 促进企业、行政、事业单位改善经济管理

财产清查中发现的问题与企业、行政、事业等单位的财产管理制度、管理方法相关联,如财产物资的毁损、短缺、积压、浪费,账款的长期拖欠,都说明有关管理工作方面存在缺陷。通过财产清查可以发现管理上存在的问题,分析原因,促使企业健全管理制度,改善管理方法,提高管理水平。

二、财产清查的种类

财产清查按照清查的对象和范围,可以分为全面清查和局部清查;按照清查的时间,可以分为定期清查和不定期清查;按照清查的执行单位不同,可以分为内部清查和外部清查。

（一）按照清查的对象和范围分类

1. 全面清查

全面清查是指对所有的财产和资金进行全面盘点与核对。全面清查范围广，工作量大。清查对象主要包括以下内容。

（1）库存现金、银行存款等货币资金。

（2）所有的固定资产、原材料、在产品、自制半成品、库存商品及其他物资等。

（3）各项在途物资。

（4）各种债权、债务及预算缴拨款项。

（5）各项其他单位加工或保管的材料、委托加工物资等。

（6）有价证券及外币。

一般来说，在以下几种情况下，需进行全面清查。

（1）年终决算前要进行一次全面清查，以确保年度会计报表的真实性。

（2）单位撤销、合并或改变隶属关系，要进行一次全面清查，以明确经济责任。

（3）中外合资、国内联营，需进行全面清查。

（4）开展清产核资要进行全面清查，以摸清家底，准确核定资产，保证生产的正常资金需要。

（5）单位主要负责人调离工作，需要进行全面清查。

2. 局部清查

局部清查也称重点清查，是指根据需要只对财产中某些重点部分进行的清查。如流动资金中变化较频繁的原材料、库存商品等，除年度全面清查外，还应根据需要随时轮流盘点或重点抽查。各种贵重物资要每月至少清查一次，库存现金要天天核对，银行存（借）款要按银行对账单逐笔核对。

局部清查范围小，内容少，时间短，参与的人员少，但专业性较强。下列情况属于局部清查。

（1）对于流动性较大的物资，如存货等，除年度清查外，应有计划地每月重点抽查或轮流盘点。

（2）对于各种贵重物资，每月应清查盘点一次。

（3）对于库存现金，应由出纳员在每日业务终了时点清，做到日清月结。

（4）对于银行存款和银行借款，应由出纳员每月与银行至少核对一次。

（5）对于债权债务，每年至少核对一至两次，有问题应及时核对、及时解决。

（二）按照清查的时间分类

1. 定期清查

定期清查是指根据管理制度的规定，按照预先计划安排的时间，对财产物资和往来款项所进行的清查。这种清查一般是在年末、季末或月末结账时进行。其清查的对象和范围，根据实际情况和需要,可以是全面清查,也可以是局部清查。

2. 不定期清查

不定期清查也称临时清查,是指根据实际需要临时进行的财产清查。不定期清查一般在以下情况下进行。

(1)更换财产物资和现金保管人员时,要对有关人员所保管的财产物资和现金进行清查,以分清经济责任。

(2)发生非常灾害和意外损失时,要对受灾损失的有关财产进行清查,以查明损失情况。

(3)上级主管部门和财政、银行以及审计部门,要对本单位进行会计检查时,应按检查的要求和范围进行清查,以验证会计资料的准确性。

(4)进行临时的清产核资工作时,要对本单位的财产进行清查,以摸清家底。

根据上述情况,不定期清查的对象和范围,可以是全面清查。定期清查和不定期清查的范围应视具体情况而定,可全面清查也可局部清查。

(三)按照清查的执行单位不同分类

1. 内部清查

内部清查是指由本企业的有关人员对本企业的财产所进行的清查,这种清查也称为自查。

2. 外部清查

外部清查是指由企业外部的有关部门或人员根据国家法律或制度的规定对本企业所进行的财产清查。

三、财产物资的盘存制度

存货的盘存制度是指确定企业在某一时日(期末)存货持有数量的方法,包括永续盘存制和定期盘存制两种。

(一)永续盘存制

永续盘存制也称"账面盘存制",它是通过设置存货(如材料、产成品或商品等)明细账户,逐日逐笔记录存货的收入和发出数,并随时记载其结存(持有)数量的方法。在永续盘存制下,存货的结存数量的计算公式如下。

$$账面期末余额＝账面期初余额＋本期增加额－本期减少额$$

采用永续盘存制时,存货明细账要按每一种存货的品名、规格设置明细账户。随时记录存货的收入、发出和结存数,同时记录其金额。在永续盘存制下,存货明细账能随时反映商品的结存数量和销售数量,而存货的计价方法,主要有先进先出法、加权平均法和个别计价法等。

1. 先进先出法

先进先出法是假设先入库的存货先发出,即按照存货入库的先后顺序,用先入库存货的单位成本确定发出存货成本的一种方法。采用先进先出法对存货进行计价,可以将发出存货的计价工作分散在平时进行,减轻了月末的计算工作量;期末存货的计价标准为后入库存货的价格,从而使反映在资产负债表上的存货价值比较接近当前市价。但在物价上涨时,本期发出存货成本要比当前市价低,从而使本期利润偏高,需多缴所得税。

【例 9-1】 宏泽公司 202×年 6 月甲商品期初结存和本期购销情况如下。

1 日	期初结存	200 件	100 元/件	计 20 000 元
5 日	销售	80 件		
16 日	购进	120 件	104 元/件	计 12 480 元
21 日	销售	115 件		
26 日	销售	95 件		
27 日	购进	150 件	110 元/件	计 16 500 元
30 日	销售	110 件		

根据上述资料,采用先进先出法计算本期发出商品成本和期末结存商品成本。

本期发出甲商品成本 $=80×100+115×100+5×100+90×104+30×104+80×110$

$\qquad\qquad\qquad\quad =41\ 280(元)$

期末结存甲商品成本 $=70×110=7\ 700(元)$

或 $\qquad\qquad\qquad =20\ 000+12\ 480+16\ 500-41\ 280=7\ 700(元)$

存货采用先进先出法计价,库存甲商品明细分类账的登记结果如表 9-1 所示。

表 9-1　库存商品明细账

品名:甲商品

202×年		摘　要	收　入			发　出			结　存		
月	日		数量/件	单价/(元/件)	金额/元	数量/件	单价/(元/件)	金额/元	数量/件	单价/(元/件)	金额/元
6	1	期初结存							200	100	20 000
	5	销售				80	100	8 000	120	100	12 000
	16	购进	120	104	12 480				120 120	100 104	12 000 12 480
	21	销售				115	100	11 500	5 120	100 104	500 12 480
	26	销售				5 90	100 104	500 9 360	30	104	3 120
	27	购进	150	110	16 500				30 150	104 110	3 120 16 500
	30	销售				30 80	104 110	3 120 8 800	70	110	7 700
	30	本期销售成本				400		41 280			

2. 加权平均法

加权平均法是把会计期间全部可供耗用（或销售）存货的总成本平均分配于所有单位量,即按当期存货的平均单位成本计算期末持有存货及本期耗用（销售）存货价值的方法。在平均单价的计算中,考虑了各批存货的数量因素,即批量越大的成本,对平均单价的影响也越大。由于数量对单价起权衡轻重的作用,由此计算的平均单价称为加权平均单价。永续盘存制下存货计价的加权平均法,又分为一次加权平均法和移动加权平均法两种。

（1）一次加权平均法。采用一次加权平均法,对于本月发出的存货,平时只登记数量,不登记单价和金额,月末按一次计算的加权平均单价,计算本期发出存货成本和期末存货成本。一次加权平均法计算比较简单,计算出的期末存货成本和本期发出成本都比较平稳,但由于计价工作集中在月末进行,所以平时不能从账簿中看到存货发出和结存的金额,从而不便于加强存货资金的日常管理。一次加权平均单价的计算公式如下。

$$一次加权平均单价=\frac{期初结存存货成本+本期入库存货成本}{期初结存存货数量+本期入库存货数量}$$

【例 9-2】 仍以例 9-1 为例,按一次加权平均单价计算甲商品本期发出商品成本和期末结存商品成本。

$$加权平均单价=\frac{期初结存存货成本+本期入库存货成本}{期初结存存货数量+本期入库存货数量}$$

$$=\frac{20\,000+28\,980}{200+270}=104.21(元/件)$$

本期发出甲商品成本 $=(80+115+95+110)\times104.21=41\,684(元)$

期末结存甲商品成本 $=20\,000+12\,480+16\,500-41\,684=7\,296(元)$

或 $=70\times104.21=7\,296(元)$

存货采用一次加权平均法,库存甲商品明细分类账的登记结果如表 9-2 所示。

表 9-2 库存商品明细账

品名:甲商品

202×年		摘 要	收 入			发 出			结 存		
月	日		数量/件	单价/(元/件)	金额/元	数量/件	单价/(元/件)	金额/元	数量/件	单价/(元/件)	金额/元
6	1	期初结存							200	100	20 000
	5	销售				80					
	16	购进	120	104	12 480						
	21	销售				115					
	26	销售				95					
	27	购进	150	110	16 500						
	30	销售				110			70	104.21	7 296
		本期销售成本				400	104.21	41 684			

（2）移动加权平均法。采用移动加权平均法,当每次入库存货单价与结存单价不同时,就需要重新计算一次加权平均价,并据此计算下次入库前的发出存货成本和结存存货成本。采用移动加权平均法,可以随时结转销售成本,随时提供存货明细账上的结存数量和金额,有利于对存货进行数量、金额的日常控制。但这种方法,由于每次进货需计算一次平均价,势必会增加会计核算工作量。移动加权平均单价的计算公式如下。

$$移动加权平均单价 = \frac{本次入库前结存成本 + 本次入库存货成本}{本次入库前结存数量 + 本次入库存货数量}$$

【例9-3】　仍以例9-1为例,按移动加权平均法计算本期发出商品成本和期末结存商品成本。

第一批甲商品购入后的加权平均单价为

$$移动加权平均单价 = \frac{12\ 000 + 12\ 480}{120 + 120} = 102(元/件)$$

第二批甲商品购入后的加权平均单价为

$$移动加权平均单价 = \frac{3\ 060 + 16\ 500}{30 + 150} = 108.67(元/件)$$

本期发出甲商品成本 $= 80 \times 100 + 115 \times 102 + 95 \times 102 + 110 \times 108.67 = 41\ 373.70$（元）

期末结存甲商品成本 $= 20\ 000 + 12\ 480 + 16\ 500 - 41\ 373.70 = 7\ 606.30$（元）

或　　　　　　　　　$= 70 \times 108.67 = 7\ 606.30$（元）

存货采用移动加权平均法,库存甲商品明细分类账的登记结果如表9-3所示。

表9-3　库存商品明细账

品名:甲商品

| 202×年 | | 摘　要 | 收　入 | | | 发　出 | | | 结　存 | | |
月	日		数量/件	单价/(元/件)	金额/元	数量/件	单价/(元/件)	金额/元	数量/件	单价/(元/件)	金额/元
6	1	期初结存							200	100	20 000
	5	销售				80	100	8 000	120	100	12 000
	16	购进	120	104	12 480				240	102	24 480
	21	销售				115	102	11 730	125	102	12 750
	26	销售				95	102	9 690	30	102	3 060
	27	购进	150	110	16 500				180	108.67	19 560
	30	销售				110	108.67	11 953.70	70	108.67	7 606.30
		本期销售成本				400		41 373.70			

3. 个别计价法

个别计价法又称为具体辨认法或实际进价法,是指假设每个单位量的期末持有存货或耗用存货的实际成本(或价格)能够确知,并据此计算其实际价值的一种计价方法。采用个别计价法需要逐一辨认各批发出存货和期末存货进价或生产批别,分别以购入或生产时确定的单位成本来计算确定各批发出和期末存货的成本。这种方法的优点是成本计算准确，符合实际情况。其缺点是发出存货成本分辨的工作量繁重。个别计价法适用于容易辨认，品种数量不多，且单位成本较高的存货计价。

【例 9-4】 仍以例 9-1 为例，按个别计价法计算本期发出商品成本和期末结存商品成本。

假定通过"辨认"确定的甲商品流动情况如下：6 月 5 日出售的 80 件甲商品是期初持有存货，6 月 21 日出售的 115 件甲商品有期初结存甲商品 50 件和 6 月 16 日进货 65 件，6 月 26 日出售的 95 件甲商品中有 70 件期初持有存货和 6 月 16 日进货 25 件，6 月 30 日销售的 110 件是 6 月 16 日购进的 30 件和 6 月 27 日购进的 80 件商品。

按个别计价法计算本期销售存货成本和期末持有存货成本如下。

$$本期发出甲商品成本 = 80 \times 100 + 50 \times 100 + 65 \times 104 + 70 \times 100 + 25 \times 104$$
$$+ 30 \times 104 + 80 \times 110 = 41\,280（元）$$
$$期末持有存货成本 = 70 \times 110 = 7\,700（元）$$
或
$$= 20\,000 + 12\,480 + 16\,500 - 41\,280 = 7\,700（元）$$

存货采用个别计价法，库存甲商品明细分类账的登记结果如表 9-4 所示。

表 9-4 库存商品明细账

品名：甲商品

202×年		摘 要	收 入			发 出			结 存		
月	日		数量/件	单价/(元/件)	金额/元	数量/件	单价/(元/件)	金额/元	数量/件	单价/(元/件)	金额/元
6	1	期初结存							200	100	20 000
	5	销售				80	100	8 000	120	100	12 000
	16	购进	120	104	12 480				120 120	100 104	12 000 12 480
	21	销售				50 65	100 104	5 000 6 760	70 55	100 104	7 000 5 720
	26	销售				70 25	100 104	7 000 2 600	30	104	3 120
	27	购进	150	110	16 500				30 150	104 110	3 120 16 500
	30	销售				30 80	104 110	3 120 8 800	70	110	7 700
		本期销售成本				400		41 280			

在永续盘存制下，根据账面记录确定的存货结存数不一定与实存数相符，因此需定期或不定期地对实物进行实地盘点，以便核对存货的账面数和实存数是否相符。采用永续盘存制，存货的收、发、结存情况在账面上得到全面、完整、连续的反映。

永续盘存制的优点是：核算手续严密，加强了对存货的管理，通过存货明细账，可以随时反映各种存货的收、发、结存情况，并从数量和金额两个方面进行控制和监督。对账存数，可以通过盘点与实存数进行核对，当发生存货溢余或短缺时，可以查明原因，及时纠正。明细账上的结存数，还可以随时与预定的最高或最低库存限额进行对照，取得库存积压或不足的资料，以便及时组织存货的购销或处理，加速存货周转。

永续盘存制的缺点是：存货明细分类核算的工作量较大，需要耗用较多的人力和时间。尤其对存货品种繁多的企业。与实地盘存制比较，永续盘存制在控制和保护存货安全方面，在为经营决策及时提供有用信息方面都具有明显的优越性。所以，在实际工作中，除少数特别情况之外，企业一般都采用永续盘存制核算存货。

（二）定期盘存制

1. 定期盘存制的含义

定期盘存制又称"实地盘存制"，它是在期末通过现场（实地）盘点实物确定存货的结存（持有）数量，并据以计算存货耗用（或销售）数量的方法。在实际工作中，也称为"以存计耗（或销）制"或"盘存计耗（或销）制"。

定期盘存制的主要特点是：平时对存货只在明细账户中记录其购入或收进数，不记录其发出数，期末通过盘点实物确定结存数量后，据此计算存货的耗用（或销售）数量。

定期盘存制的步骤一般如下。

（1）确定期末存货数量。每期期末实地盘点存货，确定存货的实际结存数量。

（2）计算期末存货成本。某种存货成本等于该项存货的数量乘以适当的单价，将各种存货成本相加，即为存货总成本。

（3）计算本期可供发出存货成本。本期可供发出存货成本也称本期可供销售或耗用存货成本，它等于期初存货成本加本期入库存货成本。

（4）计算本期发出存货成本。它等于本期可供发出存货成本减期末存货成本。其计算公式为

本期发出存货成本＝期初结存存货成本＋本期入库存货成本－期末结存存货成本

期末结存存货成本＝期末存货实地盘存数×单价

2. 期末存货数量的确定

在定期盘存制下，期末存货数量的确定，一般分为以下两个步骤。

（1）进行实地盘点，确定盘存数。存货的盘点方法因存货性质而异。盘点时间通常在本期营业或生产活动结束，营业或生产活动开始以前进行。盘存结果应填列在存货盘存表中。

（2）调整盘存数，确定存货结存数。将临近会计期末的购销单据或收发凭证进行整理，在盘存数量的基础上，考虑影响因素，调整求得存货实际结存数量。在商品流通企业中，对于企业已经付款收到的商品即在途商品、已经出库但尚未作销售的商品以及已作销售但尚未提走的商品，都要进行调整，以计算出实际库存数量。其计算公式如下。

期初结存数量＋本期收入数量－期末结存数量＝本期发出数量

存货结存数量＝存货盘点数量＋在途商品数量＋已提走未销数量－已销未提数量

【例 9-5】 宏泽公司 202×年 6 月甲商品的期末盘点数为 120 件,甲商品本月购入情况如下。

6 月 1 日	期初结存	200 件	100 元/件	计 20 000 元
6 月 16 日	购进	120 件	104 元/件	计 12 480 元
6 月 27 日	购进	150 件	110 元/件	计 16 500 元

在定期盘存制下分别采用先进先出法、一次加权平均法和个别计价法计算期末结存商品成本和本期发出商品成本。

① 先进先出法。

期末结存甲商品成本＝120×110＝13 200(元)

本期发出甲商品成本＝20 000＋12 480＋16 500－13 200＝35 780(元)

② 一次加权平均法。

$$加权平均单价＝\frac{20\ 000＋12\ 480＋16\ 500}{200＋120＋150}＝104.21(元/件)$$

期末结存甲商品成本＝120×104.21＝12 505.20(元)

本期发出甲商品成本＝20 000＋12 480＋16 500－12 505.20＝36 474.80(元)

③ 个别计价法。

假设期末结存 120 件甲商品中,有 30 件是期初结存的存货,有 40 件是 6 月 16 日的进货,有 50 件是 6 月 27 日的进货。

期末结存甲商品成本＝30×100＋40×104＋50×110＝12 660(元)

本期发出甲商品成本＝20 000＋12 480＋16 500－12 660＝36 320(元)

定期盘存制的优点是:在定期盘存制下,由于平时对发出和结存的存货不作数量记录,加上商品存货账户可以按大类或全部商品存货设置,而且每一品种的结存单价,可直接根据进货凭证求得,所以,采用该法,存货成本和销售成本的计算较简单,可以简化核算工作。

定期盘存制的缺点是:不能随时反映存货的发出和结存情况,倒扎出的各种存货的销售或耗用成本中成分复杂,除正常销售或耗用外,还有存货损耗、短缺等非正常因素,因而不便于对存货进行监督和控制,影响计算的准确性,是一种不完善的物资管理方法。这种方法适用于经营那些品种多、价值低、交易频繁、数量不稳定、损耗大且难以控制的鲜活商品等商品流通企业。

第二节 财产清查的方法

一、财产清查的准备工作

财产清查是一项复杂细致的工作,它涉及面广、政策性强、工作量大。为了加强领导,保质保量完成此项工作,一般应在企业单位负责人(如厂长、经理等)的领导下,由会计、业务、仓库等有关部门的人员组成财产清查的专门班子,具体负责财产清查的领导工作。在清查前,必须首先做好以下几项准备工作。

(1) 清查小组制订财产计划,确定清查对象、范围、配备清查人员,明确清查任务。

（2）财务部门要将总账、明细账等有关资料登记齐全，核对正确，结出余额。保管部门应在所保管的各种财产物资以及账簿、账卡挂上标签，标明品种、规格、数量，以备查对。

（3）银行存款和银行借款应从银行取得对账单，以便查对。

（4）提前校验度量衡器，保证计量准确。准备好所有表册。

二、财产清查的分类和方法

（一）实物资产的清查

各种实物（如材料、半成品、在产品、产成品、低值易耗品、包装物、固定资产等）资产的清查都要从数量和质量上进行。由于实物的形态、体积、重量、堆放方式等不尽相同，因而所采用的清查方法也不尽相同。实物数量的清查方法，比较常用的有以下几种。

（1）实物盘点法。实物盘点法是指通过逐一清点或用计量器具来确定实物的实存数量，其适用的范围较广，在多数财产物资清查中都可以采用这种方法。

（2）技术推算法。采用技术推算法，不是逐一清点计数财产物资，而是采用量方、计尺等技术推算财产物资的结存数量。这种方法只适用于成堆量大而价值又不高难以逐一清点的财产物资的清查。例如，露天堆放的煤炭的清查等。

（3）抽样检查法。抽样检查法是指按随机原则，从被检查的财产物资中抽取一部分检查，根据检查结果推断整体情况的一种方法。这种方法适用于价值较低而数量较大，重量和体积比较均衡的物资清查。

（4）函证核对法。函证核对法是指采用向对方发函方式确定实物资产的实有数的一种方法。这种方法一般适用于对委托外单位加工或保管的实物资产的清查。

对于实物的质量，应根据不同的实物采用不同的检查方法，例如有的采用物理方法，有的采用化学方法来检查实物的质量。

实物清查过程中，实物保管人员和盘点人员必须同时在场。盘点结果应如实记入盘存单内，并由盘点人和实物保管人签字或盖章，以明确经济责任。盘存单既是记录盘点结果的书面证明，也是反映财产物资实存数的原始凭证。盘存单的一般格式如表 9-5 所示。

表 9-5　盘存单

单位名称：　　　　　　　　　　盘点时间：　　　　　　　编号：
财产类别：　　　　　　　　　　存放地点：　　　　　　　单位：

编号	名称	计量单位	数量	单价	金额	备注

盘点人签章：　　　　　　　　　　　　保管人：

为了查明实存数与账存数是否一致，确定盘盈或盘亏情况，应根据盘存单和有关账簿的记录，编制实存账存对比表。实存账存对比表是用以调整账簿记录的重要原始凭证，也是分析产生差异的原因、明确经济责任的依据。实存账存对比表的一般格式如表 9-6 所示。

表9-6 实存账存对比表

编号	类别及名称	计量单位	单价	实 存		账 存		对比结果				备注
								盘 盈		盘 亏		
				数量	金额	数量	金额	数量	金额	数量	金额	

主管人员：　　　　　　　　　　会计：　　　　　　　　制表：

对于委托外单位加工、保管的材料、商品、物资以及在途的材料、商品、物资等,可以用询证的方法与有关单位进行核对,以查明账实是否相符。

（二）库存现金的清查

库存现金的清查包括人民币和各种外币的清查,都是采用实地盘点即通过点票数来确定现金的实存数,然后以实存数与库存现金日记账的账面余额进行核对,以查明账实是否相符及盈亏情况。

由于现金的收支业务十分频繁,容易出现差错,需要出纳人员每日进行清查和定期及不定期的专门清查。每日业务终了,出纳人员都应将库存现金日记账的账面余额与库存现金的实存数进行核对,做到账款相符。专门班子清查盘点时,出纳人员必须在场,现钞应逐张查点,还应注意有无违反现金管理制度的现象,编制库存现金盘点报告表,并由盘点人员和出纳人员签章。库存现金盘点报告表兼有盘存单和实存账存对比表的作用,是反映库存现金实有数和调整账簿记录的重要原始凭证。库存现金盘点报告表一般格式如表9-7所示。

表9-7 库存现金盘点报告表

单位名称：　　　　　　　　　年 月 日

实存金额	账存金额	对比结果		备注
		盘 盈	盘 亏	

盘点人：　　　　　　　　　　　出纳员：

国库券、其他金融债券、公司债券、股票等有价证券的清查方法和现金相同。

（三）银行存款的清查

银行存款的清查与实物和库存现金的清查方法不同,它是采用与银行核对账目的方法来进行的。即将企业单位的银行存款日记账与从银行取得的对账单逐笔核对,以查明银行存款的收入、付出和结余的记录是否正确。

清查银行存款的实有数,一般采用将企业的银行存款日记账与银行定期送来的对账单进行逐笔核对的方法。如果在核对中发现属于企业方面的记账差错,经确定后企业立即更正;属于银行方面的记账差错,则应通知银行更正。当双方的记账错误都已做更正,而企业的银行存款日记账余额与银行对账单余额仍不相符时,一般都是由未达账项造成的。开户银行送来的银行对账单是银行在收付企业单位存款时复写的账页,它完整地记录了企业单位存放在银行的款项的增减变动情况及结存余额,是进行银行存款清查的重要依据。

在实际工作中,企业银行存款日记账余额与银行对账单余额往往不一致,其主要原因:一是双方账目发生错账、漏账。所以在与银行核对账目之前,应先仔细检查企业单位银行存款日记账的正确性和完整性,然后再将其与银行送来的对账单逐笔进行核对。二是正常的未达账项。所谓未达账项,是指由于企业与银行之间取得凭证的时间不同,从而造成记账时间的不一致,一方已经入账,而另一方尚未入账的款项。企业单位与银行之间的未达账项有以下几种情况。

1. 企业已入账,但银行尚未入账

(1)企业送存银行的款项,企业已做存款增加入账,但银行尚未入账。

(2)企业开出支票或其他付款凭证,企业已作为存款减少入账,但银行尚未付款、未记账。

2. 银行已入账,但企业尚未入账

(1)银行代企业收进的款项,银行已作为企业存款的增加入账,但企业尚未收到通知,因而未入账。

(2)银行代企业支付的款项,银行已作为企业存款的减少入账,但企业尚未收到通知,因而未入账。

上述任何一种情况的发生,都会使双方的账面存款余额不一致。因此,为了查明企业单位和银行双方账目的记录有无差错,同时也是为了发现未达账项,在进行银行存款清查时,必须将企业单位的银行存款日记账与银行对账单逐笔核对;核对的内容包括收付金额、结算凭证的种类和号数、收入来源、支出的用途、发生的时间、某日止的金额等。通过核对,如果发现企业单位有错账或漏账,应立即更正;如果发现银行有错账或漏账,应及时通知银行查明更正;如果发现有未达账项,则应据以编制银行存款余额调节表进行调节,并验证调节后余额是否相等。

【例 9-6】　202×年 6 月 30 日宏泽公司银行存款日记账的账面余额为 31 000 元,银行对账单的余额为 36 000 元,经逐笔核对,发现有下列未达账项。

①29 日,企业销售产品收到转账支票一张计 2 000 元,将支票存入银行,银行尚未办理入账手续。

②29 日,企业采购原材料开出转账支票一张计 1 000 元,企业已作银行存款付出,银行尚未收到支票而未入账。

③30 日,企业开出现金支票一张计 250 元,银行尚未入账。

④30 日,银行代企业收回货款 8 000 元,收款通知尚未到达企业,企业尚未入账。

⑤30 日,银行代付电费 1 750 元,付款通知尚未到达企业,企业尚未入账。

⑥30 日,银行代付水费 500 元,付款通知尚未到达企业,企业尚未入账。

根据以上资料编制银行存款余额调节表,如表 9-8 所示。

表 9-8　银行存款余额调节表

202×年 6 月 30 日　　　　　　　　　　　　　　　　　　　单位:元

项　　目	金　额	项　　目	金　额
企业银行存款账面余额	31 000	银行对账单账面余额	36 000
加:银行已记增加,企业未记增加的 　　账项		加:企业已记增加,银行未记增加的 　　账项	
银行代收货款	8 000	存入的转账支票	2 000
减:银行已记减少,企业未记减少的 　　账项		减:企业已记减少,银行未记减少的 　　账项	
银行代付电费	1 750	开出转账支票	1 000
银行代付水费	500	开出现金支票	250
调节后存款余额	36 750	调节后存款余额	36 750

如果调节后双方余额相等,则一般说明双方记账没有差错;若不相等,则表明企业方或银行方或双方记账有差错,应进一步核对,查明原因予以更正。

需要注意的是,银行存款余额调节表只起到对账作用,对于银行已经入账而企业尚未入账的未达账项,不能根据银行存款余额调节表来编制会计分录,作为记账依据,必须在收到银行的有关凭证后方可入账。另外,对于长期悬置的未达账项,应及时查明原因,予以解决。另外,调节之后的银行存款余额,既不等于企业存款日记账账面余额,也不等于企业银行对账单余额,这个数字是企业即日银行存款的真正实有数额,即企业实际可动用的存款数额。

上述银行存款的清查方法,也适用于各种银行借款的清查。但在清查银行借款时,还应检查借款是否按规定的用途使用,是否按期归还。

(四) 往来款项的清查

往来款项的清查,采用对方单位核对账目的方法。在检查各单位结算往来款项账目正确性和完整性的基础上,根据有关明细分类账的记录,按用户编制对账单,送交对方单位进行核对。对账单一般一式两联,其中一联作为回单。如果对方单位核对相符,应在回单上盖章后退回;如果数字不符,则应将不符的情况在回单上注明,或另抄对账单退回,以便进一步清查。在核对过程中,如果发现未达账项,双方都应采用调节账面余额的方法,来核对往来款项是否相符。尤其应注意查明有无双方发生争议的款项、没有希望收回的款项以及无法支付的款项,以便及时采取措施进行处理,避免或减少坏账损失。

各种结算往来款项一般采取"函证核对法"(即通过函件同各经济往来单位核对账目的方法)进行清查。清查单位按每一个经济往来单位编制"往来款项对账单"(一式两份,其中一份作为回联单)送往各经济往来单位,对方经过核对相符后,在回联单上加盖公章退回,表示已核对;如果经核对数字不相符,对方应在回联单上注明情况,或另抄对账单退回本单位,进一步查明原因,再行核对,直到相符为止。往来款项对账单的格式和内容如图 9-1 所示。

往来款项对账单

××××单位：

　　你单位202×年1月6日到我厂购甲产品10 000件,已付款40 000元,尚有60 000元货款未付,请核对后将回联单寄回。

清查单位：（盖章）
202×年12月11日

　　沿此虚线裁开,将以下回联单寄回！
....

往来款项对账单（回联）

××××清查单位：

　　你单位寄来的"往来款项对账单"已收到,经核对相符无误。

××单位：（盖章）
202×年12月29日

图9-1　往来款项对账单格式

第三节　财产清查结果的处理

一、财产清查的处理原则及处理程序

　　对于财产清查的结果,必须按国家有关财务制度的规定,严肃认真地给予处理。财产清查的结果有如下情况:一种是账存数和实存数一致,表明账实相符,不必进行账务处理。另一种是账存数和实存数不一致,当账存数大于实存数时,为盘亏;当实存数大于账存数时,为盘盈。对于财产清查中发现的盘盈、盘亏、毁损和变质或超储积压等问题,应认真核准数字,按规定的程序上报批准后再行处理;对长期不清或有争执的债权、债务,也应核准数字,上报待批准后处理。通过财产清查所发现的财产管理和核算方面存在的问题,应当认真分析研究,以有关的法令、制度为依据进行严肃处理。

　　财产清查中发现的盘盈、盘亏和毁损的处理程序如下。

1. 查明差异,分析原因

　　财产清查过程中,如果发现实存数与账存数之间有差异以及质量上的问题,应核准数字,调查分析发生差异的原因,明确责任,提出处理意见。因个人原因造成的损失,应由个人赔偿;因企业经营管理不善造成的损失,应计入管理费用;因自然灾害发生损失的应计入营业外支出,处理方案要按规定的程序报有关领导审批。如财产的盘盈、盘亏和多余积压,以及逾期债权、债务等,都要认真查明其性质和原因,明确经济责任,提出处理意见,按照规定程序经有关部门批准后,予以认真严肃的处理。财产清查人员应以高度的责任心,深入调查研究,实事求是,问题定性要准确,处理方法要得当。

2. 认真总结,加强管理

　　财产清查以后,针对所发现的问题和缺点,应当认真总结经验教训,表彰先进,巩固成绩,发扬优点,克服缺点,做好工作。同时,要建立和健全以岗位责任制为中心的财产管理制度,切实提出改进工作的措施,进一步加强财产管理,保护社会主义财产的安全和完整。

3. 调整账目,账实相符

为了保证账实相符,财会部门对于财产清查中发现的差异必须及时调整账簿记录,这也是财产清查的重要任务之一。由于财产清查结果的处理要报请审批,所以,在账务处理上通常分两步进行。第一步,将财产清查中发现的盘盈、盘亏或毁损数,通过"待处理财产损溢"账户,登记有关账簿,以调整有关账面记录,使账存数和实存数相一致。第二步,在审批后,应根据批准的处理意见,再从"待处理财产损溢"账户转入有关账户。

二、财产清查结果的会计处理

为了反映和监督各单位在财产清查过程中查明的各种财产的盘亏、毁损及其处理情况,应设置"待处理财产损溢"账户。

"待处理财产损溢"账户是一个暂记账户,它是专门用来核算企业在财产清查过程中查明的各种财产物资的盘盈、盘亏和毁损的账户。该账户的借方登记各种财产物资的盘亏、毁损数及按照规定程序批准的盘盈转销数,贷方登记各种财产物资的盘盈数及按照规定程序批准的盘亏、毁损转销数。借方余额表示尚未处理的各种物资的净损失数,贷方余额表示尚未处理的各种财产物资的净溢余数。该账户分别开设"待处理财产损溢——待处理固定资产损溢"和"待处理财产损溢——待处理流动资产损溢"两个二级明细分类账户进行明细分类核算。

财产清查中发现的各种材料、在产品和产成品的盘盈和盘亏,属于以下正常原因的,一般增加或冲减费用:在收发物资中,由于计量、检验不准确发生的误差;财产物资在运输、保管、收发过程中,在数量上发生自然增减变化;由于手续不齐或计算、登记上发生的错误。属于管理不善或工作人员失职,造成财产损失、变质或短缺的,应由过失人负责赔偿的,应增加其他应收款。属于贪污盗窃、营私舞弊造成的损失或自然灾害造成的非常损失,应增加营业外支出。另外,财产清查中发现的固定资产盘盈和盘亏,在按规定报请审批后,其盘盈净值增加营业外收入,盘亏净值增加营业外支出。

1. 财产物资盘盈的核算

在各项财产物资、货币资金的保管过程中,由于管理制度不健全、计量不准确等原因发生实物数额大于账面数额的情况为盘盈。财产物资盘盈的会计处理如图 9-2 所示。

【例 9-7】 宏泽公司进行库存现金清查中发现长款 2 000 元,其会计处理如下。

(1)审批前编制会计分录如下。

借:库存现金　　　　　　　　　　　　　　　　　2 000
　　贷:待处理财产损溢——待处理流动资产损溢　　　　　2 000

(2)经查,未找出原因,报经批准转作营业外收入,编制会计分录如下。

借:待处理财产损溢——待处理流动资产损溢　　　　2 000
　　贷:营业外收入　　　　　　　　　　　　　　　　2 000

【例 9-8】 宏泽公司在财产清查中,盘盈原材料 10t,价值 30 000 元。

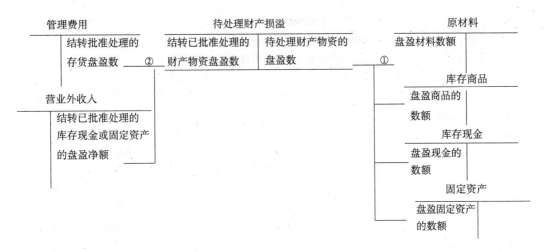

图 9-2 财产物资盘盈的会计处理程序

(1) 报经批准前,编制会计分录如下。

借:原材料 30 000

　　贷:待处理财产损溢——待处理流动资产损溢 30 000

(2) 经查明,这项盘盈材料因计量仪器不准造成生产领用少付多算,所以,经批准冲减本月管理费用,编制会计分录如下。

借:待处理财产损溢——待处理流动资产损溢 30 000

　　贷:管理费用 30 000

【例 9-9】 宏泽公司在财产清查中,盘盈一台设备,估计重置价值 100 000 元,估计成新率 80%。

(1) 在审批之前,编制会计分录如下。

借:固定资产 80 000

　　贷:待处理财产损溢——待处理固定资产损溢 80 000

(2) 经领导批示,该设备作为公司增加的营业外收入处理,编制会计分录如下。

借:待处理财产损溢——待处理固定资产损溢 80 000

　　贷:营业外收入 80 000

2. 财产物资盘亏或毁损的核算

在财产清查过程中,各项财产物资由于管理不善、非常损失等原因造成的实物数小于账面数的情况为盘亏或毁损。财产物资盘亏或毁损的会计处理如图 9-3 所示。

【例 9-10】 在财产清查中,发现实际库存的甲材料较账面库存短缺 5 000 元。

(1) 报经批准前,先调整账面余额,编制会计分录如下。

借:待处理财产损溢——待处理流动资产损溢 5 650

　　贷:原材料——甲材料 5 000

　　　　应交税费——应交增值税(进项税转出) 650

(2) 报经批准,如属于定额内的自然损耗,则应作为管理费用,计入本期损益,编制会计分录如下。

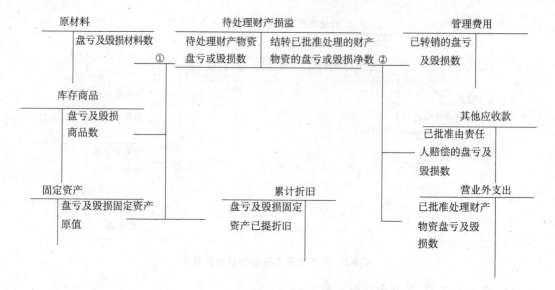

图 9-3　财产物资盘亏及毁损的会计处理程序图

借：管理费用　　　　　　　　　　　　　　　　　　　　5 650
　　贷：待处理财产损溢——待处理流动资产损溢　　　　　　5 650

（3）如果属于管理人员过失造成的损失，则应由过失人赔偿，编制会计分录如下。

借：其他应收款——某某人　　　　　　　　　　　　　　5 650
　　贷：待处理财产损溢——待处理流动资产损溢　　　　　　5 650

（4）如果属于非常灾害造成的损失，应经批准列作营业外支出，编制会计分录如下。

借：营业外支出　　　　　　　　　　　　　　　　　　　5 650
　　贷：待处理财产损溢——待处理流动资产损溢　　　　　　5 650

【例 9-11】　宏泽公司在财产清查中，盘亏设备一台，账面原值 200 000 元，已提折旧 90 000 元，盘亏现金 2 000 元。

（1）在审批前，根据账存实存对比表调整固定资产和现金账面。编制会计分录如下。

借：待处理财产损溢——待处理流动资产损溢　　　　　　2 000
　　　　　　　　　　——待处理固定资产损溢　　　　　110 000
　　累计折旧　　　　　　　　　　　　　　　　　　　90 000
　　贷：固定资产　　　　　　　　　　　　　　　　　　200 000
　　　　库存现金　　　　　　　　　　　　　　　　　　2 000

（2）经批准盘亏的固定资产的净值转作营业外支出，盘亏的现金应由过失人赔偿。编制会计分录如下。

借：其他应收款　　　　　　　　　　　　　　　　　　　2 000
　　营业外支出　　　　　　　　　　　　　　　　　　110 000
　　贷：待处理财产损溢——待处理流动资产损溢　　　　　　2 000
　　　　　　　　　　　——待处理固定资产损溢　　　　110 000

【例 9-12】　在财产清查中，查明确实无法收回的账款 50 000 元，经批准作为坏账损失。

坏账损失是指无法收回的应收账款而使企业遭受的损失。按制度规定，在会计核算中对坏账损失的处理采用备抵法，即按一定比例提取"坏账准备"计入资产减值损失。因此，对于这笔确属无法收回的应收账款,应按照规定的手续审批后,以批准的文件为原始凭证,做坏账损失处理,冲减"坏账准备"账户。"坏账准备"是资产类的账户,是"应收账款"的抵减账户,用来核算坏账准备的提取和转销情况,贷方登记提取数,借方登记冲销数,余额在贷方表示已经提取尚未冲销的坏账,编制会计分录如下。

借:坏账准备　　　　　　　　　　　　　　　50 000
　　贷:应收账款(或其他应收款)　　　　　　　　50 000

对于应付购货款项,如确实无法支付,可按制度规定,经批准后记入"营业外收入"账户。

企业在财产清查中查明的有关债权、债务的坏账收入或坏账损失,经批准后,按照上述会计分录直接进行转销,不需要通过"待处理财产损溢"账户核算。

本 章 小 结

财产清查,是通过对企业的货币资金、实物资产和往来款项的盘点和核对,确定其实存数,查明实存数与账面结存数是否相符的一种专门方法。财产清查不仅是会计核算的一种专门方法,也是财产管理的一项重要制度。财产清查能保证核算资产的正确与真实,是会计核算应遵循的基本原则,也是经济管理对会计核算的基本要求。财产清查按照清查对象的范围不同,可分为全部清查和局部清查;按照清查的时间不同,可分为定期清查和不定期清查;按照清查的执行单位不同,可分为内部清查和外部清查。货币资金的清查主要采用实地盘点、与银行进行对账等方法进行,清查中需要填制库存现金盘点报告表和编制银行存款余额调节表等原始凭证。存货的清查可采用实地盘点法、技术推算法、抽样盘存法和函证核对法等方法,存货清查中需要编制盘存单和实存账存对账表等原始凭证,存货有实地盘存制和永续盘存制两种盘存制度,目前多数企业都用永续盘存制对存货进行记录。往来款项的清查主要采取询证核对法,编制往来款项对账单。为了反映和监督财产清查过程中各种财产的盈亏或毁损及其报经批准后的转销数额,应设置"待处理财产损溢"账户进行核算。在账务处理中,需分两步进行。首先是根据各项清查结果报告表,调整各项资产的账面价值,使账实一致;其次是根据有关部门对清查结果的处理意见,针对不同的原因进行相应的账务处理。

复 习 思 考 题

1. 什么是财产清查? 财产清查有何必要性?
2. 财产清查有哪些种类?
3. 永续盘存制与实地盘存制有何不同? 各自具有什么样的优缺点?
4. 如何进行库存现金的清查?
5. 如何进行银行存款的清查? 如何编制银行存款余额调节表?
6. 如何进行实物资产的清查?
7. 如何进行债权债务的清查?
8. 如何进行各类财产清查结果的账务处理?
9. "待处理财产损溢"账户的用途、结构是什么?

业 务 题

习题一

1. 目的:练习永续盘存制和实地盘存制。

2. 资料:宏泽公司202×年5月进销甲商品存货的情况如下。

1 日	期初结存	2 000 件	30 元/件
6 日	购进	1 000 件	35 元/件
11 日	销售	2 300 件	
15 日	购进	1 500 件	37 元/件
22 日	销售	2 000 件	
28 日	购进	1 000 件	40 元/件
30 日	销售	500 件	

3. 要求:分别在永续盘存制度和实地盘存制下,用先进先出法、一次加权平均法、移动加权平均法计算出甲商品销售成本和期末存货成本。

习题二

1. 目的:练习银行存款余额调节表的编制。

2. 资料:宏泽公司202×年6月30日"银行存款日记账"借方余额为526 000元,"银行对账单"余额为585 000元。经查发现有以下未达账项。

(1) 委托银行收取的货款120 000元,银行已收妥入账,而企业尚未收到收账通知。

(2) 企业以转账支票支付材料运费15 000元,企业已入账,而银行尚未记账。

(3) 银行为企业代付电费6 000元,企业尚未记账。

(4) 企业收到外单位转账支票一张,还来前欠货款70 000元,企业已收账,银行尚未记账。

3. 要求:根据资料编制银行存款余额调节表。

习题三

1. 目的:练习财产清查的核算。

2. 资料:宏泽公司12月进行财产清查,在清查中发现下列问题。

(1) 甲材料盘盈690元,是出库时计量不准造成,作冲减管理费用处理。

(2) 乙材料盘亏1 200元,盘亏数定额内合理损耗,转作管理费用。

(3) 丙材料霉变损坏200元,因为连续阴雨天气,保管员赵青未及时采取措施所致,责令赵青赔偿100元,赔款尚未收到,其余作营业外支出处理。

(4) A产品盘亏300元,是保管员李斌责任心不强造成丢失,责令李斌赔偿,赔款尚未收到。

(5) B产品盘盈800元,是发货时少发造成,现将B产品800元补发给购买方。

(6) 盘盈设备一台,估计市价5 000元,八成新;盘盈设备转作营业外收入。

(7) 应付某单位货款5 000元,因该单位已不存在,长期无法支付;经批准进行核销。

3. 要求:根据资料编制会计分录。

第十章

财务会计报告

◆ **学习目标** ||||||||||||||||

　　通过本章的学习,学生应了解财务会计报告的概念、作用及编制要求;熟悉财务会计报告的种类;理解资产负债表的作用、内容和编制方法;掌握利润表的概念、结构和内容及其编制方法。

第一节　财务会计报告概述

一、财务会计报告的意义

　　财务会计报告是指企业对外提供的反映企业某一特定日期财务状况和某一会计期间经营成果、现金流量等会计信息的文件,是会计工作的最终产品。财务报告是企业对外揭示并传递经济信息的手段,也称为"财务会计报告"。财务会计报告的主要作用是向财务会计报告使用者提供真实、公允的信息,用于落实和考核企业经营者经济责任的情况,并有助于包括所有者在内的财务会计报告使用者进行经济决策。我国《企业财务会计报告条例》规定:企业不得编制和对外提供虚假的或隐瞒重要事实的财务会计报告;企业负责人对本企业财务会计报告的真实性、完整性负责。

二、财务会计报告的作用

　　企业、行政、事业等单位的经济活动和财务收支,经过日常的会计核算,已在账簿中序时、连续、系统地做了归集和记录。但这些核算资料是分散地反映在各个账户之中,不能集中地、总括地、一目了然地反映企业、行政、事业等单位的经济活动和财务收支全貌,为了满足经营管理的需要,须将日常核算资料按照科学的方法和一定的指标定期进行系统地整理,以特定的表全面综合地反映企业整个经济活动和财务收支状况。

财务会计报告是通过整理、汇总日常会计核算资料而定期编制的,集中、总括地反映企业单位在某一特定日期的财务状况以及某一特定时期的经营成果和现金流量的书面报告。编制会计报表是会计核算的又一种专门方法,也是会计工作的一项重要内容。会计报表所提供的指标,比其他会计资料提供的信息更为综合、系统和全面地反映企业和行政、事业等单位的经济活动的情况和结果。因此,财务会计报告对企业和行政、事业单位本身及其主管部门,对企业的债权人和投资者,以及财税、银行、审计等部门来说,都是一种十分重要的经济资料。财务会计报告的作用,具体表现在以下几个方面。

(1) 财务会计报告所提供的资料,可以帮助企业领导和管理人员分析检查企业的经济活动是否符合制度规定;考核企业资金、成本、利润等计划指标的完成程度;分析评价经营管理中的成绩和缺点,采取措施,改善经营管理,提高经济效益;运用会计报表的资料和其他资料进行分析,为编制下期计划提供依据。同时,通过财务会计报告,把会计经营情况和结果向职工交底,以便进行监督,进一步发挥职工群众主人翁作用,从各方面提出改进建议,促进企业增产节约措施的落实。

(2) 单位主管部门,利用财务会计报告,考核所属单位的业绩以及各项经济政策贯彻执行情况,并通过各单位同类指标的对比分析,可及时总结成绩,推广先进经验;对所发现的问题分析原因,采取措施,克服薄弱环节;同时,通过报表逐级汇总所提供的资料,可以在一定范围内反映国民经济计划的执行情况,为国家宏观管理提供依据。

(3) 财政、税务、银行和审计部门利用财务会计报告所提供的资料,可以了解企业资金的筹集运用是否合理、检查企业税收、利润计划的完成与结缴情况以及有无违反税法和财经纪律的现象,更好地发挥财政、税收的监督职能;银行部门可以考查企业流动资金的利用情况,分析企业银行借款的物资保障程度,研究企业流动资金的正常需要量,了解银行借款的归还以及信贷纪律的执行情况,充分发挥银行经济监督和经济杠杆作用;审计部门可以利用财务会计报告了解企业财务状况和经营情况及财经政策、法令和纪律执行情况,从而为进行财务审计和经济效益审计提供必要的资料。

(4) 企业的投资、债权人和其他利益群体需利用财务会计报告所提供的企业财务状况和偿债能力,作为投资、贷款和交易的决策依据。行政、事业等单位的财务会计报告,可以总括反映预算资金收支的情况和预算执行的结果,以便总结经验教训,改进工作,提高单位的管理水平,并为编制下期预算提供必要的资料。

三、财务会计报告的内容

《企业会计准则——基本准则》第四十四条规定:企业的财务会计报告包括会计报表、会计报表附注和财务状况说明书相关信息和资料。

1. 会计报表

企业的会计报表是根据日常会计核算资料编制,用以反映企业财务状况和经营成果的综合指标体系。企业对外提供报表至少包括资产负债表、利润表、现金流量表、所有者权益(或股东权益)变动表。

2. 会计报表附注

会计报表附注是对在资产负债表、利润表、现金流量表和所有者权益表中列示项目所作的解释，以及对未能在这些报表中列示项目的说明等。财务报表附注主要包括以下内容。

（1）财务报表的编制基础。

（2）遵循企业会计准则的声明。

（3）重要会计政策的说明，包括财务报表项目的计量基础和会计政策的确定依据等。

（4）重要会计估计的说明，包括下一会计期间内很可能导致资产、负债账面价值重大调整的会计估计的确定依据等。

（5）会计政策和会计估计变更以及差错更正的说明。

（6）对已在资产负债表、利润表、现金流量表和所有者权益变动表中列示的重要项目的进一步说明，包括终止经营税后利润的金额及其构成情况等。

（7）或有和承诺事项、资产负债表日后调整事项、关联方关系及其交易等需要说明的事项。

财务报表附注是对财务报表信息的补充和详细说明。财务报表附注应包括所有在财务报表正文中未提供，但与公司财务状况、经营成果和现金流量密切相关，有助于会计信息使用者更好地理解企业提供的财务报表且可以公开的重要信息。

3. 财务状况说明书

财务状况说明书即财务情况说明书，是对企业的生产经营情况、利润的实现和分配（或亏损情况），资金增减变动和周转情况，所有者权益（或股东权益）的增减变动情况，以后年度的业务发展情况以及对市场情况的分析等。编写财务状况说明书要简洁明了，数据充分，条理清晰。

四、财务报告的种类

作为全面披露企业财务活动及经济活动信息的对外报告，财务报告具有完整的报告体系框架。不同性质的经济单位由于会计核算的内容不一样，经济管理的要求及其所编制会计报表的种类也不尽相同。就企业而言，其所编制的财务报表也可按不同的标准划分为不同的类别。

1. 按照财务报告所反映的经济内容分类

按财务报告反映的经济内容分为以下四种类型。

（1）反映一定日期企业资产、负债及所有者权益等财务状况的报告，如资产负债表。

（2）反映一定时期企业经营成果的财务报告，如利润表。

（3）反映一定时期企业构成所有者权益的各组成部分的增减变动情况的报告，如所有者权益变动表。

（4）反映一定时期内企业财务状况变动情况的财务报告，如现金流量表。

以上四类报告可以划分为静态报告和动态报告，前者为资产负债表，后者为利润表、所有者权益变动表和现金流量表。

2. 按照财务报告报送对象分类

财务报告按其服务的对象可分为以下两大类。

（1）对外报送的财务会计报表，包括资产负债表、利润表、所有者权益变动表和现金流量表等。这些报表可用于企业内部管理，但更偏向于现在和潜在投资者、贷款人、供应商和其他债权人、顾客、政府机构、社会公众等外部使用者的信息要求。这类报告一般有统一格式和编制要求。

（2）对内报送的财务报表，这类报表是根据企业内部管理需要编制的，主要用于企业内部成本控制、定价决策、投资或筹资方案的选择等，这类报告无规定的格式、种类。

3. 按照财务报告编报的范围分类

按财务会计报告编报的范围不同，可将其分为个别财务报告和合并财务报告两类。这种划分是在企业对外单位进行投资的情况下，由于特殊的财务关系所形成的。

个别财务报告是指反映对外投资企业本身的财务状况和经营情况的财务报表，包括对外和对内财务报告。合并财务报告是指一个企业在能够控制另一个企业的情况下，将被控制企业与本企业视为一个整体，将其有关经济指标与本企业的数字合并而编制的财务报表。合并财务报表一般只编制对外财务报告。合并财务报告是由母公司编制的，反映企业集团的财务状况、经营成果和现金流量情况。

4. 按照财务报告编制的时间分类

按照财务报告编制的时间不同，可将其分为定期财务报告和不定期财务报告。

定期财务报告又可分为年度财务报告、季度财务报告和月份财务报告三类。

年度财务报告是年终编制的报告，它是全面反映企业财务状况、经营成果及其分配、现金流量等方面的报告。

季度财务报告是每一季度末编制的报告，种类比年报少一些。

月份财务报告是月终编制的财务报告，只包括一些主要的报告，如资产负债表、利润表等。

月份财务报告、季度财务报告称为中期报告，企业在持续经营的条件下，一般是按年、季、月编制财务报告，但在某种特殊情况下则需编制不定期财务报告，例如在企业宣布破产时应编制和报送破产清算财务报告。

5. 按照反映的资金运动形态分类

按照反映的资金运动形态不同，可将其分为静态会计报表和动态会计报表两类。

（1）静态会计报表是指反映企业在特定日期终了时，经济指标处于相对静止状态的报表，如资产负债表。

（2）动态会计报表是指反映企业在一定时期内完成的经济指标的报表，如利润表。

6. 按照财务报告编制主体分类

按照财务报告编制主体不同，可将其分为个别财务报告和合并财务报告两类。

（1）个别财务报告是指由独立核算的会计主体编制的，用以反映某一会计主体的财务状况、经营活动成果和费用支出及成本完成情况的报告。

（2）合并财务报告是以母公司和子公司组成的企业集团为会计主体，根据母公司和所属子公司的会计报表，由母公司编制的综合反映企业集团会计状况、经营成果和现金流量的会计报表。

五、财务会计报告的基本要求

1. 质量要求

会计核算应当以实际发生的交易或事项为依据，如实反映企业的财务状况、经营成果和现金流量。这是对会计工作的基本要求，如果会计信息不能真实反映企业的实际情况，会计工作就失去了存在的意义，甚至会误导会计信息使用者，导致经济决策的失误。

2. 数据要求

真实的数据能够如实地反映企业的财务状况和经营成果，所以会计报表中的各项数据必须以核对无误的账簿记录和相关资料填写，不得弄虚作假，伪造报表数字，同时对报表中各个项目的金额必须采用正确的计算方法，确保计算结果准确；为了保证会计报表数字真实、准确，编制会计报表前必须按期结账，认真对账，进行财产清查，使所有账簿记录都准确。

3. 内容要求

企业必须按照规定的报表格式和内容编制会计报表，不能漏编、漏报，对中期报告和年度报告都必须填写完整；对报表中的各项目（包括表内项目和表外项目）必须填列齐全，对于不便列入报表的重要资料，应以附注等形式进行说明。

4. 时间要求

会计信息的价值在于帮助所有者或其他使用报表人作出经济决策，如果会计信息不能及时提供，经济环境发生了变化，时过境迁，这些信息也就失去了应有的价值，无助于经济决策。所以，企业的会计核算应当及时进行，不得提前或延后。会计报表必须按照规定期限和程序，及时编制、及时报送。

企业应当依照有关法律、行政法规规定的结账日进行结账。年度结账日为公历年度每年的 12 月 31 日；半年度、季度、月度结账日分别为公历年度每半年、每季、每月的最后一天，并且要求月度财务会计报告应当于月度终了后 6 天内（节假日顺延，下同）报出；季度财务会计报告应当于季度终了后 15 天内报出；半年度财务会计报告应当于年度中期结束后 60 天内（相当于两个连续的月份）报出；年度财务会计报告应当于年度终了后 4 个月内报出。

5. 形式要求

企业对外提供的会计报表应当依次编定页数，加具封面，装订成册，加盖公章。封面上应当注明企业名称、企业统一代码、组织形式、地址、报表所属年度或者月份、报出日期，并由企业负责人和主管会计工作的负责人、会计机构负责人（会计主管人员）签名并盖章；设置总会计师的企业,还应当由总会计师签名并盖章。

总之,为了充分发挥财务报告的作用,会计报表的种类、格式、内容和编制方法,都应由财政部统一制定,企业应严格地按照统一规定填制和上报,才能保证会计报表口径一致,便于各有关部门利用财务报告,了解、考核和管理企业的经济活动。

为确保财务会计报告质量,编制财务会计报告必须做到"数字真实、内容完整、计算正确、编报及时"。

六、编制会计报表的准备工作

编制会计报表是在总结日常会计核算的基础上所进行的一种总结核算,从会计凭证到账簿记录,从账簿记录再到会计报表,是一个会计核算资料逐步系统化和逐步深化的过程,也是会计报表的数字真实可靠和会计信息的质量标准,就必须保证账簿记录真实、准确、完整。因此,在编制会计报表前,必须做好以下各项准备工作。

(1) 完整入账。企业应将本期所有已发生的经济业务,以及按权责发生制进行的期末账项调整事项全部登记入账,不得漏记业务、积压账目,使账簿记录完整。

(2) 按期结账。企业应当依照有关法律、行政法规和企业财务报告条例规定的结账日进行结账,结出有关账簿的本期发生额和期末余额,并核对会计账簿之间的余额,不得提前或者延迟。年度结账日为公历年度每年的 12 月 31 日,半年度、季度、月度结账日分别为公历年度的每半年、季度、每月的最后一天。依照规定的结账日进行结账。

(3) 清查财产、核实债务。企业通过规定的清查核实,查明财产物资的实存数量与账簿数量是否一致,各项结算款项的拖欠情况及其原因、材料物资的实际储备情况、各项投资是否达到了预期的目的、固定资产的使用情况及其完好程度等。企业清查、核实后,应当将清查、核实的结果及其处理办法向企业的董事会或者相应机构报告,并根据国家规章制度的规定进行相应的会计处理。

(4) 核对账目、检查账务。企业应核对各会计账簿记录与会计凭证的内容、金额等是否一致,记账方向是否相符;检查相关的会计核算是否按照国家统一会计制度的规定进行;对于国家没有规定统一核算方法的交易、事项,检查其是否按照会计核算的一般原则进行确认与计量,以及相关账务处理是否合理;检查是否存在因会计差错、会计政策变更等原因需要调整前期或者本期相关项目。

第二节　资产负债表

一、资产负债表的含义和作用

1. 资产负债表的含义

资产负债表也称为"财务状况表",它完整地反映了企业在某一时日(如月末、季末或年末)的资产、负债和所有者权益的总额及其构成情况,可以帮助会计信息使用者了解企业所拥有经济资源总体与具体情况,分析企业的资本结构,评价企业的财务风险和判断企业的偿债能力。资产负债表是企业基本财务报表。

资产负债表的建立以"资产＝负债＋所有者权益"会计恒等式为基础。首先,资产负债表的信息指标(项目)取决于资产、负债和所有者权益要素的内容,资产负债表项目是资产、负债、所有者权益要素内容的具体表现;其次,资产负债表所提示的资产信息与其对应的负债和所有者权益信息,在内容上应当体现资产与产权(要求权)之间的"辩证关系",二者相互印证;最后,在同一报告日,资产信息所显示的企业资产总额与负债、所有者权益信息所显示的产权总额应当存在等量关系。

2. 资产负债表的作用

作为企业对外提供的基本财务报表之一,资产负债表可以向使用者传递有用的信息,它具有以下作用。

(1) 有助于分析、评价、预测企业的偿债能力。偿债能力是指企业以其资产偿付债务的能力,分为短期偿债能力和长期偿债能力。短期偿债能力是指以流动资产偿还流动负债的能力,它主要借助于流动比率、速动比率来分析评价。这些比率的计算,有赖于资产负债表提供的流动资产和流动负债等信息。长期偿债能力是指支付长期负债本息的能力,它主要取决于盈利能力和资本结构。而资本结构是指在企业的权益总额中负债和所有者权益的相对比例。一般而言,负债比重越高,债权人的风险就越大,企业的长期偿债能力就越弱。资产负债表是按资产、负债、所有者权益三大类要素分项目列示的,因此可为负债比重的计算提供重要的依据。

(2) 有助于评价企业的变现能力和财务弹性。变现能力用来描述企业某项资产变现或通过其他方式转化成现金的预期时间长短,或预期某项负债应予支付的时间长短。变现能力信息可用来评价企业在不久的将来现金流量的时间分布;短期现金流入量是全部现金流入量的一部分,掌握有利的短期现金流量对于一个公司充分利用新的投资机会和偿付短期债务都是必需的。无论是短期债权人还是长期债权人,一般都非常重视现金或其等价物与流动负债的比率(该比率反映了企业偿付流动负债和其他到期债务的能力);同样地,投资者(现在和潜在的)也很关心企业资金的流动性,以评价企业未来支付现金股利的能力或未来扩充经营的可能性。

财务适应性又称财务弹性,是指公司在面临突发性现金需要时,能够在资金调度上采取有效行动、作出迅速反应的能力。财务弹性影响企业的风险和变现能力,良好的财务弹性能帮助企业渡过财务上的难关或抓住有利的机会,从而得到充分的发展。例如,如果一家公司负债累累,缺少财务弹性,则它就很难筹集资金扩充经营,或者无力支付到期的债务;相反,财务弹性很强的企业,则能在逆境中生存、抓住获利机会。一般来讲,财务弹性越强,企业失败的风险就越低。

(3) 有助于评价企业的经营业绩。企业的经营业绩直接影响到投资者、债权人的利益,关系着企业持续经营和发展的能力。企业的经营业绩主要表现在盈利能力上,而企业的盈利能力主要运用资产报酬率、所有者权益报酬率、普通股每股收益率等来评价。根据利润表提供的当期净利润信息,结合资产负债表所提供的资产总额、所有者权益总额、总股数等数据可计算以上比率。

（4）有助于了解企业财务状况的发展趋势。通过对不同时期资产负债表项目的纵向对比分析，可以大致了解企业资产，分析资本结构的变化、企业资金来源情况的变化和企业经济责任的变化。报表使用者可以了解企业财务状况的发展趋势。

3. 资产负债表的结构及格式

资产负债表的结构包括两层含义：一是资产负债表如何体现资产、负债、所有者权益三者之间的基本关系；二是资产负债表如何揭示各个会计要素具体内容的逻辑与结构关系。前者决定资产负债表的基本结构，而后者决定各会计要素具体项目的排列顺序。

资产负债表的基本结构分为"账户式"和"报告式"两种。账户式资产负债表将资产要素与负债和所有者权益要素分左右两方对应列示，左方反映企业所拥有的全部资产，右方反映企业的负债和所有者权益，体现"资产＝负债＋所有者权益"会计恒等式的基本关系，根据会计等式的基本原理，左方的资产总额等于右方的负债和所有者权益的总额。资产负债表左、右两方各项目前后顺序是按其流动性排列的。我国会计规范要求企业编制账户式资产负债表。报告式资产负债表将资产、负债、所有者权益要素以自上而下的次序加以列示，体现"资产－负债＝所有者权益"会计恒等式的基本思路。

二、资产负债表的列报要求

（一）资产负债表列报的总体要求

1. 分类别列报

资产负债表应当按照资产、负债和所有者权益三大类别分类列报。

2. 资产和负债按流动性列报

资产和负债应当按照流动性分为流动资产和非流动资产、流动负债和非流动负债，应先列报流动性强的资产或负债，再列报流动性弱的资产或负债。

3. 相关的合计、总计项目列报

资产负债表中应当列示的合计项目至少应包括流动资产合计、非流动资产合计、流动负债合计、非流动负债合计、负债合计、所有者权益合计。资产负债表应当分别列示资产总计项目和负债与所有者权益之和的总计项目，并且遵循会计恒等式"资产＝负债＋所有者权益"的平衡关系。

（二）资产的列报

资产应当按照流动资产和非流动资产两大类别在资产负债表中列示，在流动资产和非流动资产类别下进一步按性质分项列示。

1. 流动资产和非流动资产的划分

资产满足下列条件之一的,应当归类为流动资产。

(1)预计在一个正常营业周期中变现、出售或耗用。

(2)主要为交易目的而持有。

(3)预计在资产负债表日起一年内(含一年,下同)变现。

(4)自资产负债表日起一年内,交换其他资产或清偿负债的能力不受限制的现金或现金等价物。

2. 正常营业周期

正常营业周期是指企业从购买用于加工的资产起至收回现金或现金等价物的期间。正常营业周期通常短于一年,但也存在长于一年的情况,如房地产开发企业开发用于出售的房地产开发产品,造船企业制造的用于出售的大型船只等。

(三)负债和所有者权益的列报

负债应当按照流动负债和非流动负债在资产负债表中进行列示,在流动负债和非流动负债类别下再进一步按性质分项列示。

负债满足下列条件之一的,应当归类为流动负债。

(1)预计在一个正常营业周期中清偿。

(2)主要为交易目的而持有。

(3)自资产负债表日起一年内到期应予以清偿。

(4)企业无权自主地将清偿推迟至资产负债表日后一年以上。

所有者权益一般根据净资产的不同来源和特定用途进行分类,应当按照实收资本(或股本)、资本公积、其他综合收益、盈余公积、未分配利润等项目分项列示。

我国的资产负债表(账户式)的结构与格式如表 10-1 所示。

表 10-1　资产负债表

编制单位:宏泽公司　　　　　　　202×年 12 月 31 日　　　　　　　会企 01 表
单位:元

资　　产	期末数	年初数	负债及所有者权益 (或股东权益)	期末数	年初数
流动资产:			流动负债:		
货币资金			短期借款		
交易性金融资产			交易性金融负债		
衍生金融资产			衍生金融负债		
应收票据			应付票据		
应收账款			应付账款		
预付款项			预收款项		
其他应收款			合同负债		
存货			应付职工薪酬		

续表

资　　产	期末数	年初数	负债及所有者权益 （或股东权益）	期末数	年初数
合同资产			应交税费		
持有待售资产			其他应付款		
一年内到期的非流动资产			持有待售负债		
其他流动资产			一年内到期的非流动负债		
流动资产合计			其他流动负债		
非流动资产：			流动负债合计		
债权投资			非流动负债：		
其他债权投资			长期借款		
长期应收款			应付债券		
长期股权投资			其中：优先股		
其他权益工具投资			永续债		
其他非流动金融资产			长期应付款		
投资性房地产			预计负债		
固定资产			递延收益		
在建工程			递延所得税负债		
生产性生物资产			其他非流动负债		
油气资产			非流动负债合计		
无形资产			负债合计		
开发支出			所有者权益（或股东权益）：		
商誉			实收资本（或股本）		
长期待摊费用			其他权益工具		
递延所得税资产			其中：优先股		
其他非流动资产			永续债		
非流动资产合计			资本公积		
			减：库存股		
			其他综合收益		
			专项储备		
			盈余公积		
			未分配利润		
			所有者权益（或股东权益）合计		
资产总计			负债和所有者权益 （或股东权益）总计		

三、资产负债表的编制方法

1. 资产负债表中的"年初数"和"期末数"

当期会计报表至少应当提供所有列报项目上可比会计期间的比较数据。因此,企业需要提供比较资产负债表,资产负债表各项目需要分为"年初数"和"期末数"两栏分别填列。资产负债表中"年初数"栏各项的数字,应按上年年末资产负债表中"期末数"栏中的数字填列。"期末数"栏内各项数字根据会计期末各总账账户及所属明细账户余额填列。若本年度资产负债表中规定的各项目的名称和内容与上年度不一致,应对上年年末资产负债表各项的名称和数字按照本年度的规定进行调整后,填入表中的"年初数"栏。

"期末数"是指某一会计期末的数字,即月末、季末、半年末或年末的数字。资产负债表各项目"期末数"栏内的数字,可通过以下几种方式取得。

(1)根据总账账户余额直接填列。例如,"交易性金融资产""在建工程""递延所得税资产""长期待摊费用""短期借款""应付股利""持有待售负债""交易性金融负债""其他应付款""递延收益""递延所得税负债""实收资本(或股本)""资本公积""其他综合收益""专项储备""盈余公积"等项目都是根据总账科目的期末余额直接填列。

(2)根据总账账户余额计算填列。例如,"货币资金"项目,需要根据"库存现金""银行存款""其他货币资金"账户的期末余额合计数填列。

(3)根据明细账户余额计算填列。例如,"开发支出"项目,应根据"研发支出"科目中所属的"资本化支出"明细科目余额填列;"应付账款"项目,需要根据"应付账款""预付款项"账户所属相关明细账户的期末贷方余额计算填列。

(4)根据总账科目和明细科目余额分析计算填列。例如,"长期借款"项目需要根据"长期借款"总账科目期末余额,扣除"长期借款"科目所属明细科目中反映的将于一年内到期的长期借款部分,分析计算填列。

(5)根据报表各项目数字抵消计算填列,以反映其净额。例如,"固定资产"项目需要根据"固定资产"总账科目的期末余额,减去"累计折旧""固定资产减值准备"等科目期末余额,分析计算填列;"持有至待售投资"项目需要根据"持有至待售投资"总账科目的期末余额,减去"持有至待售投资减值准备"科目期末余额分析计算填列。

2. 资产负债表各项目的填列方法

(1)"货币资金"项目,应根据"库存现金""银行存款""其他货币资金"等科目期末余额的合计数填列。

(2)"交易性金融资产"项目,应根据"交易性金融资产"科目及所属明细科目的期末余额分析填列。

(3)"衍生金融资产"项目,应根据"衍生金融资产"科目的期末余额填列。

(4)"应收票据"项目,应根据"应收票据"科目期末余额减去"坏账准备"科目中有关应收票据的坏账准备期末余额。

(5)"应收账款"项目,应根据"应收账款"和"预收账款"科目所属各明细科目的期末借方余额合计数，减去"坏账准备"科目中有关应收账款的坏账准备期末余额。如果"应收账款"明细科目有贷方余额，应记入流动负债中的"预收款项"项目下。

（6）"预付款项"项目，应根据"预付账款"和"应付账款"科目所属各明细科目的期末借方余额合计数，减去"坏账准备"科目中有关预付款项计提的坏账准备期末余额后的金额填列。如果"预付账款"明细科目有贷方余额，应记入流动负债中的"应付账款"项目下。

（7）"其他应收款"项目，应根据"其他应收款""应收利息""应收股利"等科目的期末余额之和，减去"坏账准备"科目中有关其他应收款的坏账准备期末余额后的金额填列。

（8）"存货"项目，应根据"在途物资"（或"材料采购"）、"原材料""发出商品""库存商品""周转材料""委托加工物资""生产成本""受托代销商品""包装物""低值易耗品""材料成本差异"等科目的期末余额，减去"存货跌价准备"科目期末余额后的金额填列。

（9）"合同资产"项目，应根据"合同资产"科目及相关明细科目期末余额分析填列。

（10）"持有待售资产"项目应根据"持有待售资产"科目期末余额减去"持有待售资产减值准备"科目期末余额后的金额填列。

（11）"一年内到期的非流动资产"项目，应根据有关非流动资产科目所属明细科目的期末余额分析填列。

（12）"其他流动资产"项目，应根据相关总账科目、明细科目的期末余额分析填列。

（13）"债权投资"项目，应根据"债权投资"科目的相关明细科目期末余额，减去"债权投资减值准备"科目期末余额后的金额分析填列。

（14）"其他债权投资"项目，应根据"其他债权投资"科目的期末余额填列。

（15）"长期应收款"项目，应根据"长期应收款"科目的期末余额，减去相应的"未实现融资费用"科目期末余额及"坏账准备"科目相关明细科目期末余额后的金额填列。

（16）"长期股权投资"项目，应根据"长期股权投资"科目的期末余额，减去"长期股权投资减值准备"科目期末余额后的金额填列。

（17）"其他权益工具投资"项目，应根据"其他权益工具投资"科目的期末余额填列。

（18）"其他非流动金融资产"项目，应根据"交易性金融资产"科目所属明细科目的期末余额分析填列。

（19）"投资性房地产"项目，采用成本模式计量时，本项目应根据"投资性房地产"科目期末余额，减去"投资性房地产累积折旧（或摊销）"和"投资性房地产减值准备"科目期末余额后的金额填列。采用公允价值计量时，本项目应根据"投资性房地产"科目的期末余额填列。

（20）"固定资产"项目，应根据"固定资产"科目期末余额减去"累计折旧"和"固定资产减值准备"科目期末余额，再加上"固定资产清理"科目期末余额分析填列。

（21）"在建工程"项目，应根据"在建工程"和"工程物资"科目期末余额之和，减去"在建工程减值准备"科目期末余额后的金额填列。

（22）"生产性生物资产"项目，应根据"生产性生物资产"科目期末余额，减去"生产性生物资产累计折旧"和"生产性生物资产减值准备"科目期末余额后的金额填列。

（23）"油气资产"项目，应根据"油气资产"科目期末余额，减去"累计折耗"科目期末余额和"油气资产减值准备"科目期末余额后的金额填列。

（24）"无形资产"项目，应根据"无形资产"科目期末余额，减去"无形资产累积摊销"和"无形资产减值准备"科目期末余额后的金额填列。

（25）"开发支出"项目，应根据"研发支出"科目中所属的"资本化支出"明细科目期末余额填列。

（26）"商誉"项目，应根据"商誉"科目的期末余额填列，已计提减值准备的，还应扣减相应的减值准备。

（27）"长期待摊费用"项目，应根据"长期待摊费用"科目的期末余额填列。

（28）"递延所得税资产"项目，应根据"递延所得税资产"科目的期末余额填列。

（29）"其他非流动资产"项目，应根据有关科目的期末余额减去将于一年内到期的数额后的金额填列。

（30）"短期借款"项目，应根据"短期借款"科目的期末余额填列。

（31）"交易性金融负债"项目，应根据"交易性金融负债"科目的相关明细科目期末余额填列。

（32）"衍生金融负债"项目，应根据"衍生金融负债"科目的期末余额填列。

（33）"应付票据"项目，应根据"应付票据"科目的期末余额填列。

（34）"应付账款"项目，应根据"应付账款"和"预付账款"科目所属相关明细科目的期末贷方余额合计数填列。如果"应付账款"明细科目有借方余额，应记入流动资产中的"预付款项"项目下。

（35）"预收款项"项目，应根据"预收账款"和"应收账款"两个科目所属的相关明细科目的期末贷方余额合计数填列。如果"预收账款"明细科目有借方余额，应记入流动资产中的"应收账款"项目下。

（36）"合同负债"项目，应根据"合同负债"科目及相关明细科目期末余额分析填列。

（37）"应付职工薪酬"项目，应根据"应付职工薪酬"科目所属明细科目期末余额分析填列。

（38）"应交税费"项目，应根据"应交税费"科目期末贷方余额填列，如为借方余额，则以"—"号填列。

（39）"其他应付款"项目，应根据"其他应付款""应付利息""应付股利"等科目的期末余额合计数填列。

（40）"持有待售负债"项目，应根据"持有待售负债"科目的期末余额填列。

（41）"一年内到期的非流动负债"项目，应根据有关非流动负债类科目的明细科目期末余额分析填列。

（42）"其他流动负债"，应根据相关总账科目、明细科目的期末余额分析填列。

（43）"长期借款"项目，应根据"长期借款"科目所属明细科目的期末余额分析填列。

（44）"应付债券"项目，应根据"应付债券"科目所属明细科目期末余额分析填列。其中，"优先股"和"永续债"项目分别反映企业发行的归类为债务工具的优先股和永续债的账面价值。

（45）"长期应付款"项目，应根据"长期应付款"科目的期末余额减去相应的"未实现融资费用"科目期末余额，加上"专项应付款"科目期末余额后的金额填列。

（46）"预计负债"项目，应根据"预计负债"科目的明细科目期末余额分析填列。

（47）"递延收益"项目，应根据"递延收益"科目的期末余额填列。

（48）"递延所得税负债"项目，应根据"递延所得税负债"科目的期末余额填列。

（49）"其他非流动负债"项目,应根据有关科目的期末余额减去将于一年内到期偿还数后的金额填列。

（50）"实收资本（或股本）"项目,应根据"实收资本（或股本）"科目的期末余额填列。

（51）"其他权益工具"项目,应根据"其他权益工具"科目的期末余额填列。其中,"优先股"和"永续债"项目分别反映企业发行的归类为权益工具的优先股和永续债的账面价值。

（52）"资本公积"项目,应根据"资本公积"科目的期末余额填列。

（53）"库存股"项目,应根据"库存股"科目的期末余额填列。

（54）"其他综合收益"项目,应根据"其他综合收益"科目的期末余额填列。

（55）"专项储备"项目,应根据"专项储备"科目的期末余额填列。

（56）"盈余公积"项目,应根据"盈余公积"科目的期末余额填列。

（57）"未分配利润"项目,应根据"本年利润"科目的期末余额和"利润分配"科目所属"未分配利润"等明细科目的期末余额计算填列。如为未弥补亏损,则以"－"号填列。

四、资产负债表编制方法举例

【例10-1】 宏泽公司为一般纳税人,适用的增值税税率为13%、企业所得税税率为25%。已知本公司未单独设置"预收账款"及"预付账款"科目。

宏泽公司202×年12月31日科目余额表如表10-2所示。

表 10-2　202×年 12 月 31 日科目余额表　　　　　单位:元

科目名称	期末余额		科目名称	期末余额	
	借　方	贷　方		借　方	贷　方
库存现金	3 920		短期借款		200 000
银行存款	1 907 436		应付票据		500 000
交易性金融资产	420 000		应付账款		2 070 140②
应收票据	137 200		应付职工薪酬		440 000
应收账款	3 212 000①		应交税费		1 410 680
坏账准备		7 200	应付股利		480 000
其他应收款	1 220 000		其他应付款		200 000
原材料	400 000		长期借款		4 000 000
周转材料	938 000		股本		16 000 000
库存商品	4 499 200		资本公积		200 000
长期股权投资	2 000 000		盈余公积		541 063.60
固定资产	10 000 000		利润分配（未分配利润）		989 572.40
累计折旧		2 782 000			
固定资产减值准备		120 000			
在建工程	2 312 000				
工程物资	700 000				
无形资产	2 400 000				

续表

科目名称	期末余额		科目名称	期末余额	
	借　方	贷　方		借　方	贷　方
累计摊销		240 000			
递延所得税资产	30 900				

注:① "应收账款"所属明细科目期末余额为"应收A公司账款"借方余额3 412 000元,"应收B公司账款"贷方余额200 000元。

②　"应付账款"所属明细科目期末余额为"应付甲工厂账款"贷方余额2 470 140元,"应付乙工厂账款"借方余额400 000元。

根据上述资料编制宏泽公司202×年12月31日的资产负债表,如表10-3所示。

表10-3　资产负债表

会企01表

编制单位:宏泽公司　　　　　　　　　　202×年12月31日　　　　　　　　　　单位:元

资　产	期末数	年初数	负债及所有者权益 (或股东权益)	期末数	年初数
流动资产:			流动负债:		
货币资金	1 911 356		短期借款	200 000	
交易性金融资产	420 000		交易性金融负债		
衍生金融资产			衍生金融负债		
应收票据	137 200		应付票据	500 000	
应收账款	3 404 800		应付账款	2 470 140	
预付款项	400 000		预收款项	200 000	
其他应收款	1 220 000		合同负债		
存货	5 837 200		应付职工薪酬	440 000	
合同资产			应交税费	1 410 680	
持有待售资产			其他应付款	680 000	
一年内到期的非流动资产			持有待售负债		
其他流动资产			一年内到期的非流动负债		
流动资产合计	13 330 556		其他流动负债		
非流动资产:			流动负债合计	5 900 820	
债权投资			非流动负债:		
其他债权投资			长期借款	4 000 000	
长期应收款			应付债券		
长期股权投资	2 000 000		其中:优先股		
其他权益工具投资			永续债		
其他非流动金融资产			长期应付款		
投资性房地产			预计负债		
固定资产	7 098 000		递延收益		
在建工程	3 012 000		递延所得税负债		

续表

资　产	期末数	年初数	负债及所有者权益 （或股东权益）	期末数	年初数
生产性生物资产			其他非流动负债		
油气资产			非流动负债合计	4 000 000	
无形资产	2 160 000		负债合计	9 900 820	
开发支出			所有者权益(或股东权益)：		
商誉			实收资本(或股本)	16 000 000	
长期待摊费用			其他权益工具		
递延所得税资产	30 900		其中:优先股		
其他非流动资产			永续债		
非流动资产合计	14 300 900		资本公积	200 000	
			减:库存股		
			其他综合收益		
			盈余公积	541 063.60	
			未分配利润	989 572.40	
			所有者权益(或股东权益)合计	17 730 636	
资产总计	27 631 456		负债和所有者权益 （或股东权益）总计	27 631 456	

第三节　利　润　表

一、利润表概述

利润表是反映企业在一定会计期间经营成果的报表，属于动态报表。主要提供有关企业经营成果方面的信息。通过利润表，可以反映企业一定会计期间的收入实现情况和费用耗费情况；可以反映企业一定会计期间生产经营活动的成果，据以判断资本保值、增值情况。

利润表主要反映以下几方面的内容：①构成营业利润的各项要素。从营业收入出发，减去营业成本、税金及附加、销售费用、管理费用、财务费用等项目后得出营业利润。②构成利润总额的各项要素。在营业利润的基础上，加上营业外收入、减去营业外支出等项目后得出。③构成净利润的各项要素。在利润总额的基础上，减去所得税费用后得出。

利润表的格式有单步式和多步式之分。单步式利润表将当期所有的收入列在一起，然后将所有的费用列在一起，两者相减得出当期净损益。多步式利润表通过对当期的收入、费用、支出项目按性质加以归类，按利润形成的主要环节列示一些中间性利润指标，分步计算当期净损益。我国利润表的格式采用多步式，便于使用者理解企业经营成果的不同来源。

二、利润表的列报要求

1. 利润表列报的总体要求

企业的经营活动包括生产、销售、管理、融资等不同环节,各环节上发生的费用所具有的功能并不相同。按照功能不同,可将费用划分为从事经营业务发生的成本、管理费用、销售费用和财务费用等。费用也可以按照性质分类,划分为耗用的原材料、职工薪酬费用、折旧费用、摊销费用等。根据我国会计准则的规定,企业在利润表中应当按照功能法列报费用。

2. 综合收益的列报

综合收益是指企业在某一期间除与所有者以其所有者身份进行的交易之外的其他交易或事项所引起的所有者权益变动。综合收益总额项目反映净利润和其他综合收益扣除所得税影响后的净额相加后的合计金额。其他综合收益是指企业根据其他会计准则规定未在当期损益中确认的各项利得和损失。

3. 利润表的格式

利润表一般包括表首、正表两部分。其中,表首概括说明报表名称、编制单位、编制日期、报表编号、货币名称、计量单位;正表是利润表的主体,反映形成经营成果的各个项目和计算过程。

正表的格式一般有两种:单步式利润表和多步式利润表。单步式利润表是将当期所有的收入列在一起,然后将所有的费用列在一起,两者相减得出当期净损益。单步式利润表编制方式简单,收入、支出归类清楚。但缺点是反映不出企业利润的构成内容,而是把企业所有的收入和费用等内容掺和在一起,不分层次和步骤,因而不利于报表分析。因此,单步式利润表主要适用于业务比较简单的服务咨询行业。单步式利润表的格式如表 10-4 所示。

表 10-4　利润表　　　　　　　　　　　　　会企 02 表

编制单位:　　　　　　　　　　202×年度　　　　　　　　　　单位:元

项　　目	本期数	上期数(略)
一、收入		
营业收入		
其他收益		
投资收益(损失以"—"号填列)		
其中:对联营企业和合营企业的投资收益		
净敞口套期收益(损失以"—"号填列)		
公允价值变动收益(损失以"—"号填列)		
资产处置收益(损失以"—"号填列)		
营业外收入		
收入合计		

项　　目	本期数	上期数（略）
二、费用		
营业成本		
税金及附加		
销售费用		
管理费用		
研发费用		
财务费用		
其中:利息费用		
利息收入		
资产减值损失（损失以"－"号填列）		
信用减值损失		
营业外支出		
所得税费用		
费用合计		
三、净利润（净亏损以"－"号填列）		

多步式利润表是按照利润的构成内容分层次、分步骤地逐步、逐项计算编制而成的报表。它根据经营活动的主次和经营活动对企业利润的贡献情况排列编制。我国企业的利润表一般采用多步式,通过以下三个步骤计算出当期的税后利润。

第一步,反映本期实现的营业利润,即营业收入减去营业成本和税金及附加,再减去销售费用、管理费用、财务费用、资产减值损失,再加上公允价值变动收益和投资收益,得出营业利润。

第二步,反映本期实现的利润总额,即本期营业利润加上营业外收入,减去营业外支出,得出利润总额。

第三步,反映本期实现的税后利润,即本期利润总额减去所得税费用,得出税后净利润（或亏损）。

多步式利润表的格式如表 10-5 所示。

表 10-5　利润表　　　　　　　　　　　会企 02 表

编制单位:　　　　　　　　　　202×年度　　　　　　　　　　单位:元

项　　目	本期金额	上期金额（略）
一、营业收入		
减:营业成本		
税金及附加		
销售费用		
管理费用		
研发费用		

续表

项　　目	本期金额	上期金额（略）
财务费用		
其中:利息费用		
利息收入		
资产减值损失（损失以"－"号填列）		
信用减值损失		
加:其他收益		
投资收益（损失以"－"号填列）		
其中:对联营企业和合营企业的投资收益		
净敞口套期收益（损失以"－"号填列）		
公允价值变动收益（损失以"－"号填列）		
资产处置收益（损失以"－"号填列）		
二、营业利润（亏损以"－"号填列）		
加:营业外收入		
减:营业外支出		
三、利润总额（亏损总额以"－"号填列）		
减:所得税费用		
四、净利润（净亏损以"－"号填列）		
（一）持续经营净利润（净亏损以"－"号填列）		
（二）终止经营净利润（净亏损以"－"号填列）		
五、其他综合收益的税后净额		
（一）不能重分类进损益的其他综合收益		
1.重新计量设定受益计划变动额		
2.权益法下不能转损益的其他综合收益		
3.其他权益工具投资公允价值变动		
4.企业自身信用风险公允价值变动		
……		
（二）将重分类进损益的其他综合收益		
1.权益法下可转损益的其他综合收益		
2.其他债权投资公允价值变动		
3.金融资产重分类计入其他综合收益的金额		
4.其他债权投资信用减值准备		
5.现金流量套期储备		
6.外币财务报表折算差额		
……		
六、综合收益总额		
七、每股收益		
（一）基本每股收益		
（二）稀释每股收益		

为了清楚地反映各项指标的报告期数及从年初到报告期为止的累计数,在利润表中应分别设置"本月数"和"本年累计数"两栏。

三、利润表的编制与填列

根据财务报表列报准则的规定,企业需要提供比较利润表,表中各项目应按"本期金额"和"上期金额"两栏分别填列。

1. "本期金额"栏

利润表"本期金额"栏一般应根据损益类科目的发生额分析填列,具体包括以下内容。

(1)"营业收入"项目,应根据"主营业务收入"和"其他业务收入"科目的发生额分析填列。

(2)"营业成本"项目,应根据"主营业务成本"和"其他业务成本"科目的发生额分析填列。

(3)"税金及附加"项目,应根据"税金及附加"科目的发生额分析填列。

(4)"销售费用"项目,应根据"销售费用"科目的发生额分析填列。

(5)"管理费用"项目,应根据"管理费用"科目的发生额分析填列。

(6)"研发费用"项目,可以根据"管理费用"科目的发生额分析填列,或根据"研发费用"明细科目发生额填列。

(7)"财务费用"项目,应根据"财务费用"科目的发生额分析填列。其中的利息费用和利息收入项目,应根据"财务费用"科目的相关明细科目发生额分析填列。

(8)"其他收益"项目,应根据"其他收益"科目的发生额分析填列。

(9)"投资收益"项目,应根据"投资收益"科目的发生额分析填列。如为投资损失,则以"-"号填列。其中:对联营企业和合营企业的"投资收益",应根据"投资收益"科目的相关明细科目发生额分析填列。

(10)"净敞口套期收益"项目,应根据"净敞口套期损益"科目的发生额分析填列。如为套期损失,则以"-"号填列。

(11)"公允价值变动收益"项目,应根据"公允价值变动损益"科目的发生额分析填列。如为净损失,则以"-"号填列。

(12)"资产减值损失"项目,反映企业因资产减值而发生的损失。根据"资产减值损失"科目的发生额分析填列。如为损失,则以"-"号填列。

(13)"信用减值损失"项目,反映企业按照《企业会计准则第 22 号——金融工具确认和计量》(2017 年修订)的要求计提的各项金融工具减值准备所形成的预期信用损失。根据"信用减值损失"科目的发生额分析填列,如为损失,则以"-"号填列。

(14)"资产处置收益"项目,应根据"资产处置损益"科目的发生额分析填列。如为处置损失,则以"-"号填列。

(15)"营业利润"项目,应根据本表中相关项目计算填列。如为亏损,则以"-"号填列。

(16)"营业外收入"项目,应根据"营业外收入"科目的发生额分析填列。

(17)"营业外支出"项目,应根据"营业外支出"科目的发生额分析填列。

（18）"利润总额"项目，应根据本表中相关项目计算填列。如为亏损，则以"－"号填列。

（19）"所得税费用"项目，应根据"所得税费用"科目的发生额分析填列。

（20）"净利润"项目，应根据本表中相关项目计算填列。如为净亏损，则以"－"号填列。其中的"（一）持续经营净利润"项目和"（二）终止经营净利润"项目，分别反映净利润中与持续经营相关的净利润和与终止经营相关的净利润。

（21）"其他综合收益的税后净额"项目及其各组成部分，应根据"其他综合收益"科目及其所属明细科目的本期发生额分析填列。

（22）"综合收益总额"项目，应根据本表中"净利润"和"其他综合收益的税后净额"项目的合计数计算填列。

（23）"每股收益"项目，适用于普通股或潜在普通股（如可转换债券、认股权证、股票期权等）已公开交易的企业，以及正处于公开发行普通股或潜在普通股过程中的企业。其中："基本每股收益"项目，是在只考虑当期实际发行在外普通股股份的基础上计算而得的每股收益。"稀释每股收益"项目，是在假设企业所有发行在外的稀释性潜在普通股均已转换为普通股的基础上计算而得的每股收益。发生亏损企业的每股收益项目以"－"号填列。

2."上期金额"栏

"上期金额"栏应根据上年该期利润表"本期金额"栏内所列数字填列。若上年该期利润表规定的项目名称和内容与本期不一致，应按本期规定进行调整，填入"上期金额"栏。

四、利润表编制方法举例

【例 10-2】　宏泽公司 202×年度有关损益类科目本年累计发生额如表 10-6 所示。

表 10-6　202×年度损益类科目累计发生额　　　　　单位:元

科 目 名 称	借方发生额	贷方发生额
主营业务收入		6 400 000
投资收益		6 000
资产处置收益		200 000
主营业务成本	3 840 000	
税金及附加	82 688	
销售费用	42 440	
管理费用	464 800	
财务费用	161 944	
资产减值损失	123 600	
营业外支出	9 860	
所得税费用	470 212	

根据上述资料，编制宏泽公司 202×年度利润表如表 10-7 所示。

表 10-7 利润表

编制单位:宏泽公司	202×年度	会企 02 表 单位:元
项　目	本期金额	上期金额(略)
一、营业收入	6 400 000	
减:营业成本	3 840 000	
税金及附加	82 688	
销售费用	42 440	
管理费用	464 800	
研发费用		
财务费用	161 944	
其中:利息费用	161 944	
利息收入		
加:其他收益		
投资收益(损失以"—"号填列)	6 000	
其中:对联营企业和合营企业的投资收益		
净敞口套期收益(损失以"—"号填列)		
公允价值变动收益(损失以"—"号填列)		
信用减值损失(损失以"—"号填列)		
资产减值损失(损失以"—"号填列)	—123 600	
资产处置收益(损失以"—"号填列)	200 000	
二、营业利润(亏损以"—"号填列)	1 890 528	
加:营业外收入		
减:营业外支出	9 860	
三、利润总额(亏损总额以"—"号填列)	1 880 668	
减:所得税费用	470 212	
四、净利润(净亏损以"—"号填列)	1 410 456	
(一)持续经营净利润(净亏损以"—"号填列)	1 410 456	
(二)终止经营净利润(净亏损以"—"号填列)		
五、其他综合收益的税后净额		
(一)不能重分类进损益的其他综合收益		
1. 重新计量设定受益计划变动额		
2. 权益法下不能转损益的其他综合收益		
3. 其他权益工具投资公允价值变动		
4. 企业自身信用风险公允价值变动		
……		
(二)将重分类进损益的其他综合收益		
1. 权益法下可转损益的其他综合收益		
2. 其他债权投资公允价值变动		

续表

项　　目	本期金额	上期金额（略）
3. 金融资产重分类计入其他综合收益的金额		
4. 其他债权投资信用减值准备		
5. 现金流量套期储备		
6. 外币财务报表折算差额		
……		
六、综合收益总额	6 606 000	
七、每股收益		
（一）基本每股收益	（略）	
（二）稀释每股收益	（略）	

本 章 小 结

　　编制财务会计报告是会计核算的一种专门方法。本章阐述了财务会计报告的概念、分类、编制要求等基本内容，并着重介绍了资产负债表、利润表等主要会计报表的内容、结构及其编制方法。

　　财务会计报告是指企业对外提供的反映企业某一特定日期财务状况和某一会计期间经营成果、现金流量等会计信息的文件。完整的财务会计报告包括会计报表、会计报表附注和其他应当在财务会计报告中披露的相关信息和资料。

　　会计报表应当包括资产负债表、利润表。资产负债表是反映企业在某一特定日期财务状况的报表，属静态报表。它根据"资产＝负债＋所有者权益"这一基本会计等式设计并编制，分为账户式和报告式两种格式。我国采用账户式资产负债表。利润表是反映企业在一定会计期间经营成果的报表，属动态报表。它根据"收入－费用＝利润"这一会计等式设计并编制，分为单步式和多步式两种格式。我国采用多步式利润表。

复习思考题

　　1. 什么是财务会计报告？财务会计报告由哪些内容构成？

　　2. 什么是资产负债表？它有何重要作用？

　　3. 资产负债表项目的填列方法有哪几种？各项目如何填列？

　　4. 什么是利润表？它有何重要作用？

　　5. 利润表中各项目填列依据是什么？各项目如何填列？

业 务 题

习题一

1. 目的:资产负债表项目的填列。

2. 资料:宏泽公司期末有关账户余额情况见下表。

宏泽公司期末有关账户余额

单位:元

账户名称	借方余额	贷方余额	账户名称	借方余额	贷方余额
库存现金	5 000		低值易耗品	50 000	
银行存款	820 000		包装物	60 000	
其他货币资金	150 000		生产成本	330 000	
应收账款明细账	365 000		材料成本差异		75 000
应收账款明细账		25 000	固定资产	8 500 000	
坏账准备		19 000	累计折旧		1 700 000
材料采购	58 000		应付账款明细账		750 000
原材料	710 000		应付账款明细账	160 000	

3. 要求:计算资产负债表中的"货币资金""存货""应收账款""预付款项""应付账款""预收款项""固定资产"项目金额。

习题二

1. 目的:编制资产负债表。

2. 资料:宏泽公司202×年12月31日各账户的期末余额见下表。

202×年12月31日各账户的期末金额

单位:元

账户名称	借方余额	贷方余额	账户名称	借方余额	贷方余额
库存现金	4 000		交易性金融资产	2 700	
银行存款	13 990		固定资产	260 500	
应收账款	70 000		累计折旧		187 000
其他应收款	5 000		短期借款		35 000
原材料	40 000		应付账款		43 200
生产成本	50 000		预收账款		8 000
库存商品	40 750		其他应付款		3 000

续表

账户名称	借方余额	贷方余额	账户名称	借方余额	贷方余额
应交税费		4 000	实收资本		100 000
交易性金融负债		2 000	本年利润		14 140
长期借款		45 000	留存利润		45 600

3. 要求:根据资料,编制宏泽公司资产负债表。

习题三

1. 目的:编制财务报表。

2. 资料:宏泽公司 202×年 11 月 30 日各资产、负债、所有者权益类账户余额见下表。

202×年 11 月 30 日各资产、负债、所有者权益账户余额　　　　单位:元

账户名称	借方余额	账户名称	贷方余额
库存现金	4 700	应付票据	80 000
银行存款	4 860 550	短期借款	300 000
交易性金融资产	320 000	应付账款	85 100
应收票据	120 000	应付职工薪酬	96 000
应收账款	180 000	应交税费	42 900
其他应收款	5 000	其他应付款	2 100
物资采购	61 000	交易性金融负债	10 000
原材料	720 000	长期借款	2 000 000
库存商品	2 300 000	股本	10 000 000
应收股利	23 000	资本公积	100 000
固定资产	7 700 000	盈余公积	144 000
无形资产	300 000	本年利润	2 308 150
利润分配	786 000	累计折旧	2 212 000
合 计	17 380 250	合 计	17 380 250

1—11 月各损益类账户发生额见下表。

1—11 月各损益类账户发生额　　　　单位:元

账户名称	借方发生额	账户名称	贷方发生额
主营业务成本	15 000 000	主营业务收入	21 000 000
税金及附加	90 000	其他业务收入	1 800 000
其他业务成本	1 200 000	投资收益	800 000
管理费用	1 800 000	营业外收入	5 000
销售费用	1 750 000		
财务费用	200 000		

续表

账户名称	借方发生额	账户名称	贷方发生额
营业外支出	120 000		
所得税费用	1 136 850		
合　计	21 296 850	合　计	23 605 000

该公司 12 月发生经济业务如下。

(1) 1 日,签发转账支票(60349[#]),购买办公用品 1 500 元,交付车间 200 元,管理部门 1 000 元,销售部门 300 元。

(2) 1 日,上月从 A 单位购进的乙材料 1 000kg,61 元/kg,计 61 000 元(上月已付款),今日到货,验收入库。

(3) 2 日,上月委托银行向 E 单位收取的货款 120 000 元,银行已收妥入账。

(4) 2 日,管理人员李平出差归来,报销差旅费 5 800 元,余款 200 元交回现金。

(5) 2 日,向 D 企业销售 M 产品 3 000 件,160 元/件,计 480 000 元,增值税额 62 400 元,收到转账支票。

(6) 3 日,签发转账支票(60350[#])偿还前欠 B 单位货款 85 100 元。

(7) 5 日,出售股票(短期投资)收入 390 000 元,存入银行,其账面成本 220 000 元。

(8) 6 日,A 单位购买甲材料 3 000kg,35 元/kg,计 105 000 元,增值税额 13 650 元,货款及运费 3 000 元(不考虑增值税)通过银行汇出,材料入库。

(9) 7 日,以转账支票(60351[#])上缴上月各项税金和教育费附加。

(10) 8 日,以银行存款支付电视广告费 120 000 元。

(11) 9 日,向 E 单位销售 M 产品 1 000 件,150 元/件,计 150 000 元;N 产品 2 000 件,200 元/件,计 400 000 元。增值税额共计 71 500 元。以银行存款为对方垫付运费 3 000 元,已办妥委托银行收款手续。

(12) 9 日,车间技术员王伟出差归来,报销差旅费 6 000 元(原借 4 000 元),出纳员付给王伟现金 2 000 元。

(13) 10 日,签发转账支票(60352[#])支付电费 16 200 元,其中车间耗用 12 000 元,厂部 3 000 元,销售部门 1 200 元。

(14) 12 日,从 C 单位购买乙材料 2 000kg,61 元/件,计 122 000 元,增值税额 15 860 元。货款签发转账支票(60353[#])付讫。材料入库。

(15) 12 日,经批准增发新股 500 万股,每股面值 1 元,发行价 1.80 元,款项 9 000 000 元收妥入账。

(16) 12 日,从 B 单位购进丙材料 3 000kg,18 元/kg,计 54 000 元;丁材料 1 000kg,50 元/kg,计 50 000 元。增值税额共计 13 520 元。款项签发转账支票(60354[#])付讫,材料入库。

(17) 12 日,9 日委托银行向 E 单位收取的款项已划回入账,收到收账通知。

(18) 15 日,向灾区捐款 100 000 元,通过银行汇出。

(19) 15 日,签发现金支票(21693[#]),从银行提取 20 000 元备用。

(20) 16 日,发放工资 69 000 元,通过银行转入职工个人储蓄账户。

(21) 18 日,以银行存款偿还到期的短期借款 100 000 元。

(22) 19 日,签发转账支票(60355[#])支付电话费 15 000 元,其中车间 3 000 元,厂部

5 000 元,销售部门 7 000 元。

(23) 20 日,销售人员李文出差,预借差旅费 3 000 元,出纳员付给现金。

(24) 22 日,接银行付息通知,本季度短期借款利息共计 12 000 元(前两月已预提 10 000 元)。

(25) 22 日,购进汽车一辆,价款合计 326 000 元,签发转账支票(60356#)支付。

(26) 26 日,分配本月工资 690 000 元,其中,M 产品生产工人工资 200 000 元,N 产品生产工人工资 180 000 元,车间管理人员工资 40 000 元,行政管理人员工资 150 000 元,销售人员工资 120 000 元。

(27) 27 日,计提固定资产折旧 306 560 元,其中,车间 166 560 元,厂部 110 000 元,销售部门 30 000 元。

(28) 27 日,摊销应由本月负担的报刊费 5 000 元。

(29) 29 日,仓库送来发出材料汇总表,见下表。

发出材料汇总表　　　　　　　　　　　　　　　单位:kg

用　途	甲材料	乙材料	丙材料	丁材料
生产 M 产品	10 000	3 000	2 000	
生产 N 产品		5 000	9 000	2 800
车间耗用			500	180
厂部耗用			300	20
销售部门耗用			200	
合　计	10 000	8 000	12 000	3 000

要求在原材料明细分类账中计算加权平均单价,计算发出材料成本,并进行结转。

(30) 31 日,按生产工人工资比例计算并结转本月制造费用。

(31) 31 日,本月 M 产品投产 4 560 件,N 产品投产 4 920 件,月末全部完工。计算完工 M、N 产品的总成本,并作出产品入库的会计分录。

(32) 31 日,结转本月已销产品成本,M 产品的单位成本 30 元,N 产品的单位成本 25 元。

(33) 31 日,计算本月应交城市维护建设税 1 540 元,教育费附加 660 元。

(34) 31 日,将损益类账户本月发生额结转"本年利润"账户。

(35) 31 日,本月利润总额为 519 400 元,按 25%计算应交所得税(不考虑调整因素)并转账。

(36) 31 日,按本月净利润的 10%和 5%分别计提法定盈余公积和任意公益金。

(37) 根据年净利润和"未分配利润"账户余额 80 000 元,合并向投资者分配股利,分配比例 70%。

(38) 将"本年利润"和"利润分配"各账户余额转入"利润分配——未分配利润"账户。

3. 要求:

(1) 编制会计分录。

(2) 开设总分类账户,并过入期初余额。

(3) 编制利润表。

(4) 编制资产负债表(年初数略)。

第十一章

账务处理程序

◆ **学习目标** ▌▌▌▌▌▌▌▌▌▌▌▌▌

通过本章的学习,学生应了解账务处理程序的概念、意义和基本要求;明确各种账务处理程序核算特点、基本步骤和适用范围;熟练掌握记账凭证账务处理程序、科目汇总表账务处理程序和汇总记账凭证账务处理程序。

第一节　账务处理程序概述

一、账务处理程序的意义

在实际工作中,设置账户、填制和审核会计凭证、登记账簿和编制财务会计报表等会计方法都不是孤立运用的,而是以一定的形式相互联系、相互结合,组成一个完整的会计方法体系。为使会计工作有条不紊地进行,确保账簿记录能及时地提供管理所需要的会计信息,就必须明确规定各种凭证、各种账簿和各种报表之间的衔接关系,并把它们有机地结合起来。

账务处理程序也称会计核算组织程序或会计核算形式,是指会计凭证、会计账簿、财务报表相结合的方式。该程序包括会计凭证和账簿的种类、格式;会计凭证与账簿之间的联系方法;由原始凭证到编制记账凭证、登记明细分类账和总分类账、编制财务报表的工作程序和方法等。

会计凭证、会计账簿、财务报表之间的结合方式不同,形成了不同的账务处理程序。不同的账务处理程序又有不同的方法、特点和适用范围。一个单位由于业务性质、规模大小和经济业务的繁简程度各异,决定了其适用账务处理程序也不同。为了更好地反映和监督企业和行政、事业等单位的经济活动,为经济管理提供系统的核算资料,必须综合运用会计核算的专门方法,采用一定的账务处理程序,规定设置会计凭证、账簿及会计报表的种类和格式;规定各种凭证之间、各种账簿之间、各种报表之间的相互关联;规定各种凭证、账簿及各种报表之间的相互关系、填制方法和登记程序等。这是设计会计制度的一个重要内容。科学、合理地选择适用于本单位的账务处理程序,对于有效地组织会计核算具有重要意义。

（1）有利于会计工作程序的规范化，确定合理的凭证、账簿与报表之间的联系方式，保证会计信息加工过程的严密性，提高会计信息质量。

（2）有利于保证会计记录的完整性、正确性，通过凭证、账簿及报表之间的牵制作用，增强会计信息可靠性。

（3）有利于减少不必要的会计核算环节，通过井然有序的账务处理程序，提高会计工作效率，保证会计信息的及时性。

二、设计账务处理程序的要求

科学、合理、适用的账务处理程序，一般应符合以下三个要求。

（1）要适应本单位经济活动的特点、规模的大小和业务的繁简情况，有利于会计核算的分工，建立岗位责任制。

（2）要适应本单位、主管部门及国家管理经济的需要，全面、系统、及时、正确地提供反映本单位经济活动情况的会计核算资料。

（3）要在保证及时和完整地提供会计资料的前提下，尽可能地简化会计核算手续，提高工作效率，节约人力、物力和财力。

三、账务处理程序的种类

目前，我国企业、事业、机关等单位会计核算一般采用的主要账务处理程序有以下六种。

（1）记账凭证账务处理程序。

（2）科目汇总表账务处理程序。

（3）汇总记账凭证账务处理程序。

（4）日记总账账务处理程序。

（5）多栏式日记账账务处理程序。

（6）通用日记账账务处理程序。

以上六种账务处理程序既有共同点，又有各自的特点。其中，记账凭证账务处理程序是最基本的一种，其他账务处理程序都是由此发展、演变而来的。在实际工作中，各经济单位可根据实际需要选择其中一种账务处理程序，也可将多种账务处理程序的优点结合起来使用，以满足本单位经营管理的需要。

第二节 记账凭证账务处理程序

一、记账凭证账务处理程序的特点

记账凭证账务处理程序是最基本的一种账务处理程序，在这种账务处理程序下，要求直接根据记账凭证逐笔登记总分类账。

在记账凭证账务处理程序下，应当设置库存现金日记账、银行存款日记账、明细分类账和总分类账。日记账和总账可采用三栏式;明细分类账可根据需要采用三栏式、数量金额式和多栏式;记账凭证一般使用收款凭证、付款凭证和转账凭证三种格式,也可采用通用记账凭证。

二、记账凭证账务处理程序的基本步骤

在记账凭证账务处理程序下,对经济交易或事项进行账务处理程序大致要经过以下六个步骤。

(1)根据原始凭证或原始凭证汇总表填制记账凭证。

(2)根据收款凭证和付款凭证逐笔登记库存现金日记账和银行存款日记账。

(3)根据原始凭证、原始凭证汇总表和记账凭证登记各种明细分类账。

(4)根据记账凭证逐笔登记总分类账。

(5)月末,将库存现金日记账、银行存款日记账的余额,以及各种明细分类账的余额合计数,分别与总分类账中相关账户的余额核对相符。

(6)月末,根据核对无误的总分类账和明细分类账的相关资料,编制会计报表。

记账凭证账务处理程序的基本步骤如图 11-1 所示。

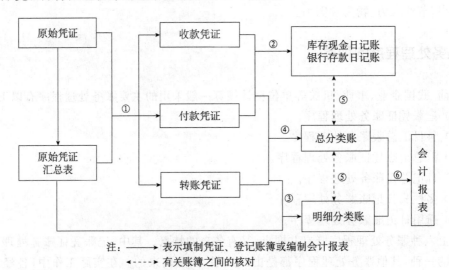

注: ——→ 表示填制凭证、登记账簿或编制会计报表
     ◄----► 有关账簿之间的核对

图 11-1 记账凭证账务处理程序的基本步骤

三、记账凭证账务处理程序的优缺点及适用范围

(一)记账凭证账务处理程序的优点

1. 在记账凭证上能够清晰地反映账户之间的对应关系

在记账凭证账务处理程序下,所采用的是专用记账凭证或通用记账凭证,当一笔简单的经济交易事项发生以后,利用一张记账凭证就可以编制出该笔经济交易事项的完整会计分录;而在比较复杂的经济交易事项发生以后,也可以利用多张凭证为其编制简单分录,或编

制涉及两个以上会计科目的复杂分录。因而,在每一张记账凭证上,账户之间的对应关系都能一目了然。

2. 在总分类账上能够比较详细地反映经济交易事项的发生情况

在记账凭证账务处理程序下,不仅对各种日记账和明细分类账采取逐笔登记的方法,对于总分类账的登记方法也是如此。因而,在总分类账上能够详细清晰地反映所发生的经济交易事项的情况。

3. 总分类账登记方法简单,易于掌握

根据记账凭证直接逐笔登记总分类账,是记账凭证账务处理程序的特点,登记方法与明细账的登记要求是一样的,因而也是一种最易于掌握的账户登记方法。

(二)记账凭证账务处理程序的缺点

1. 总分类账登记工作量过大

对发生的每一笔经济交易事项都要根据记账凭证逐笔在总分类账中进行登记,实际上与登记日记账和明细分类账的做法一样,是一种简单的重复登记,势必要增加登记总分类账的工作量,特别是在经济交易事项比较多的情况下更是如此。

2. 账页耗用多,预留账页多少难以把握

由于总分类账对发生的所有经济交易事项都要重复登记一遍,势必会耗用更多的账页,造成一定的账页浪费。如果是在一个账簿上设置多个账户,由于登记业务的多少很难预先确定,对于每一个账户应预留多少账页很难把握,预留过多会形成浪费,预留过少又会影响账户登记上的连续性。在预留账页比较多的情况下,由于在新的会计年度要更换新账簿,所有旧账簿中预留未用的账页也会被废止不用,在一定程度上形成了浪费。

(三)记账凭证账务处理程序的适用范围

记账凭证账务处理程序一般只适用于规模较小、经济业务量比较少、需要编制记账凭证不是很多的会计主体。如果业务量过小,也可使用通用记账凭证,以避免凭证种类的多元化而造成的凭证方面的过多支出。

四、记账凭证账务处理程序举例

宏泽公司的会计核算采用记账凭证账务处理程序,为简化起见,以会计分录簿的形式代替记账凭证的格式。公司材料和发货成本按综合加权平均法计算。现将宏泽公司202×年12月的有关资料及账务处理程序的基本内容列示如下。

1. 资料

(1) 宏泽公司202×年12月全部账户的期初余额如表11-1所示。

表 11-1　宏泽公司有关账户的期初余额表　　　　　单位:元

账 户 名 称	期初余额	账 户 名 称	期初余额
库存现金	5 000	短期借款	150 000
银行存款	1 187 300	应付账款——新华公司	59 500
应收账款	200 000	预收账款——宏达公司	100 000
预付账款——新华公司	5 000	应付职工薪酬	54 238.50
其他应收款	5 000	应交税费	89 500
原材料——甲材料	22 000	应付股利	1 000
——乙材料	25 000	实收资本	1 211 400
库存商品——A产品	80 710	盈余公积	65 000
——B产品	14 628.5	本年利润	650 000
固定资产	1 051 400	利润分配——未分配利润	68 000
累计折旧	147 400		

(2) 宏泽公司202×年12月发生下列经济交易事项。

① 1日,收到新华公司投资的货币资金500 000元,存入银行。

② 1日,用银行存款购入车床2台,计货款40 000元,增值税税额5 200元,已交付使用。

③ 3日,收到银行通知,借入的半年期生产周转借款50 000元已经划入公司银行存款账户。

④ 3日,收到宏发公司投资的车床2台,协议价50 000元,已交付使用。

⑤ 3日,签发转账支票(18121#),偿还前欠新华公司货款33 900元。

⑥ 4日,通过银行付款,购入甲材料50 kg,400元/kg,货款20 000元,增值税税额2 600元;乙材料20kg,500元/kg,货款10 000元,增值税税额1 300元;运杂费630元。

⑦ 5日,上述购入的甲、乙材料验收入库。

⑧ 5日,销售给新兴公司A产品200台,2 000元/台,计400 000元,销项税额52 000元,货款尚未收到。

⑨ 6日,车间王伟出差预借差旅费5 000元,以现金支付。

⑩ 6日,签发现金支票(23427#),从银行提取现金10 000元备用。

⑪ 6日,签发转账支票(18122#),交纳上月的企业所得税89 500元。

⑫ 9日,将现金5 000元送存银行。

⑬ 9日,收到新兴公司还来前欠货款452 000元,存入银行。

⑭ 9日,签发转账支票(18123#),支付省电视台广告费50 000元。

⑮ 12日,以银行存款支付电话费6 000元,其中行政管理部门3 500元,销售部门2 500元。

⑯ 12日,签发转账支票(18124#),预付给新华公司货款5 000元。

⑰ 12 日,各部门领用材料如表 11-2 所示。

表 11-2　发出材料汇总表

用　途	甲材料		乙材料		合计/元
	数量/kg	金额/元	数量/kg	金额/元	
生产产品耗用	35	14 000	27	13 500	27 500
A 产品	25	10 000	15	7 500	17 500
B 产品	10	4 000	12	6 000	10 000
车间一般耗用	5	2 000	4.5	2 250	4 250
企业管理部门耗用	4	1 600	2.6	1 300	2 900
合　计	44	17 600	34.1	17 050	34 650

⑱ 15 日,王伟出差归来,报销差旅费 4 400 元,退还剩余现金 600 元。

⑲ 18 日,为救助失学儿童,向希望工程捐款 50 000 元,通过银行汇出。

⑳ 20 日,开出现金支票(23428#),从银行提取现金 467 400 元准备发放工资。

㉑ 20 日,以现金 467 400 元发放工资。

㉒ 20 日,行政管理部门购买办公用品 1 500 元,用现金支付。

㉓ 25 日,按合同规定,向宏达公司销售 B 产品 150 台,2 200 元/台,除 11 月预收的 100 000 元外,其余款项全部收到存入银行。

㉔ 25 日,收到新华公司发来的前已预付款的甲材料 30kg,400 元/kg;乙材料 20kg, 500 元/kg;增值税额 2 860 元,计 24 860 元。甲、乙材料均已验收入库,并已通过银行付清余款。

㉕ 25 日,支付本季度短期借款利息 500 元。

㉖ 25 日,签发商业承兑汇票抵付应付新华公司的款项 25 600 元。

㉗ 28 日,转账支付车间固定资产修理费 700 元。

㉘ 28 日,转账支付财产保险费 5 000 元,其中生产车间负担 3 100 元,企业管理部门负担 1 900 元。

㉙ 29 日,根据"固定资产折旧计算表",计算生产车间及企业管理部门应分配的折旧额: 生产车间 8 200 元,行政管理部门 3 600 元。

㉚ 30 日,根据"薪酬费用分配表",结算本月应付职工薪酬,其中:生产 A 产品工人薪酬 119 700 元,生产 B 产品工人薪酬 246 240 元,车间管理人员薪酬 39 900 元,企业管理人员薪酬 61 560 元。

㉛ 31 日,分配本月制造费用(生产工时:A 产品 4 000 小时,B 产品 6 000 小时)。

㉜ 31 日,两种产品本月全部完工,结转本月完工产品的成本(产量:A 产品 140 台,B 产品 200 台)。

㉝ 31 日,结转本月销售 A、B 产品的成本。

㉞ 31 日,计算本月应交的城市维护建设税 8 068.20 元,教育费附加 3 457.80 元。

㉟ 31 日,结转各损益类账户。

㊱ 31 日,计算应交所得税并结转。

㊲ 31 日,按净利润的 10% 计提盈余公积。

㊳ 31 日,按净利润的 40% 计算应分配给投资者的利润。

㊴ 31 日,结转本年利润(1—11 月利润为 650 000 元)。

⑩ 31 日,结转利润分配下各明细账户至未分配利润(1—11 月盈余公积 65 000 元,应付投资者利润 260 000 元)。

2. 会计分录簿

宏泽公司代替记账凭证的会计分录簿如表 11-3 所示。

表 11-3 宏泽公司会计分录簿　　　　　　　　　　　单位:元

| 202×年 | | 摘　要 | 账　户　名　称 | | 金　额 | |
月	日		总账账户	明细账户	借　方	贷　方
12	1	收到新华公司投资	银行存款 实收资本	新华公司	500 000	500 000
	1	购入车床,货款已付	固定资产 应交税费 银行存款	车床 应交增值税(进项税额)	40 000 5 200	45 200
	3	借入短期借款	银行存款 短期借款		50 000	50 000
	3	宏发公司投入车床	固定资产 实收资本	宏发公司	50 000	50 000
	3	还新华公司欠款	应付账款 银行存款	新华公司	33 900	33 900
	4	购买甲、乙材料,货款已付	在途物资 应交税费 银行存款	甲材料 乙材料 应交增值税(进项税额)	20 450 10 180 3 900	34 530
	5	甲、乙材料入库	原材料 在途物资	甲材料 乙材料	20 450 10 180	30 630
	5	销售 A 产品,货款未收	应收账款 主营业务收入 应交税费	新兴公司 A 产品 应交增值税(销项税额)	452 000	400 000 52 000
	6	王伟出差借款	其他应收款 库存现金	王伟	5 000	5 000
	6	提现金备用	库存现金 银行存款		10 000	10 000
	6	交纳所得税	应交税费 银行存款	应交所得税	89 500	89 500
	9	存现金	银行存款 库存现金		5 000	5 000
	9	收到欠款	银行存款 应收账款	新兴公司	452 000	452 000
	9	支付广告费	销售费用 银行存款	广告费	50 000	50 000

续表

202×年		摘　要	账户名称		金　额	
月	日		总账账户	明细账户	借　方	贷　方
	12	支付电话费	管理费用 销售费用 银行存款		3 500 2 500	 6 000
	12	预付货款	预付账款 银行存款	新华公司	5 000	 5 000
	12	领用材料	生产成本 制造费用 管理费用 原材料 	A产品 B产品 甲材料 乙材料	17 500 10 000 4 250 2 900	 17 600 17 050
	15	职工王伟报销差旅费	制造费用 库存现金 其他应收款	 王伟	4 400 600	 5 000
	18	捐款	营业外支出 银行存款		50 000	 50 000
	20	提现金	库存现金 银行存款		467 400	 467 400
	20	发放职工薪酬	应付职工薪酬 库存现金	工资	467 400	 467 400
12	20	购办公用品	管理费用 库存现金		1 500	 1 500
	25	销售B产品150件,款已收	银行存款 预收账款 主营业务收入 应交税费	 宏达公司 应交增值税(销项税额)	272 900 100 000	 330 000 42 900
	25	购入材料,验收入库	原材料 应交税费 银行存款 预付账款	甲材料 乙材料 应交增值税(进项税额) 新华公司	12 000 10 000 2 860	 19 860 5 000
	25	支付利息	财务费用 银行存款		500	 500
	25	用商业汇票抵应付账款	应付账款 应付票据	新华公司	25 600	 25 600
	28	付修理费	管理费用 银行存款		700	 700
	28	付保险费	制造费用 管理费用 银行存款		3 100 1 900	 5 000

202×年		摘　要	账户名称		金　额	
月	日		总账账户	明细账户	借　方	贷　方
	29	计提折旧	制造费用 管理费用 累计折旧		8 200 3 600	 11 800
	30	分配职工薪酬	生产成本 制造费用 管理费用 应付职工薪酬	A产品 B产品	119 700 246 240 39 900 61 560	 467 400
	31	分配制造费用	生产成本 制造费用	A产品 B产品	23 940 35 910	 59 850
	31	A、B产品完工 入库	库存商品 生产成本	A产品 B产品 A产品 B产品	161 140 292 150	 161 140 292 150
	31	结转已销产品 成本	主营业务成本 库存商品	 A产品 B产品	449 461.50	 230 334 219 127.50
12	31	计算本期应交税 金及附加	税金及附加 应交税费	 应交城建税 应交教育费附加	11 526	 8 068.20 3 457.80
	31	结转本期营业 收入	主营业务收入 本年利润		730 000	 730 000
	31	结转本期营业 成本	本年利润 主营业务成本 税金及附加 管理费用 销售费用 营业外支出 财务费用		639 647.50	 449 461.50 11 526 75 660 52 500 50 000 500
	31	计算应交所得税	所得税费用 应交税费	 应交所得税	22 588.13	 22 588.13
	31	结转本期所得税	本年利润 所得税费用		22 588.13	 22 588.13
	31	提取盈余公积	利润分配 盈余公积	提取盈余公积	6 776.44	 6 776.44
	31	向投资者分配 利润	利润分配 应付股利	应付现金股利	27 105.75	 27 105.75
	31	结转税后利润	本年利润 利润分配		717 764.37	 717 764.37
	31	结转利润分配明 细账	利润分配 利润分配	未分配利润 提取盈余公积 应付现金股利	358 882.19	 71 776.44 287 105.75

3. 日记账

根据收付款凭证登记库存现金日记账和银行存款日记账,见表 11-4 和表 11-5。

表 11-4　库存现金日记账　　　　　　　　　　　　　单位:元

202×年		凭证号数	摘　要	借　方	贷　方	余　额
月	日					
12	1		期初余额			5 000
	6		支付差旅费		5 000	0
	6		提现金	10 000		10 000
	12		存现金		5 000	5 000
	15		收王伟出差结余款	600		5 600
	20		提现金	467 400		473 000
	20		付薪酬		467 400	5 600
	20		付办公费		1 500	4 100
12	31		本月合计	478 000	478 900	4 100

表 11-5　银行存款日记账　　　　　　　　　　　　　单位:元

202×年		凭证号数	摘　要	借　方	贷　方	余　额
月	日					
12	1		期初余额			1 187 300
	1		收到投资	500 000		1 687 300
			购车床		45 200	1 642 100
	3		借款	50 000		1 692 100
	3		支付欠款		33 900	1 658 200
	3		购料		34 530	1 623 670
	6		提现金		10 000	1 613 670
	6		交所得税		89 500	1 524 170
	9		存现金	5 000		1 529 170
	9		收欠款	452 000		1 981 170
	9		付广告费		50 000	1 931 170
	12		付话费		6 000	1 925 170
	12		预付货款		5 000	1 920 170
	18		捐款		50 000	1 870 170
	20		提现		467 400	1 402 770
	24		销售	272 900		1 675 670
	25		购材料		19 860	1 655 810
	25		付利息		500	1 655 310
	28		付修理费		700	1 654 610
	28		付保险费		5 000	1 649 610
12	31		本月合计	1 279 900	817 590	1 649 610

4. 总分类账户

宏泽公司总分类账户如表 11-6～表 11-36 所示。

表 11-6　总分类账

会计科目:库存现金　　　　　　　　　　　　　　　　　　　　　　　单位:元

202×年 月	日	凭证号数	摘　要	借　方	贷　方	借或贷	余　额
	1		期初余额			借	5 000
	6		支付差旅费		5 000	借	0
	6		提现金	10 000		借	10 000
12	12		存现金		5 000	借	5 000
	15		收王伟出差结余款	600		借	5 600
	20		提现金	467 400		借	473 000
	20		付薪酬		467 400	借	5 600
	20		付办公费		1 500	借	4 100
12	31		本月合计	478 000	478 900	借	4 100

表 11-7　总分类账

会计科目:银行存款　　　　　　　　　　　　　　　　　　　　　　　单位:元

202×年 月	日	凭证字号	摘　要	借　方	贷　方	借或贷	余　额
	1		期初余额			借	1 187 300
	1		收到投资	500 000		借	1 687 300
			购车床		45 200	借	1 642 100
	3		借款	50 000		借	1 692 100
	3		支付欠款		33 900	借	1 658 200
	4		购料		34 530	借	1 623 670
	4		提现金		10 000	借	1 613 670
	6		交所得税		89 500	借	1 524 170
	9		存现金	5 000		借	1 529 170
	9		收欠款	452 000		借	1 981 170
	9		付广告费		50 000	借	1 931 170
12	12		付话费		6 000	借	1 925 170
	12		预付货款		5 000	借	1 920 170
	18		捐款		50 000	借	1 870 170
	20		提现		467 400	借	1 402 770
	24		销售	272 900		借	1 675 670
	25		购材料		19 860	借	1 655 810
	25		付利息		500	借	1 655 310
	28		付修理费		700	借	1 654 610
	28		付保险费		5 000	借	1 649 610
12	31		本月合计	1 279 900	817 590	借	1 649 610

表 11-8　总分类账

会计科目:应收账款　　　　　　　　　　　　　　　　　　　　　　单位:元

202×年		凭证号数	摘　要	借　方	贷　方	借或贷	余　额
月	日						
12	1		期初余额			借	200 000
	5		销货	452 000		借	652 000
	9		收到欠款		452 000	借	200 000
12	31		本月合计	452 000	452 000	借	200 000

表 11-9　总分类账

会计科目:预付账款　　　　　　　　　　　　　　　　　　　　　　单位:元

202×年		凭证号数	摘　要	借　方	贷　方	借或贷	余　额
月	日						
12	1		期初余额			借	5 000
	12		预付账款	5 000		借	10 000
	25		销售冲预付		5 000	借	5 000
12	31		本月合计	5 000	5 000	借	5 000

表 11-10　总分类账

会计科目:其他应收款　　　　　　　　　　　　　　　　　　　　　单位:元

202×年		凭证号数	摘　要	借　方	贷　方	借或贷	余　额
月	日						
12	1		期初余额			借	5 000
	6		王伟借差旅费	5 000		借	10 000
	15		报销差旅费		5 000	借	5 000
12	31		本月合计	5 000	5 000	借	5 000

表 11-11　总分类账

会计科目:在途物资　　　　　　　　　　　　　　　　　　　　　　单位:元

202×年		凭证号数	摘　要	借　方	贷　方	借或贷	余　额
月	日						
12	4		购料	30 630		借	30 630
	5		结转采购成本		30 630	平	0
12	31		本月合计	30 630	30 630	平	0

表 11-12　总分类账

会计科目:原材料　　　　　　　　　　　　　　　　　　　　　　　单位:元

202×年		凭证号数	摘　要	借　方	贷　方	借或贷	余　额
月	日						
12	1		期初余额			借	47 000
	5		验收入库	30 630		借	77 630
	12		领料		34 650	借	42 980
	25		验收入库	22 000		借	64 980
12	31		本月合计	52 630	34 650	借	64 980

表 11-13 总分类账

会计科目：生产成本   单位:元

202×年		凭证号数	摘　要	借　方	贷　方	借或贷	余　额
月	日						
12	12		领用材料	27 500		借	27 500
	30		薪酬分配	365 940		借	393 440
	31		结转制造费用	59 850		借	453 290
	31		完工入库		453 290	平	0
12	31		本月合计	453 290	453 290	平	0

表 11-14 总分类账

会计科目：制造费用   单位:元

202×年		凭证号数	摘　要	借　方	贷　方	借或贷	余　额
月	日						
12	12		材料费	4 250		借	4 250
	15		差旅费	4 400		借	8 650
	28		摊销保险费	3 100		借	11 750
	29		计提折旧费	8 200		借	19 950
	30		薪酬分配	39 900		借	59 850
			结转制造费用		59 850	平	0
12	31		本月合计	59 850	59 850	平	0

表 11-15 总分类账

会计科目:库存商品   单位:元

202×年		凭证号数	摘　要	借　方	贷　方	借或贷	余　额
月	日						
12	1		期初余额			借	95 338.50
	31		完工入库	453 290		借	548 628.50
			结转销售成本		449 461.50	借	99 167
12	31		本月合计	453 290	449 461.50	借	99 167

表 11-16 总分类账

会计科目:固定资产   单位:元

202×年		凭证号数	摘　要	借　方	贷　方	借或贷	余　额
月	日						
12	1		期初余额			借	1 051 400
	1		购入	40 000		借	1 091 400
	3		投入	50 000		借	1 141 400
12	31		本月合计	90 000		借	1 141 400

表 11-17　总分类账

会计科目:累计折旧　　　　　　　　　　　　　　　　　　　　　　　　　　单位:元

202×年		凭证号数	摘　要	借　方	贷　方	借或贷	余　额
月	日						
12	1		期初余额			贷	147 400
	29		计提折旧		11 800	贷	159 200
12	31		本月合计		11 800	贷	159 200

表 11-18　总分类账

会计科目:短期借款　　　　　　　　　　　　　　　　　　　　　　　　　　单位:元

202×年		凭证号数	摘　要	借　方	贷　方	借或贷	余　额
月	日						
12	1		期初余额			贷	150 000
	3		借入		50 000	贷	200 000
12	31		本月合计		50 000	贷	200 000

表 11-19　总分类账

会计科目:应付账款　　　　　　　　　　　　　　　　　　　　　　　　　　单位:元

202×年		凭证号数	摘　要	借　方	贷　方	借或贷	余　额
月	日						
12	1		期初余额			贷	59 500
	3		支付欠款	33 900		贷	25 600
	25		应付票据抵应付账款	25 600		平	0
12	31		本月合计	59 500		平	0

表 11-20　总分类账

会计科目:应付票据　　　　　　　　　　　　　　　　　　　　　　　　　　单位:元

202×年		凭证号数	摘　要	借　方	贷　方	借或贷	余　额
月	日						
12	25		应付票据抵应付账款		25 600	贷	25 600
12	31		本月合计		25 600	贷	25 600

表 11-21　总分类账

会计科目:预收账款　　　　　　　　　　　　　　　　　　　　　　　　　　单位:元

202×年		凭证号数	摘　要	借　方	贷　方	借或贷	余　额
月	日						
12	1		期初余额			贷	100 000
	25		销售抵预收	100 000		平	0
12	31		本月合计	100 000		平	0

表 11-22　总分类账

会计科目:应付职工薪酬　　　　　　　　　　　　　　　　　　　　　　　　　　　　单位:元

202×年		凭证号数	摘　要	借　方	贷　方	借或贷	余　额
月	日						
12	1		期初余额			贷	54 238.50
	20		支付薪酬	467 400		借	413 161.50
	30		薪酬分配		467 400	贷	54 238.50
12	31		本月合计	467 400	467 400	贷	54 238.50

表 11-23　总分类账

会计科目:应交税费　　　　　　　　　　　　　　　　　　　　　　　　　　　　　单位:元

202×年		凭证号数	摘　要	借　方	贷　方	借或贷	余　额
月	日						
12	1		期初余额			贷	89 500
	1		应交增值税	5 200		贷	84 300
	3		应交增值税	3 900		贷	80 400
	5		应交增值税		52 000	贷	132 400
	6		应交所得税	89 500		贷	42 900
	25		应交增值税		42 900	贷	85 800
	25		应交增值税	2 860		贷	82 940
	31		计算税金及附加		11 526	贷	94 466
	31		计算应交所得税		22 588.13	贷	117 054.13
12	31		本月合计	101 460	129 014.13	贷	117 054.13

表 11-24　总分类账

会计科目:应付股利　　　　　　　　　　　　　　　　　　　　　　　　　　　　　单位:元

202×年		凭证号数	摘　要	借　方	贷　方	借或贷	余　额
月	日						
12	1		期初余额			贷	1 000
	31		应付股利		27 105.75	贷	28 105.75
12	31		本月合计		27 105.75	贷	28 105.75

表 11-25　总分类账

会计科目:实收资本　　　　　　　　　　　　　　　　　　　　　　　　　　　　　单位:元

202×年		凭证号数	摘　要	借　方	贷　方	借或贷	余　额
月	日						
12	1		期初余额			贷	1 211 400
	1		收到投资		500 000	贷	1 711 400
	3		收到投资		50 000	贷	1 761 400
12	31		本月合计		550 000	贷	1 761 400

表 11-26　总分类账

会计科目:盈余公积　　　　　　　　　　　　　　　　　　　　　单位:元

202×年 月	202×年 日	凭证号数	摘　要	借　方	贷　方	借或贷	余　额
12	1		期初余额			贷	65 000
	31		提取公积金		6 776.44	贷	71 776.44
12	31		本月合计		6 776.44	贷	71 776.44

表 11-27　总分类账

会计科目:本年利润　　　　　　　　　　　　　　　　　　　　　单位:元

202×年 月	202×年 日	凭证号数	摘　要	借　方	贷　方	借或贷	余　额
	1		期初余额			贷	650 000
	31		结转收入		730 000	贷	1 380 000
12	31		结转成本费用	639 647.50		贷	740 352.50
	31		结转所得税	22 588.13		贷	717 764.37
	31		结转税后利润	717 764.37		平	
12	31		本月合计	1 380 000	730 000	平	0

表 11-28　总分类账

会计科目:利润分配　　　　　　　　　　　　　　　　　　　　　单位:元

202×年 月	202×年 日	凭证号数	摘　要	借　方	贷　方	借或贷	余　额
	1		期初余额			贷	68 000
	31		提取盈余公积	6 776.44		贷	61 223.56
12	31		应付投资者利润	27 105.75		贷	34 117.81
	31		结转税后利润		717 764.37	贷	751 882.18
	31		结转明细账	358 882.19	358 882.19	贷	
12	31		本月合计	392 764.38	1 076 646.56	贷	751 882.18

表 11-29　总分类账

会计科目:主营业务收入　　　　　　　　　　　　　　　　　　　单位:元

202×年 月	202×年 日	凭证号数	摘　要	借　方	贷　方	借或贷	余　额
	5		销货		400 000	贷	400 000
12	25		销货		330 000	贷	730 000
	31		结转收入	730 000		平	0
12	31		本月合计	730 000	730 000	平	0

表 11-30　总分类账

会计科目:主营业务成本　　　　　　　　　　　　　　　　　　　　　单位:元

202×年		凭证号数	摘要	借方	贷方	借或贷	余额
月	日						
12	31		销货成本	449 461.50		借	449 461.50
	31		结转成本		449 461.50	平	0
12	31		本月合计	449 461.50	449 461.50	平	0

表 11-31　总分类账

会计科目:税金及附加　　　　　　　　　　　　　　　　　　　　　　单位:元

202×年		凭证号数	摘要	借方	贷方	借或贷	余额
月	日						
12	31		计算税金及附加	11 526		借	11 526
	31		结转税金及附加		11 526	平	0
12	31		本月合计	11 526	11 526	平	0

表 11-32　总分类账

会计科目:销售费用　　　　　　　　　　　　　　　　　　　　　　　单位:元

202×年		凭证号数	摘要	借方	贷方	借或贷	余额
月	日						
	9		支付广告费	50 000		借	50 000
12	12		支付电话费	2 500		借	52 500
	31		结转销售费		52 500	平	0
12	31		本月合计	52 500	52 500	平	0

表 11-33　总分类账

会计科目:管理费用　　　　　　　　　　　　　　　　　　　　　　　单位:元

202×年		凭证号数	摘要	借方	贷方	借或贷	余额
月	日						
	12		支付话费	3 500		借	3 500
	12		领料	2 900		借	6 400
	20		购买办公用品	1 500		借	7 900
	28		付修理费	700		借	8 600
12	28		保险费	1 900		借	10 500
	29		计提折旧费	3 600		借	14 100
	30		薪酬费用	61 560		借	75 660
	31		结转管理费用		75 660	平	0
12	31		本月合计	75 660	75 660	平	0

表 11-34　总分类账

会计科目:财务费用　　　　　　　　　　　　　　　　　　　　　　　　　　　　单位:元

| 202×年 | | 凭证号数 | 摘　　要 | 借　方 | 贷　方 | 借或贷 | 余　额 |
月	日						
12	25		支付利息	500		借	500
	31		结转财务费用		500	平	0
12	31		本月合计	500	500	平	0

表 11-35　总分类账

会计科目:营业外支出　　　　　　　　　　　　　　　　　　　　　　　　　　　单位:元

| 202×年 | | 凭证号数 | 摘　　要 | 借　方 | 贷　方 | 借或贷 | 余　额 |
月	日						
12	18		捐赠	50 000		借	50 000
	31		结转支出		50 000	平	0
12	31		本月合计	50 000	50 000	平	0

表 11-36　总分类账

会计科目:所得税费用　　　　　　　　　　　　　　　　　　　　　　　　　　　单位:元

| 202×年 | | 凭证号数 | 摘　　要 | 借　方 | 贷　方 | 借或贷 | 余　额 |
月	日						
12	31		计算所得税	22 588.13		借	22 588.13
			结转所得税		22 588.13	平	0
12	31		本月合计	22 588.13	22 588.13	平	0

5. 明细分类账户

宏泽公司明细分类账户列示如表 11-37～表 11-48 所示。

表 11-37　应收账款明细账

账户名称:新兴公司　　　　　　　　　　　　　　　　　　　　　　　　　　　　单位:元

| 202×年 | | 凭证号数 | 摘　　要 | 借　方 | 贷　方 | 借或贷 | 余　额 |
月	日						
	1		期初余额			借	200 000
12	5		销货	452 000		借	652 000
	9		收到货款		452 000	借	200 000
12	31		本月合计	452 000	452 000	借	200 000

表 11-38　预付账款明细账

账户名称:新华公司　　　　　　　　　　　　　　　　　　　　　　单位:元

202×年		凭证号数	摘　要	借　方	贷　方	借或贷	余　额
月	日						
12	1		期初余额			借	5 000
	25		购料		5 000	平	0
12	31		本月合计		5 000	平	0

表 11-39　应付账款明细账

账户名称:新华公司　　　　　　　　　　　　　　　　　　　　　　单位:元

202×年		凭证号数	摘　要	借　方	贷　方	借或贷	余　额
月	日						
12	1		期初余额			贷	59 500
	3		支付欠款	33 900		贷	25 600
	25		用票据抵付欠款		25 600	平	0
12	31		本月合计	33 900	25 600	平	0

表 11-40　预收账款明细账

账户名称:宏达公司　　　　　　　　　　　　　　　　　　　　　　单位:元

202×年		凭证号数	摘　要	借　方	贷　方	借或贷	余　额
月	日						
12	1		期初余额			贷	100 000
	25		销货冲预收	100 000		平	0
12	31		本月合计	100 000		平	0

表 11-41　在途物资明细账

材料名称:甲材料　　　　　　　　　　　　　　　　　　　　　　　单位:元

202×年		凭证号数	摘　要	借　方			贷　方
月	日			买　价	运杂费	合　计	
12	4		购料	20 000	450	20 450	
	5		结转采购成本				20 450
12	31		本月合计	20 000	450	20 450	20 450

表 11-42　在途物资明细账

材料名称:乙材料　　　　　　　　　　　　　　　　　　　　　　　单位:元

202×年		凭证号数	摘　要	借　方			贷　方
月	日			买　价	运杂费	合　计	
12	4		购料	10 000	180	10 180	
	5		结转采购成本				10 180
12	31		本月合计	10 000	180	10 180	10 180

表 11-43 原材料明细账

材料名称:甲材料

202×年		凭证号数	摘要	借方			贷方			余额		
月	日			数量/kg	单价/(元/kg)	金额/元	数量/kg	单价/(元/kg)	金额/元	数量/kg	单价/(元/kg)	金额/元
12	1		期初余额							55	400	22 000
	4		购料	50	409	20 450				105		42 450
	12		领料				44		17 600	61		24 850
	25		购料	30	400	12 000				91		36 850
12	31		本月合计	80		32 450	44		17 600	91		36 850

表 11-44 原材料明细账

材料名称:乙材料

202×年		凭证号数	摘要	借方			贷方			余额		
月	日			数量/kg	单价/(元/kg)	金额/元	数量/kg	单价/(元/kg)	金额/元	数量/kg	单价/(元/kg)	金额/元
12	1		期初余额							50		25 000
	4		购料	20	509	10 180				70		35 180
	12		领料				34.1		17 050	35.9		18 130
	25		购料	20	500	10 000				55.9		28 130
12	31		本月合计	40		20 180	34.1		17 050	55.9		28 130

表 11-45 生产成本明细账

产品名称:A产品　　　　　　　　　　　　　　　　　　　　　　　　单位:元

202×年		凭证号数	摘要	借方				贷方	余额
月	日			直接材料	直接人工	制造费用	合计		
12	12		领料	17 500			17 500		
	30		分配薪酬		119 700		119 700		
	30		分配制造费用			23 940	23 940		
	31		本期费用合计	17 500	119 700	23 940	161 140		
12	31		本期完工转出					161 140	0

表 11-46 生产成本明细账

产品名称:B产品　　　　　　　　　　　　　　　　　　　　　　　　单位:元

202×年		凭证号数	摘要	借方				贷方	余额
月	日			直接材料	直接人工	制造费用	合计		
12	12		领料	10 000			10 000		
	30		分配薪酬		246 240		246 240		
	30		分配制造费用			35 910	35 910		
	31		本期费用合计	10 000	246 240	35 910	292 150		
12	31		本期完工转出					292 150	0

表 11-47 库存商品明细账

产品名称：A产品

202×年		凭证号数	摘要	借方			贷方			余额		
月	日			数量/台	单价/(元/台)	金额/元	数量/台	单价/(元/台)	金额/元	数量/台	单价/(元/台)	金额/元
12	1		期初余额							70		80 710
	30		完工入库	140		161 140				210		241 850
	30		销货				200		230 334			
12	31		本月合计	140		161 140	200		230 334	10		11 516

表 11-48 库存商品明细账

产品名称：B产品

202×年		凭证号数	摘要	收入			发出			结余		
月	日			数量/台	单价/(元/台)	金额/元	数量/台	单价/(元/台)	金额/元	数量/台	单价/(元/台)	金额/元
12	1		期初余额							10		14 628.50
	30		完工入库	200		292 150				210		306 778.50
	30		销货				150		219 127.50	60		87 651
12	31		本月合计	200		292 150	150		219 127.50	60		87 651

6. 总分类账户本期发生额及余额试算平衡表

宏泽公司总分类账户本期发生额及余额试算平衡表（见表 11-49）。

表 11-49 宏泽公司总分类账户本期发生额及余额试算平衡表

202×年12月 单位：元

账户名称	期初余额		本期发生额		期末余额	
	借方	贷方	借方	贷方	借方	贷方
库存现金	5 000		478 000	478 900	4 100	
银行存款	1 187 300		1 279 900	817 590	1 649 610	
应收账款	200 000		452 000	452 000	200 000	
预付账款	5 000		5 000	5 000	5 000	
其他应收款	5 000		5 000	5 000	5 000	
在途物资			30 630	30 630	0	
原材料	47 000		52 630	34 650	64 980	
生产成本			453 290	453 290	0	
制造费用			59 850	59 850	0	
库存商品	95 338.50		453 290	449 461.50	99 167	
固定资产	1 051 400		90 000		1 141 400	
累计折旧		147 400		11 800		159 200
短期借款		150 000		50 000		200 000

续表

账户名称	期初余额		本期发生额		期末余额	
	借 方	贷 方	借 方	贷 方	借 方	贷 方
应付票据				25 600		25 600
应付账款		59 500	59 500			0
预收账款		100 000	100 000			0
应付职工薪酬		54 238.50	467 400	467 400		54 238.50
应交税费		89 500	101 460	129 014.13		117 054.13
应付股利		1 000		27 105.75		28 105.75
实收资本		1 211 400		550 000		1 761 400
盈余公积		65 000		6 776.44		71 776.44
本年利润		650 000	1 380 000	730 000		0
利润分配		68 000	392 764.38	1 076 646.56		751 882.18
主营业务收入			730 000	730 000		0
主营业务成本			449 461.50	449 461.50	0	
税金及附加			11 526	11 526	0	
销售费用			52 500	52 500	0	
管理费用			75 660	75 660	0	
财务费用			500	500	0	
营业外支出			50 000	50 000	0	
所得税费用			22 588.13	22 588.13	0	
合 计	2 596 038.5	2 596 038.5	7 252 950.01	7 252 950.01	3 169 257	3 169 257

7. 会计报表

利润表见表 11-50,资产负债表(简表)见表 11-51。

表 11-50 利润表

会企 02 表

编报单位:宏泽公司　　　　　　　202×年 12 月　　　　　　　　单位:元

项 目	本月数
一、营业收入	730 000
减:营业成本	449 461.50
税金及附加	11 526
销售费用	52 500
管理费用	75 660
财务费用	500
资产减值损失	
加:公允价值变动收益(损失以"－"号填列)	
投资收益(损失以"－"号填列)	
二、营业利润	140 352.50
加:营业外收入	
减:营业外支出	50 000
三、利润总额	90 352.50
减:所得税费用	22 588.13
四、净利润	67 764.37

表 11-51　资产负债表(简表)　　　　　　　　会企 01 表

编报单位:宏泽公司		202×年 12 月	单位:元
资　　产	金　额	负债及所有者权益	金　额
流动资产:		流动负债:	
货币资金	1 653 710	短期借款	200 000
应收账款	200 000	应付票据	25 600
预付账款	5 000	应付职工薪酬	54 238.5
其他应收款	5 000	应付股利	28 105.75
存货	164 147	应交税费	117 054.13
流动资产合计	2 027 857	流动负债合计	424 998.38
非流动资产:		负债合计	424 998.38
固定资产	982 200	所有者权益:	
非流动资产合计	982 200	实收资本	1 761 400
		盈余公积	71 776.44
		未分配利润	751 882.18
		所有者权益合计	2 585 058.62
资产总计	3 010 057	负债及所有者权益总计	3 010 057

第三节　科目汇总表账务处理程序

一、科目汇总表账务处理程序的特点

科目汇总表账务处理程序的主要特点是根据记账凭证定期编制科目汇总表,然后根据科目汇总表登记总分类账。

采用科目汇总表核算组织程序时,其账簿设置、各种账簿的格式以及记账凭证的种类格式与记账凭证账务处理程序基本相同,但总分类账中不必登记"摘要"栏,另外还要增加编制科目汇总表。

二、科目汇总表账务处理程序的基本步骤

(1)根据原始凭证或原始凭证汇总表填制记账凭证。

(2)根据收款凭证和付款凭证逐笔登记库存现金日记账和银行存款日记账。

(3)根据原始凭证、原始凭证汇总表和记账凭证登记各种明细分类账。

(4)根据记账凭证定期编制科目汇总表。

(5)月末,根据编制的科目汇总表登记总分类账。

(6)月末,将库存现金日记账、银行存款日记账的余额,以及各种明细分类账的余额合计数,分别与总分类账中相关账户的余额核对相符。

(7)月末,根据核对无误的总分类账和明细分类账的相关资料,编制会计报表。

科目汇总表账务处理程序如图 11-2 所示。

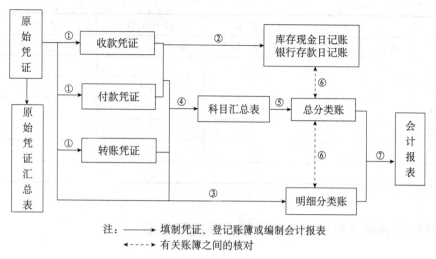

注：———→ 填制凭证、登记账簿或编制会计报表
◄----- 有关账簿之间的核对

图 11-2 科目汇总表账务处理程序

三、科目汇总表编制方法

科目汇总表也是一种记账凭证，它是根据收款凭证、付款凭证和转账凭证，按照相同的账户归类，定期汇总计算每一账户的借方发生额和贷方发生额，并将发生额填入科目汇总表的相应栏目内。对于库存现金账户和银行存款账户的借方发生额和贷方发生额，也可以直接根据库存现金日记账和银行存款日记账的收支合计数填列，而不再根据收款凭证和付款凭证归类汇总填列。科目汇总表可以每月汇总一次，编制一张；也可以 5 天或 10 天汇总一次，每月编制一张。为了便于填制科目汇总表，所有记账凭证可以采用单项记账凭证，即对同一笔经济业务，分别按每个账户的借方和贷方填制一张记账凭证。这样便于按相同的账户进行归类，分别汇总计算其借方和贷方金额，而且不容易发生差错。根据汇总的时间不同，科目汇总表的格式有两种，如表 11-52 和表 11-53 所示。

表 11-52 科目汇总表
年 月 日

会计科目	借方金额	贷方金额	总账页次
库存现金			
银行存款			
应收票据			
应收账款			
……			
合 计			

表 11-53　科目汇总表

年　月　日

会计科目	1—10 日		11—20 日		21—31 日		合　计		总账页次
	借方	贷方	借方	贷方	借方	贷方	借方	贷方	
库存现金									
银行存款									
应收票据									
应收账款									
……									
合　计									

四、科目汇总表账务处理程序的优缺点及适用范围

科目汇总表账务处理程序的主要优点:首先,根据定期编制的科目汇总表登记总分类账,可大大地简化总分类账的登记工作。其次,通过科目汇总表的编制,可进行发生额试算平衡,及时发现差错。但由于科目汇总表是定期汇总计算每一账户的借方、贷方发生额,并不考虑账户间的对应关系,全部账户的借、贷方发生额可以汇总在一张表内,因而在科目汇总表和总分类账中,不能明确反映账户的对应关系,不便于了解经济业务的具体内容,主要适用于经济业务量较大的企业。

五、科目汇总表账务处理程序举例

(1) 编制科目汇总表。

以本章第二节宏泽公司 202×年 12 月经济交易事项为例。

根据经济业务编制的会计凭证(即会计分录簿)如表 11-3 所示。

根据收付款凭证表编制的库存现金日记账和银行存款日记账,见表 11-4、表 11-5。

根据会计分录簿登记的各种明细账见表 11-37～表 11-48。

根据收、付款凭证和转账凭证编制科目汇总表,见表 11-54。

表 11-54　宏泽公司科目汇总表

202×年 12 月 31 日　　　　　　　　　　　　　单位:元

会计科目	本期发生额		总账页数	记账凭证起讫号数
	借　方	贷　方		
库存现金	478 000	478 900		
银行存款	1 279 900	817 590		
应收账款	452 000	452 000		
预付账款	5 000	5 000		
其他应收款	5 000	5 000		

续表

会计科目	本期发生额		总账页数	记账凭证起讫号数
	借 方	贷 方		
在途物资	30 630	30 630		
原材料	52 630	34 650		
生产成本	453 290	453 290		
制造费用	59 850	59 850		
库存商品	453 290	449 461.50		
固定资产	90 000			
累计折旧		11 800		
短期借款		50 000		
应付票据		25 600		
应付账款	59 500			
预收账款	100 000			
应付职工薪酬	467 400	467 400		
应交税费	101 460	129 014.13		
应付股利		27 105.75		
实收资本		550 000		
盈余公积		6 776.44		
本年利润	1 380 000	730 000		
利润分配	392 764.38	1 076 646.56		
主营业务收入	730 000	730 000		
主营业务成本	449 461.50	449 461.50		
税金及附加	11 526	11 526		
销售费用	52 500	52 500		
管理费用	75 660	75 660		
财务费用	500	500		
营业外支出	50 000	50 000		
所得税费用	22 588.13	22 588.13		
合 计	7 252 950.01	7 252 950.01		

（2）根据科目汇总表登记总账，见表 11-55～表 11-85。

表 11-55 总分类账

账户名称：库存现金　　　　　　　　　　　　　　　　　　　　单位：元

202×年		凭证号数	摘 要	借 方	贷 方	借或贷	余 额
月	日						
12	1		期初余额			借	5 000
	31		科目汇总表	478 000	478 900		
12	31		本月合计	478 000	478 900	借	4 100

表 11-56   总分类账

账户名称:银行存款   单位:元

202×年		凭证号数	摘　要	借　方	贷　方	借或贷	余　额
月	日						
12	1		期初余额			借	1 187 300
	31		科目汇总表	1 279 900	817 590		
12	31		本月合计	1 279 900	817 590	借	1 649 610

表 11-57   总分类账

账户名称:应收账款   单位:元

202×年		凭证号数	摘　要	借　方	贷　方	借或贷	余　额
月	日						
12	1		期初余额			借	200 000
	31		科目汇总表	452 000	452 000		
12	31		本月合计	452 000	452 000	借	200 000

表 11-58   总分类账

账户名称:预付账款   单位:元

202×年		凭证号数	摘　要	借　方	贷　方	借或贷	余　额
月	日						
12	1		期初余额			借	5 000
	31		科目汇总表	5 000	5 000		
12	31		本月合计	5 000	5 000	借	5 000

表 11-59   总分类账

账户名称:其他应收款   单位:元

202×年		凭证号数	摘　要	借　方	贷　方	借或贷	余　额
月	日						
12	1		期初余额			借	5 000
	31		科目汇总表	5 000	5 000		
12	31		本月合计	5 000	5 000	借	5 000

表 11-60   总分类账

账户名称:在途物资   单位:元

202×年		凭证号数	摘　要	借　方	贷　方	借或贷	余　额
月	日						
12	31		科目汇总表	30 630	30 630		
12	31		本月合计	30 630	30 630	平	0

表 11-61　总分类账

账户名称:原材料　　　　　　　　　　　　　　　　　　　　　　　　单位:元

202×年		凭证号数	摘　要	借　方	贷　方	借或贷	余　额
月	日						
12	1		期初余额			借	47 000
	31		科目汇总表	52 630	34 650		
12	31		本月合计	52 630	34 650	借	64 980

表 11-62　总分类账

账户名称:生产成本　　　　　　　　　　　　　　　　　　　　　　　　单位:元

202×年		凭证号数	摘　要	借　方	贷　方	借或贷	余　额
月	日						
12	31		科目汇总表	453 290	453 290		
12	31		本月合计	453 290	453 290	平	0

表 11-63　总分类账

账户名称:制造费用　　　　　　　　　　　　　　　　　　　　　　　　单位:元

202×年		凭证号数	摘　要	借　方	贷　方	借或贷	余　额
月	日						
12	31		科目汇总表	59 850	59 850		
12	31		本月合计	59 850	59 850	平	0

表 11-64　总分类账

账户名称:库存商品　　　　　　　　　　　　　　　　　　　　　　　　单位:元

202×年		凭证号数	摘　要	借　方	贷　方	借或贷	余　额
月	日						
12	1		期初余额			借	95 338.50
	31		科目汇总表	453 290	449 461.50		
12	31		本月合计	453 290	449 461.50	借	99 167

表 11-65　总分类账

账户名称:固定资产　　　　　　　　　　　　　　　　　　　　　　　　单位:元

202×年		凭证号数	摘　要	借　方	贷　方	借或贷	余　额
月	日						
12	1		期初余额			借	1 051 400
	31		科目汇总表	90 000			
12	31		本月合计	90 000		借	1 141 400

表 11-66　总分类账

账户名称:累计折旧　　　　　　　　　　　　　　　　　　　　　　　　　　　单位:元

202×年		凭证号数	摘　要	借　方	贷　方	借或贷	余　额
月	日						
12	1		期初余额			贷	147 400
	31		科目汇总表		11 800		
12	31		本月合计		11 800	贷	159 200

表 11-67　总分类账

账户名称:短期借款　　　　　　　　　　　　　　　　　　　　　　　　　　　单位:元

202×年		凭证号数	摘　要	借　方	贷　方	借或贷	余　额
月	日						
12	1		期初余额			贷	150 000
	31		科目汇总表		50 000		
12	31		本月合计		50 000	贷	200 000

表 11-68　总分类账

账户名称:应付票据　　　　　　　　　　　　　　　　　　　　　　　　　　　单位:元

202×年		凭证号数	摘　要	借　方	贷　方	借或贷	余　额
月	日						
12	31		科目汇总表		25 600		
12	31		本月合计		25 600	贷	25 600

表 11-69　总分类账

账户名称:应付账款　　　　　　　　　　　　　　　　　　　　　　　　　　　单位:元

202×年		凭证号数	摘　要	借　方	贷　方	借或贷	余　额
月	日						
12	1		期初余额			贷	59 500
	31		科目汇总表	59 500			
12	31		本月合计	59 500		平	0

表 11-70　总分类账

账户名称:预收账款　　　　　　　　　　　　　　　　　　　　　　　　　　　单位:元

202×年		凭证号数	摘　要	借　方	贷　方	借或贷	余　额
月	日						
12	1		期初余额			贷	100 000
	31		科目汇总表	100 000			
12	31		本月合计	100 000		平	0

表 11-71　总分类账

账户名称:应付职工薪酬　　　　　　　　　　　　　　　　　　　　　　　单位:元

202×年		凭证号数	摘　要	借　方	贷　方	借或贷	余　额
月	日						
12	1		期初余额			贷	54 238.50
	31		科目汇总表	467 400	467 400		
12	31		本月合计	467 400	467 400	贷	54 238.50

表 11-72　总分类账

账户名称:应交税费　　　　　　　　　　　　　　　　　　　　　　　　　单位:元

202×年		凭证号数	摘　要	借　方	贷　方	借或贷	余　额
月	日						
12	1		期初余额			贷	89 500
	31		科目汇总表	101 460	129 014.13		
12	31		本月合计	101 460	129 014.13	贷	117 054.13

表 11-73　总分类账

账户名称:应付股利　　　　　　　　　　　　　　　　　　　　　　　　　单位:元

202×年		凭证号数	摘　要	借　方	贷　方	借或贷	余　额
月	日						
12	1		期初余额			贷	1 000
	31		科目汇总表		27 105.75		
12	31		本月合计		27 105.75	贷	28 105.75

表 11-74　总分类账

账户名称:实收资本　　　　　　　　　　　　　　　　　　　　　　　　　单位:元

202×年		凭证号数	摘　要	借　方	贷　方	借或贷	余　额
月	日						
12	1		期初余额			贷	1 211 400
	31		科目汇总表		550 000		
12	31		本月合计		550 000	贷	1 761 400

表 11-75　总分类账

账户名称:盈余公积　　　　　　　　　　　　　　　　　　　　　　　　　单位:元

202×年		凭证号数	摘　要	借　方	贷　方	借或贷	余　额
月	日						
12	1		期初余额			贷	65 000
	31		科目汇总表		6 776.44		
12	31		本月合计		6 776.44	贷	71 776.44

表 11-76　总分类账

账户名称:本年利润　　　　　　　　　　　　　　　　　　　　　　　　　　　　单位:元

202×年		凭证号数	摘　要	借　方	贷　方	借或贷	余　额
月	日						
12	1		期初余额			贷	650 000
	31		科目汇总表	1 380 000	730 000		
12	31		本月合计	1 380 000	730 000	平	0

表 11-77　总分类账

账户名称:利润分配　　　　　　　　　　　　　　　　　　　　　　　　　　　　单位:元

202×年		凭证号数	摘　要	借　方	贷　方	借或贷	余　额
月	日						
12	1		期初余额			贷	68 000
	31		科目汇总表	392 764.38	1 076 646.56		
12	31		本月合计	392 764.38	1 076 646.56	贷	751 882.18

表 11-78　总分类账

账户名称:主营业务收入　　　　　　　　　　　　　　　　　　　　　　　　　　单位:元

202×年		凭证号数	摘　要	借　方	贷　方	借或贷	余　额
月	日						
12	31		科目汇总表	730 000	730 000		
12	31		本月合计	730 000	730 000	平	0

表 11-79　总分类账

账户名称:主营业务成本　　　　　　　　　　　　　　　　　　　　　　　　　　单位:元

202×年		凭证号数	摘　要	借　方	贷　方	借或贷	余　额
月	日						
12	31		科目汇总表	449 461.50	449 461.50		
12	31		本月合计	449 461.50	449 461.50	平	0

表 11-80　总分类账

账户名称:税金及附加　　　　　　　　　　　　　　　　　　　　　　　　　　　单位:元

202×年		凭证号数	摘　要	借　方	贷　方	借或贷	余　额
月	日						
12	31		科目汇总表	11 526	11 526		
12	31		本月合计	11 526	11 526	平	0

表 11-81 总分类账

账户名称:销售费用   单位:元

202×年 月	202×年 日	凭证号数	摘 要	借 方	贷 方	借或贷	余 额
12	8		科目汇总表	52 500	52 500		
12	31		本月合计	52 500	52 500	平	0

表 11-82 总分类账

账户名称:管理费用   单位:元

202×年 月	202×年 日	凭证号数	摘 要	借 方	贷 方	借或贷	余 额
12	31		科目汇总表	75 660	75 660		
12	31		本月合计	75 660	75 660	平	0

表 11-83 总分类账

账户名称:财务费用   单位:元

202×年 月	202×年 日	凭证号数	摘 要	借 方	贷 方	借或贷	余 额
12	31		科目汇总表	500	500		
12	31		本月合计	500	500	平	0

表 11-84 总分类账

账户名称:营业外支出   单位:元

202×年 月	202×年 日	凭证号数	摘 要	借 方	贷 方	借或贷	余 额
12	31		科目汇总表	50 000	50 000		
12	31		本月合计	50 000	50 000	平	0

表 11-85 总分类账

账户名称:所得税费用   单位:元

202×年 月	202×年 日	凭证号数	摘 要	借 方	贷 方	借或贷	余 额
12	31		科目汇总表	22 588.13	22 588.13		
12	31		本月合计	22 588.13	22 588.13	平	0

（3）编制发生额及余额试算平衡表,见表 11-49。

（4）编制利润表及资产负债表,见表 11-50 和表 11-51。

第四节　汇总记账凭证账务处理程序

一、汇总记账凭证账务处理程序的特点

汇总记账凭证核算组织程序是根据记账凭证定期编制汇总记账凭证,然后根据汇总记账凭证登记总分类账的一种账务处理程序。

在汇总记账凭证账务处理程序中,除设置收款凭证、付款凭证和转账凭证外,还应分别设置汇总收款凭证、汇总付款凭证和汇总转账凭证。账簿的设置及格式与记账凭证账务处理程序基本相同。

二、汇总记账凭证账务处理程序的基本步骤

(1)根据原始凭证或原始凭证汇总表填制记账凭证。

(2)根据收款凭证和付款凭证逐笔登记库存现金日记账和银行存款日记账。

(3)根据原始凭证、原始凭证汇总表和记账凭证登记各种明细分类账。

(4)根据记账凭证定期编制各种汇总记账凭证。

(5)月末,根据编制的汇总记账凭证登记总分类账。

(6)月末,将库存现金日记账、银行存款日记账的余额,以及各种明细分类账的余额合计数,分别与总分类账中相关账户的余额核对相符。

(7)月末,根据核对无误的总分类账和明细分类账的相关资料,编制会计报表。

汇总记账凭证账务处理程序如图 11-3 所示。

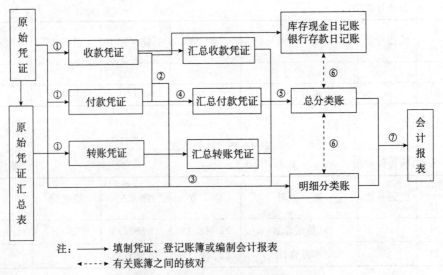

注：——→ 填制凭证、登记账簿或编制会计报表
　　------→ 有关账簿之间的核对

图 11-3　汇总记账凭证账务处理程序

三、汇总记账凭证编制方法

采用汇总记账凭证账务处理程序时,其账簿设置、各种账簿的格式以及记账凭证的各类格式与记账凭证账务处理程序基本相同,但总分类账的账页格式必须增设"对应账户"栏,另外还要编制汇总记账凭证。汇总记账凭证也是一种记账凭证,它是根据收款凭证、付款凭证和转账凭证定期(一般为每隔 5 天或 10 天)汇总编制而成的,其种类可分为汇总收款凭证、汇总付款凭证和汇总转账凭证三种。

汇总收款凭证是根据库存现金和银行存款收款凭证汇总编制而成的。汇总编制时汇总收款凭证应按库存现金账户、银行存款账户的借方设置,并按其相对应的贷方账户分类汇总,一般 5 天或 10 天汇总填制一次,每月编制一张。月末,结算出汇总付款凭证的合计数,分别记入库存现金账户、银行存款账户的借方以及与其相对应各个账户的贷方。汇总收款凭证的格式如表 11-86 所示。

表 11-86　汇总收款凭证

借方科目:库存现金　　　　　　　　年 月　　　　　　　　汇收第　号

贷方科目	金　额				总账页数	
	1—10 日收款凭证第　号至　号	11—20 日收款凭证第　号至　号	21—31 日收款凭证第　号至　号	合计	借方	贷方
主营业务收入						
营业外收入						
……						
合　计						

汇总付款凭证是根据库存现金和银行存款付款凭证汇总编制而成的。编制汇总付款凭证应按库存现金账户、银行存款账户的贷方设置,并按其相对应的借方账户类汇总,一般 5 天或 10 天汇总填制一次,每月编制一张。月末,结算出汇总付款凭证的合计数,分别记入库存现金账户、银行存款账户的贷方以及与其相对应各个账户的借方。

在编制时,需要注意库存现金和银行存款之间的相互划转业务,如果在企业同时填收款凭证和付款凭证的情况下,汇总时应以付款凭证为根据,收款凭证就不再汇总,以免重复。例如,将库存现金存入银行的业务,只需根据库存现金付款凭证汇总,银行存款凭证就不再汇总了;反之,从银行存款中提取库存现金的业务,只需根据银行存款付款凭证汇总,库存现金收款凭证就不再汇总了。汇总付款凭证的格式如表 11-87 所示。

汇总转账凭证是根据转账凭证汇总编制而成的。汇总编制时,汇总转账凭证应按库存现金账户、银行存款账户以外的每一账户的贷方设置,并按其相对应的借方账户归类汇总,一般 5 天或 10 天汇总填制一次,每月编制一张。月末,结算出汇总转账凭证的合计数,分别记入总分类账中各个应借账户的借方,以及该汇总转账凭证所开设的应贷账户的贷方,汇总转账凭证的格式见表 11-88。

表 11-87　汇总付款凭证

贷方科目:银行存款　　　　　　　　　　年　月　　　　　　　　　　汇付第　号

借方科目	金额				总账页数	
	1—10日付款凭证第　号至　号	11—20日付款凭证第　号至　号	21—31日付款凭证第　号至　号	合计	借方	贷方
原材料						
固定资产						
管理费用						
应收账款						
……						
合　计						

表 11-88　汇总转账凭证

贷方科目:原材料　　　　　　　　　　　年　月　　　　　　　　　　汇转第　号

借方科目	金额				总账页数	
	1—10日转账凭证第　号至　号	11—20日转账凭证第　号至　号	21—31日转账凭证第　号至　号	合计	借方	贷方
生产成本						
制造费用						
管理费用						
……						
合　计						

　　为了便于汇总记账凭证的编制,在平时编制记账凭证时,收款凭证上账户的对应关系应保持一个借方账户与一个或几个贷方账户相对应,尽量避免多个借方账户与一个或几个贷方账户相对应;付款凭证和转账凭证上账户的对应关系应保持一个贷方账户与一个或多个借方账户相对应,尽量避免多个贷方账户与一个或几个借方账户相对应。否则,就会给汇总记账凭证的编制带来不便。

四、汇总记账凭证账务处理程序的优缺点及适用范围

　　汇总记账凭证账务处理程序是定期根据记账凭证编制有关各汇总记账凭证并以此作为登记总分类账的依据,采用这种账务处理程序,由于将日常发生的大量记账凭证定期分类汇总,月终一次登入总分类账,从而大大减轻了总分类账的工作量;按账户对应关系汇总编制会计凭证,便于清晰反映账户之间的来龙去脉。但是,汇总记账凭证按每个贷方科目归类汇总,不考虑经济业务的性质,不利于会计核算的日常分工,而且当转账凭证较多时,编制汇总记账凭证的工作量较大。因而,这种账务处理程序一般适用于规模较大、经济业务较多的企业。

五、汇总记账凭证账务处理程序举例

　　以本章第二节宏泽公司202×年12月经济交易事项为例。

（1）根据经济交易事项编制的会计凭证（即会计分录簿）见表11-3。

（2）根据收付款凭证表编制的库存现金日记账和银行存款日记账见表11-4和表11-5。

（3）根据会计分录簿登记的各种明细账见表11-37～表11-48。

（4）根据收、付款凭证和转账凭证编制的汇总收款凭证、汇总付款凭证和汇总转账凭证（汇总收款凭证只选与"库存商品""本年利润""管理费用"三个账户有关的账户编制）见表11-89～表11-106。

表 11-89　汇总收款凭证

借方科目：库存现金　　　　　　　202×年12月　　　　　汇收第 1 号　　　　单位：元

| 贷方科目 | 金　额 | | | | 总账页数 | |
	1—10 日（现）收款凭证第　号至　号	11—20 日（现）收款凭证第 01 号至 01 号	21—31 日（现）收款凭证第　号至　号	合　计	借方	贷方
其他应收款		600		600		
合　计		600		600		

表 11-90　汇总收款凭证

借方科目：银行存款　　　　　　　202×年12月　　　　　汇收第 2 号　　　　单位：元

| 贷方科目 | 金　额 | | | | 总账页数 | |
	1—10 日（银）收款凭证第 01 号至 03 号	11—20 日（银）收款凭证第　号至　号	21—31 日（银）收款凭证第 05 号至 05 号	合　计	借方	贷方
实收资本	500 000			500 000		
短期借款	50 000			50 000		
应收账款	452 000			452 000		
主营业务收入			330 000	330 000		
应交税费			42 900	42 900		
库存现金	5 000			5 000		
合　计	1 007 000		372 900	1 379 900		

表 11-91　汇总付款凭证

贷方科目：库存现金　　　　　　　202×年12月　　　　　汇付第 1 号　　　　单位：元

| 借方科目 | 金　额 | | | | 总账页数 | |
	1—10 日（现）付款凭证第 01 号至 02 号	11—20 日（现）付款凭证第 03 号至 04 号	21—31 日（现）付款凭证第　号至　号	合　计	借方	贷方
其他应收款	5 000			5 000		
银行存款	5 000			5 000		
应付职工薪酬		467 400		467 400		
管理费用		1 500		1 500		
合　计	10 000	468 900		478 900		

表 11-92　汇总付款凭证

贷方科目:银行存款　　　　　202×年12月　　　　　汇付第2号　　　　　单位:元

借方科目	金　额				总账页数	
	1—10日(银)付款凭证 第01号至06号	11—20日(银)付款凭证 第07号至09号	21—31日(银)付款凭证 第10号至14号	合　计	借方	贷方
库存现金	10 000	467 400		477 400		
固定资产	45 200			45 200		
应付账款	33 900			33 900		
在途物资	34 530			34 530		
原材料			19 860	19 860		
应交税费	89 500			89 500		
销售费用	50 000	2 500		52 500		
管理费用		3 500	2 600	6 100		
预付账款		5 000		5 000		
营业外支出		50 000		50 000		
财务费用			500	500		
制造费用			3 100	3 100		
合　计	263 130	528 400	26 060	817 590		

表 11-93　汇总转账凭证

贷方科目:原材料　　　　　202×年12月　　　　　汇转第1号　　　　　单位:元

借方科目	金　额				总账页数	
	1—10日转账凭证 第 号至 号	11—20日转账凭证 第04号至04号	21—31日转账凭证 第 号至 号	合　计	借方	贷方
生产成本		27 500		27 500		
制造费用		4 250		4 250		
管理费用		2 900		2 900		
合　计		34 650		34 650		

表 11-94　汇总转账凭证

贷方科目:生产成本　　　　　202×年12月　　　　　汇转第2号　　　　　单位:元

借方科目	金　额				总账页数	
	1—10日转账凭证 第 号至 号	11—20日转账凭证 第 号至 号	21—31日转账凭证 第09号至09号	合　计	借方	贷方
库存商品			453 290	453 290		
合　计			453 290	453 290		

表 11-95 汇总转账凭证

贷方科目:库存商品 　　　　202×年 12 月 　　　　汇转第 3 号 　　　　单位:元

借方科目	金 额				总账页数	
	1—10 日转账凭证 第 号至 号	11—20 日转账凭证 第 号至 号	21—31 日转账凭证 第 11 号至 11 号	合 计	借方	贷方
主营业务成本			449 461.50	449 461.50		
合 计			449 461.50	449 461.50		

表 11-96 汇总转账凭证

贷方科目:累计折旧 　　　　202×年 12 月 　　　　汇转第 4 号 　　　　单位:元

借方科目	金 额				总账页数	
	1—10 日转账凭证 第 号至 号	11—20 日转账凭证 第 号至 号	21—31 日转账凭证 第 06 号至 06 号	合 计	借方	贷方
制造费用			8 200	8 200		
管理费用			3 600	3 600		
合 计			11 800	11 800		

表 11-97 汇总转账凭证

贷方科目:应付职工薪酬 　　　　202×年 12 月 　　　　汇转第 5 号 　　　　单位:元

借方科目	金 额				总账页数	
	1—10 日转账凭证 第 号至 号	11—20 日转账凭证 第 号至 号	21—31 日转账凭证 第 07 号至 07 号	合 计	借方	贷方
生产成本			365 940	365 940		
制造费用			39 900	39 900		
管理费用			61 560	61 560		
合 计			467 400	467 400		

表 11-98 汇总转账凭证

贷方科目:本年利润 　　　　202×年 12 月 　　　　汇转第 6 号 　　　　单位:元

借方科目	金 额				总账页数	
	1—10 日转账凭证 第 号至 号	11—20 日转账凭证 第 号至 号	21—31 日转账凭证 第 12 号至 12 号	合 计	借方	贷方
主营业务收入			730 000	730 000		
合 计			730 000	730 000		

表 11-99　汇总转账凭证

贷方科目:利润分配　　　　　　　202×年 12 月　　　　　汇转第 7 号　　　　单位:元

借方科目	金额				总账页数	
	1—10 日转账凭证 第　号至　号	11—20 日转账凭证 第　号至　号	21—31 日转账凭证 第 17 号至 18 号	合　计	借方	贷方
本年利润			717 764.37	717 764.37		
利润分配			358 882.19	358 882.19		
合　计			1 076 646.56	1 076 646.56		

表 11-100　汇总转账凭证

贷方科目:主营业务成本　　　　　202×年 12 月　　　　　汇转第 8 号　　　　单位:元

借方科目	金额				总账页数	
	1—10 日转账凭证 第　号至　号	11—20 日转账凭证 第　号至　号	21—31 日转账凭证 第 12 号至 12 号	合　计	借方	贷方
本年利润			449 461.50	449 461.50		
合　计			449 461.50	449 461.50		

表 11-101　汇总转账凭证

贷方科目:税金及附加　　　　　　202×年 12 月　　　　　汇转第 9 号　　　　单位:元

借方科目	金额				总账页数	
	1—10 日转账凭证 第　号至　号	11—20 日转账凭证 第　号至　号	21—31 日转账凭证 第 12 号至 12 号	合　计	借方	贷方
本年利润			11 526	11 526		
合　计			11 526	11 526		

表 11-102　汇总转账凭证

贷方科目:销售费用　　　　　　　202×年 12 月　　　　　汇转第 10 号　　　　单位:元

借方科目	金额				总账页数	
	1—10 日转账凭证 第　号至　号	11—20 日转账凭证 第　号至　号	21—31 日转账凭证 第 12 号至 12 号	合　计	借方	贷方
本年利润			52 500	52 500		
合　计			52 500	52 500		

表 11-103　汇总转账凭证

贷方科目:管理费用　　　　　　　202×年 12 月　　　　　汇转第 11 号　　　　单位:元

借方科目	金额				总账页数	
	1—10 日转账凭证 第　号至　号	11—20 日转账凭证 第　号至　号	21—31 日转账凭证 第 12 号至 12 号	合　计	借方	贷方
本年利润			75 660	75 660		
合　计			75 660	75 660		

表 11-104 汇总转账凭证

贷方科目:财务费用　　　　　202×年 12 月　　　　　汇转第 12 号　　　　　单位:元

借方科目	金　额				总账页数	
	1—10 日转账凭证 第　号至　号	11—20 日转账凭证 第　号至　号	21—31 日转账凭证 第 12 号至 12 号	合　计	借方	贷方
本年利润			500	500		
合　计			500	500		

表 11-105 汇总转账凭证

贷方科目:营业外支出　　　　　202×年 12 月　　　　　汇转第 13 号　　　　　单位:元

借方科目	金　额				总账页数	
	1—10 日转账凭证 第　号至　号	11—20 日转账凭证 第　号至　号	21—31 日转账凭证 第 12 号至 12 号	合　计	借方	贷方
本年利润			50 000	50 000		
合　计			50 000	50 000		

表 11-106 汇总转账凭证

贷方科目:所得税费用　　　　　202×年 12 月　　　　　汇转第 14 号　　　　　单位:元

借方科目	金　额				总账页数	
	1—10 日转账凭证 第　号至　号	11—20 日转账凭证 第　号至　号	21—31 日转账凭证 第 14 号至 14 号	合　计	借方	贷方
本年利润			22 588.13	22 588.13		
合　计			22 588.13	22 588.13		

（5）根据汇总收款凭证、汇总付款凭证和汇总转账凭证登记总账（只登记"库存现金""银行存款""库存商品""本年利润""管理费用"五个总分类账，其他略），见表 11-107～表 11-111。

表 11-107 总分类账

会计科目:库存现金　　　　　　　　　　　　　　　　　　　　　　　　　单位:元

202×年		凭证号数	摘　要	对方科目	借　方	贷　方	借或贷	余　额
月	日							
12	1		期初余额				借	5 000
	31	汇收 1	本月发生额	其他应收款	600			
	31	汇付 2	本月发生额	银行存款	467 400			
	31	汇付 1	本月发生额	其他应收款		5 000		
				银行存款	10 000	5 000		
				应付职工薪酬		467 400		
				管理费用		1 500		
12	31		本月合计		478 000	478 900	借	4 100

表 11-108　总分类账

会计科目:银行存款　　　　　　　　　　　　　　　　　　　　　　单位:元

202×年 月	202×年 日	凭证号数	摘　要	对方科目	借　方	贷　方	借或贷	余　额
	31		期初余额				借	1 187 300
	31	汇收 2	本月发生额	实收资本	500 000			
				短期借款	50 000			
				应收账款	452 000			
				主营业务收入	330 000			
				应交税费	42 900			
	31	汇付 2	本月发生额	库存现金	5 000	477 400		
				固定资产		45 200		
12				应付账款		33 900		
				在途物资		34 530		
				原材料		19 860		
				应交税费		89 500		
				销售费用		52 500		
				管理费用		6 100		
				预付账款		5 000		
				营业外支出		50 000		
				财务费用		500		
				制造费用		3 100		
12	31		本月合计		1 379 900	817 590	借	1 749 610

表 11-109　总分类账

会计科目:库存商品　　　　　　　　　　　　　　　　　　　　　　单位:元

202×年 月	202×年 日	凭证号数	摘　要	对方科目	借　方	贷　方	借或贷	余　额
	1		期初余额				借	95 338.50
12	31	汇转 3	本月发生额	主营业务成本		449 461.50		
	31	汇转 2	本月发生额	生产成本	453 290			
12	31		本月合计		453 290	449 461.50	借	99 167

表 11-110　总分类账

会计科目:本年利润　　　　　　　　　　　　　　　　　　　　　　单位:元

202×年 月	202×年 日	凭证号数	摘　要	对方科目	借　方	贷　方	借或贷	余　额
	1		期初余额				贷	650 000
	31	汇转 6	本月发生额	主营业务收入		730 000		
	31	汇转 7	本月发生额	利润分配	717 764.37			
	31	汇转 8	本月发生额	主营业务成本	449 461.50			
	31	汇转 9	本月发生额	税金及附加	11 526			
12	31	汇转 10	本月发生额	销售费用	52 500			
	31	汇转 11	本月发生额	管理费用	75 660			
	31	汇转 12	本月发生额	财务费用	500			
	31	汇转 13	本月发生额	营业外支出	50 000			
	31	汇转 14	本月发生额	所得税费用	22 588.13			
12	31		本月合计		1 380 000	730 000	平	0

表 11-111　总分类账

会计科目:管理费用　　　　　　　　　　　　　　　　　　　　　　　　单位:元

| 202×年 | | 凭证号数 | 摘　要 | 对方科目 | 借　方 | 贷　方 | 借或贷 | 余　额 |
月	日							
	31	汇付 1	本月发生额	库存现金	1 500			
	31	汇付 2	本月发生额	银行存款	6 100			
	31	汇转 1	本月发生额	原材料	2 900			
12		汇转 4	本月发生额	累计折旧	3 600			
		汇转 5	本月发生额	应付职工薪酬	61 560			
		汇转 11	本月发生额	本年利润		75 660		
12	31		本月合计		75 660	75 660	平	0

六、编制余额及发生额试算平衡表

宏泽公司总分类账户本期发生额及余额试算平衡表见表 11-49。

七、编制利润表及资产负债表

利润表见表 11-50,资产负债表见表 11-51。

第五节　日记总账账务处理程序

一、日记总账账务处理程序的特点

在日记总账账务处理程序下,通过设置日记账,要求把所有账目都在日记总账中进行登记。

在日记总账账务处理程序中,记账凭证的设置可以采用通用格式或采用收款凭证、付款凭证和转账凭证,但不设汇总凭证。其账簿设置与记账凭证账务处理程序相同,但应开设日记总账,以代替总分类账,报表的设置除国家统一制度规定外,可根据企业内部的需要设置内部财务会计报表。

二、日记总账账务处理程序的基本步骤

(1) 根据原始凭证或原始凭证汇总表填制记账凭证。

(2) 根据收款凭证和付款凭证逐笔登记库存现金日记账和银行存款日记账。

(3) 根据原始凭证、原始凭证汇总表和记账凭证登记各种明细分类账。

(4) 根据记账凭证逐日逐笔登记日记总账。

(5) 月末,将库存现金日记账、银行存款日记账的余额,以及各种明细分类账的余额合

计数,分别与日记总账中相关账户的余额核对相符。

(6) 月末,根据核对无误的日记总账和明细分类账的相关资料编制会计报表。

日记总账账务处理程序如图 11-4 所示。

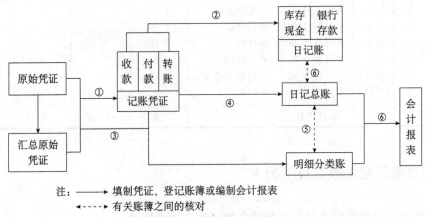

注: ──→ 填制凭证、登记账簿或编制会计报表
　　◄----- 有关账簿之间的核对

图 11-4　日记总账账务处理程序步骤

三、日记总账的登记方法

日记总账既要根据经济交易事项发生时间的先后顺序逐笔登记,又要将所有的会计科目的总分类核算集中在一张账页上。这样,日记总账既起到日记账又起到分类账的作用。日记总账由两部分构成:一部分是用来序时核算,包括发生经济交易事项的日期栏、凭证字号栏、摘要栏及发生栏;另一部分是用来进行总分类核算,将账户按行栏对称排列,每一账户分设借、贷两栏。日记总账的格式如表 11-112 所示。

表 11-112　日记总账

202×年		凭证		摘　要	库存现金		银行存款		应收票据		应收账款		原材料		……	合　计	
月	日	字	号		借方	贷方	借方	贷方	借方	贷方	借方	贷方	借方	贷方	……	借方	贷方
				本月合计													

日记总账的登记:采用三栏式库存现金日记账、银行存款日记账,并根据收款凭证、付款凭证登记,同时根据收款凭证、付款凭证和转账凭证逐笔登记日记总账。在登记日记总账时,对每一笔经济交易或事项所涉及的各个会计科目的借方发生额和贷方发生额分别登记在同一行的有关科目的借方栏和贷方栏,并将借贷方发生额合计数登记在"发生额"栏内。月终,分别结出各栏目的合计数,计算各账户的月末借方或贷方"发生额"栏的本月合计数,并与全部科目的借、贷方发生额的合计数核对,全部科目的借方余额与全部科目的贷方余额

表 11-113　日记总账

单位:元

202×年		凭证		摘要	库存现金		银行存款		应收账款		其他应收款		……	合计	
月	日	字	号		借方	贷方	借方	贷方	借方	贷方	借方	贷方	……	借方	贷方
11	30			期末余额	5 000		1 187 300		200 000		5 000			1 397 300	
12	5	转	3	销售					452 000					452 000	452 000
12	6	现付	1	王伟借款							5 000			5 000	
12	9	银收	3	收欠款			452 000			452 000				452 000	
12	15	转	5	王伟报销								4 400			4 400
12	15	现收	1	收结款	600							600			600
				……									……		
12	31			日记账转来	478 000	478 900		817 590						478 000	478 900
12	31			日记账转来			1 279 900	817 590					……	1 279 900	817 590
12	31			发生额合计	478 000	478 900	1 279 900	817 590	452 000	452 000	5 000	5 000		2 214 900	1 753 490
12	31			期末余额	4 100		164 9610		200 000		5 000		……	1 858 710	

合计数核对。

四、日记总账账务处理程序的优缺点及适用范围

日记总账账务处理程序的主要优点:账务处理程序比较简单,日记总账按全部总账科目分借贷方设置,且直接根据记账凭证逐日逐笔进行登记,便于了解各项经济业务的来龙去脉,有利于会计资料的分析和运用。但由于所有会计科目都集中在一张账页上,总分类账的账页过长,不便于记账的分工与查阅。因而,其主要适用于规模小、经济交易简单、使用会计科目不多的企业。

五、日记总账账务处理程序举例

仍以本章第二节宏泽公司经济交易或事项为例。
(1) 根据经济交易事项编制的会计凭证(即会计分录簿)见表11-3。
(2) 根据收付款凭证表编制的库存现金日记账和银行存款日记账见表11-4 和表11-5。
(3) 根据会计分录簿登记的各种明细账见表11-37~表11-48。
(4) 根据收、付款凭证和转账凭证登记日记总账,见表11-113。
(5) 编制发生额及余额试算平衡表,见表11-49。
(6) 编制利润表及资产负债表,见表11-50 和表11-51。

第六节　多栏式日记账账务处理程序

一、多栏式日记账账务处理程序的特点

在多栏式日记账账务处理程序下,库存现金日记账和银行存款日记账都应按其对应账户设置专栏,从而起到了收款凭证和付款凭证科目汇总表的作用。在月末,可以直接根据这些日记账的本月收付发生额和各对应账户的发生额登记总分类账。

二、多栏式日记账账务处理程序的基本步骤

(1) 根据原始凭证或原始凭证汇总表填制记账凭证。
(2) 根据收款凭证和付款凭证逐笔登记多栏式库存现金和银行存款日记账。
(3) 根据原始凭证、原始凭证汇总表和记账凭证登记各种明细分类账。
(4) 根据转账凭证填制转账凭证科目汇总表(转账业务不多的单位可不必编制科目汇总表)。
(5) 月末,根据多栏式库存现金日记账、多栏式银行存款日记账以及转账凭证科目汇总表(或转账凭证)登记总分类账。
(6) 月末,将各种明细分类账的余额合计数,分别与总分类账中相关账户的余额相核对。

（7）月末，根据核对无误的总分类账和明细分类账的相关资料编制会计报表。

多栏式日记账账务处理程序如图 11-5 所示。

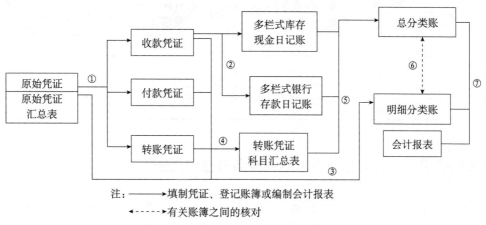

注：──────►填制凭证、登记账簿或编制会计报表

　　◄------►有关账簿之间的核对

图 11-5　多栏式日记账账务处理程序步骤

三、多栏式日记账登记的方法

根据多栏式日记账的收入"合计"栏的本月发生额，分别记入库存现金、银行存款总分类账的借方，并将"收入"栏下各专栏对应账户的本月发生额合计数记入有关总分类账户的贷方；同时，根据多栏式日记账支出"合计"栏的本月发生额，分别记入库存现金、银行存款总分类账户的贷方，并将"支出"栏下各专栏对应账户的本月发生额合计数记入各有关总分类账户的借方。对于库存现金和银行存款之间相互划转的金额，因已分别包括在库存现金日记账和银行存款日记账的收入和支出合计栏的本月发生额之内，所以无须再根据有关对应账户的专栏的合计数登记总分类账，以免重复。对于转账业务的登记，一般可根据转账凭证汇总编制转账凭证科目汇总表，然后根据转账凭证科目汇总表登记总分类账。但在转账业务不多的情况下，也可直接根据转账凭证登记总分类账。

采用多栏式日记账账务处理程序时，必须设置多栏式库存现金日记账和多栏式银行存款日记账。总分类账可以采用三栏式，也可以采用多栏式；明细分类账可以根据需要采用不同的格式。记账凭证一般采用收款凭证、付款凭证和转账凭证的格式，另外可增设转账凭证科目汇总表。具体见表 11-114 和表 11-115。

表 11-114　库存现金日记账

| 202×年 | | 凭证 | | 摘　要 | 收　入 | | | 支　出 | | | 余额 |
月	日	字	号		银行存款	应收账款	合计	管理费用	……	合计	
				本月合计							

表 11-115　银行存款日记账

| 202×年 | | 凭证 | | 摘　要 | 收　入 | | | | 支　出 | | | | 余额 |
月	日	字	号		应收账款	主营业务收	……	合计	管理费用	材料采购	……	合计	
				本月合计									

四、多栏式日记账账务处理程序的优缺点及适用范围

多栏式日记账账务处理的主要优点：可以简化总分类账的登记工作；同时，多栏式库存现金、银行存款日记账较好地反映了账户的对应关系。但多栏式日记账中会计科目的数量受到一定的限制，不可太多。因而，其主要适用于涉及会计科目不多的企业。

本 章 小 结

账务处理程序也称会计核算组织程序或会计核算形式，是指会计凭证、会计账簿、会计报表相结合的方式，包括会计凭证和账簿的种类、格式；会计凭证与账簿之间的联系方法；由原始凭证到编制记账凭证、登记明细分类账和总分类账、编制会计报表的工作程序和方法等。

账务处理程序可以分为记账凭证账务处理程序、科目汇总表账务处理程序和汇总记账凭证账务处理程序、日记总账账务处理程序、多栏式日记账账务处理等。这几种账务处理程序的主要区别在于登记总账的依据不同。企业应采用什么账务处理程序，主要取决于企业的规模、性质和业务繁简程度。一般情况下，规模大、收发业务频繁的企业，应选择科目汇总表和汇总记账凭证账务处理程序，其目的是简化登记总账的工作量，提高会计工作效率。而规模小、业务量少的企业，则应选择记账凭证账务处理程序等其他形式。

复习思考题

1. 什么是账务处理程序？
2. 试述账务处理程序的意义。
3. 试述设计账务处理程序的要求。
4. 试比较各种账务处理程序的基本步骤、特点及其适用范围。

业　务　题

习题一

1. 目的:练习记账凭证账务处理程序。

2. 资料:

(1) 宏泽公司202×年8月各账户期初余额如下表所示。

宏泽公司202×年8月各账户期初余额　　　　单位:元

账　户	借方余额	账　户	贷方余额
库存现金	1 310	累计折旧	41 100
银行存款	50 340	短期借款	20 000
应收账款	15 000	应付账款	24 900
其他应收款	3 000	应交税费	1 100
预付账款	10 000	实收资本	80 000
原材料	55 000	盈余公积	33 000
库存商品	37 500	本年利润	75 250
固定资产	186 000	利润分配	82 800
合　计	358 150	合　计	358 150

(2) 该公司8月发生下列经济交易事项。

① 1日,收到大华公司投入全新机床一台,价值200 000,存入银行。

② 2日,购入下列材料,货款15 000元、发票上增值税额1 950元、运输公司运杂费90元,以银行存款支付(运杂费按材料重量比例分配)。

♯101材料	3 000kg	4.00元/kg	计12 000元
♯102材料	1 500kg	2.00元/kg	计 3 000元
合　计			15 000元

③ 3日,出售甲产品100件,每件售价100元,货款10 000元和发票上增值税额1 300元当即收到,存入银行。

④ 5日,2日购入的♯101、♯102两种材料已验收入库,按其实际采购成本入账。

⑤ 5日,以银行存款交上月欠缴的税金1 100元。

⑥ 6日,仓库发出下列材料投入甲产品生产:

♯101材料	1 650kg	4.00元/kg	计 6 600元
♯102材料	7 000kg	2.00元/kg	计14 000元
合　计			20 600元

⑦ 7日,收到大华工厂还来前欠款14 000元,存入银行。

⑧ 8日,以银行存款支付前欠振华工厂货款13 000元。

⑨ 10日,收到大华公司以专利技术对企业进行的投资,双方商定价值为150 000元。

⑩ 12 日,向达华公司出售甲产品 200 件,每件售价 100 元,货款 20 000 元,发票上增值税额为 2 600 元,款项尚未收到。

⑪ 14 日,向银行借入短期借款 12 000 元,存入银行。

⑫ 15 日,从银行提取现金 40 000 元,以备发放工资。

⑬ 15 日,以现金支付本月职工工资 40 000 元。

⑭ 15 日,以银行存款预缴本月所得税 1 500 元。

⑮ 16 日,以现金支付行政管理部门购买办公用品费用 2 000 元。

⑯ 16 日,收到达华公司还来货款 22 600 元,存入银行。

⑰ 20 日,以银行存款支付销售甲产品的广告费 1 800 元。

⑱ 22 日,向新华工厂出售甲产品 30 件,每件售价 100 元,货款 3 000 元,发票上增值税额为 390 元,款项尚未收到。

⑲ 24 日,购入下列材料,材料货款 7 000 元和发票上增值税额 910 元,以及运输公司运杂费 60 元。以银行存款支付(运杂费按材料重量比例分配)。

♯101 材料	1 000kg	4.00 元/kg	计	4 000 元
♯102 材料	1 500kg	2.00 元/kg	计	3 000 元
合　计				7 000 元

⑳ 26 日,24 日购入的材料均已验收入库,按其实际采购成本入账。

㉑ 31 日,支付短期借款利息 400 元。

㉒ 31 日,支付企业财产保险费 520 元。

㉓ 31 日,计提本月固定资产折旧 4 000 元,其中:生产车间计提固定资产折旧 2 600 元,行政管理部门计提固定资产折旧 1 400 元。

㉔ 31 日,结转本月职工工资 8 000 元,其中:生产工人的工资 5 000 元,车间管理人员的工资 1 000 元,行政管理人员的工资 2 000 元。

㉕ 31 日,结转本月产品负担的制造费用。

㉖ 31 日,甲产品 500 件本月完工,每件单位成本 65 元,计 32 500 元。

㉗ 31 日,结转本月销售产品的生产成本,每件 60 元。

㉘ 按规定结转应缴纳所得税,税率为 25%。

㉙ 将损益类各账户余额结转"本年利润"账户。

㉚ 按税后利润 10% 提取盈余公积。

3. 要求:

(1) 根据资料开设 T 字形总账,登记期初余额。

(2) 根据资料,编制收、付、转账凭证,并根据记账凭证逐笔登记总账,对于货币资金的划转业务,只编制付款凭证。

(3) 结出各总分类账户的本期发生额及期末余额,并据以编制试算平衡表。

习题二

1. 目的:练习汇总记账凭证账务处理程序。

2. 资料:宏泽公司 202× 年 6 月发生的库存现金付款业务已编制记账凭证如下,对于现金收入业务已汇入有关汇总记账凭证,并登记"库存现金"账户。

(1) 2 日,现付 1　借:其他应收款　　　　　　　　　500

　　　　　　　　　贷:库存现金　　　　　　　　　　　500

(2) 4 日,现付 2　借:管理费用　　　　　　　　　　158

　　　　　　　　　贷:库存现金　　　　　　　　　　　158

(3) 9 日,现付 3　借:应付职工薪酬　　　　　　　32 050

　　　　　　　　　贷:库存现金　　　　　　　　　　32 050

(4) 12 日,现付 4　借:其他应收款　　　　　　　　　100

　　　　　　　　　贷:库存现金　　　　　　　　　　　100

(5) 16 日,现付 5　借:管理费用　　　　　　　　　　122

　　　　　　　　　贷:库存现金　　　　　　　　　　　122

(6) 24 日,现付 7　借:管理费用　　　　　　　　　　116

　　　　　　　　　贷:库存现金　　　　　　　　　　　116

(7) 30 日,现付 8　借:管理费用　　　　　　　　　　252

　　　　　　　　　贷:库存现金　　　　　　　　　　　252

3. 要求:

(1) 根据上述提供资料编制现金汇总付款记账凭证(汇付 1 号)。

(2) 根据编制的汇总付款凭证登记"库存现金"账户,并结账。

习题三

1. 目的:练习科目汇总表账务处理程序。

2. 资料:见习题一。

3. 要求:

(1) 根据习题一填制的收款、付款和转账凭证分别编制 8 月 1 日至 10 日、8 月 11 日至 20 日、8 月 21 日至 31 日的科目汇总表。

(2) 根据科目汇总表登记总账,并结出各类账户的本期发生额及期末余额。

习题四

1. 目的:练习日记总账账务处理程序。

2. 资料:

(1) 宏泽公司 202×年 7 月初有关账户的余额如下表所示。

宏泽公司 202×年 7 月初有关账户的余额　　　　　　单位:元

账　户	借方余额	账　户	贷方余额
库存现金	1 000	累计折旧	90 000

续表

账　户	借方余额	账　户	贷方余额
银行存款	69 000	应付账款	30 000
应收账款	17 000	应付账款	10 000
库存商品	13 000	实收资本	308 000
原材料	78 000	本年利润	156 000
固定资产	416 000		
合　计	594 000	合　计	594 000

（2）该公司 7 月发生下列经济交易事项。

① 2 日，以银行存款支付购料价款 12 000 元和发票上增值税额 1 560 元。

② 2 日，以现金支付上述材料运杂费 100 元。

③ 2 日，上述材料验收入库，结转其实际采购成本。

④ 9 日，从银行提取现金 3 000 元。

⑤ 10 日，以现金发放职工工资 3 000 元。

⑥ 10 日，以银行存款支付产品广告费用 1 500 元。

⑦ 15 日，提取本月固定资产折旧 3 000 元，其中：生产车间固定资产折旧 2 000 元，行政管理部门固定资产折旧 1 000 元。

⑧ 26 日，用银行存款支付生产用电费用 1 200 元。

⑨ 31 日，本月生产耗用材料 29 600 元。

⑩ 产品完工入库，结转其实际生产成本 32 000 元。

3. 要求：

（1）开设日记总账，登记有关账户期初余额。

（2）根据该厂 7 月发生的经济业务编制记账凭证（采用通用格式）。

（3）根据记账凭证序时逐笔登记日记总账。

（4）将日记总账发生额栏的合计数与所有账户的借方发生额合计数、贷方发生额合计数相核对，将借方余额合计与贷方余额合计数相核对。

习题五

1. 目的：练习记账凭证账务处理程序。

2. 资料：宏泽公司 202×年 12 月有关资料如下。

（1）各账户的期初余额情况见下表。

宏泽公司 202×年 12 月各账户的期初余额　　　　　　　单位：元

账户名称	期初余额	账户名称	期初余额
库存现金	950	短期借款	350 000

续表

账户名称	期初余额	账户名称	期初余额
银行存款	304 000	应付账款	180 950
应收账款	250 000	应付职工薪酬	145 000
其他应收款	800	应交税费	113 000
原材料	445 500	应付股利	50 000
生产成本	162 700	应付利息	75 000
库存商品	482 500	实收资本	2 431 600
长期股权投资	550 000	盈余公积	250 000
固定资产	1 500 000	本年利润	65 800
累计折旧	100 100	利润分配——未分配利润	140 000
长期待摊费用	5 000		
合　计	3 801 350	合　计	3 801 350

其中：

①“原材料”账户的余额包括：甲材料 1 000kg，计 260 500 元；乙材料 2 000kg，计 185 000 元。

②“生产成本”账户的余额包括：2 500 件 A 在产品的成本，其中：直接材料 73 450 元，直接人工 35 550 元，制造费用 53 700 元。

③“库存商品”账户的余额包括：A 产品 1 000 件，计 147 000 元；B 产品 2 250 件，计 335 500 元。

④“应收账款”账户的余额包括：应收蓝天公司账款 90 000 元，应收白云公司账款 160 000 元。

⑤“其他应收款”账户的余额系职工张明暂支的差旅费。

⑥“应付账款”账户的余额包括：应付长江公司账款 74 100 元，应付黄河公司账款 106 850 元。

⑦“应付利息”账户的余额系应付短期借款的利息费用。

（2）该公司 12 月发生的各项经济交易如下。

① 1 日，收到蓝天公司上月账款 90 000 元，白云公司上月账款 100 000 元，存入银行。

② 1 日，向天平公司购入甲材料 1 000kg，材料已验收入库，收料单第 1801 号，货款 65 600 元尚未支付，运杂费 1 400 元已用银行支票支付，材料按实际采购成本入账。

③ 2 日，发出甲材料 1 200kg，领料单第 2801 号。其中，制造 A 产品用料 1 000kg，其余甲材料系车间一般耗用。

④ 3 日，发出乙材料 1 500kg，领料单第 2802 号，用于 B 产品生产。

⑤ 4 日，开出银行支票支付上月应交税金 113 000 元，应付股利 50 000 元。

⑥ 4 日，以库存现金 225 元支付零星管理费用。

⑦ 5 日，开出银行支票支付黄河公司上月账款。

⑧ 5 日，支付上月所欠职工工资 96 000 元。

⑨ 6 日，购入乙材料 500kg，已验收入库，收料单第 1802 号，开出支票支付货款 20 500 元，

材料按实际成本入账。

⑩ 6 日,售出 A 产品 750 件给蓝天公司,货款 165 000 元尚未收到,发货单第 0801 号。

⑪ 7 日,收到白云公司账款 50 000 元,存入银行。

⑫ 7 日,开出支票支付长江公司欠款 44 000 元。

⑬ 7 日,完工 A 产品 1 000 件验收入库,产品入库单第 3801 号。

⑭ 8 日,出售给白云公司 B 产品 500 件,货款 100 000 元尚未收到,发货单第 0802 号,以支票支付销售运杂费 5 000 元。

⑮ 9 日,发出甲材料 500kg,领料单第 2803 号,用于制造 A 产品。

⑯ 10 日,行政管理人员张明报销差旅费 725 元,余款交回现金。

⑰ 11 日,开出支票,金额 40 000 元,捐赠给希望工程。

⑱ 12 日,向长江公司购入乙材料 1 000kg,已验收入库,收料单第 1803 号,货款 425 000 元尚未支付。以支票付运杂费 4 000 元。材料按实际采购成本入账。

⑲ 13 日,完工 A 产品 750 件,验收入库,产品入库单第 3802 号。

⑳ 14 日,售出 B 产品 750 件,价款 150 000 元存入银行,发货单第 0803 号。以银行存款支付运杂费 6 000 元。

㉑ 14 日,售出 A 产品 500 件,价款 115 000 元存入银行,发货单第 0804 号。

㉒ 15 日,向黄河公司购入甲材料 1 500kg,货款 93 000 元尚未支付,材料已验收入库,收料单第 1804 号。运杂费 6 000 元以支票支付。材料按实际采购成本入账。

㉓ 16 日,提取现金 2 500 元备用。

㉔ 16 日,用现金支付办公用品费用 325 元,直接交行政管理部门使用。

㉕ 16 日,开出支票支付长江公司货款 42 500 元,支付车间机器零星修理费 2 500 元。

㉖ 17 日,向天平公司购入乙材料 1 500kg,价款 60 000 元尚未支付,材料已验收入库,收料单第 1805 号。

㉗ 18 日,开出支票支付职工医药费 7 800 元。

㉘ 19 日,发出甲材料 1 000kg,领料单第 2804 号。其中,用于 A 产品 750kg,用于 B 产品 250 千克。发出乙材料 1 500kg,领料单第 2805 号,用于 B 产品生产。

㉙ 20 日,开出支票支付天平公司购料款 63 600 元。

㉚ 21 日,收到蓝天公司货款 80 000 元,存入银行。

㉛ 22 日,向长江公司购入乙材料 1 500kg,价款 60 000 元尚未支付,材料已验收入库,收料单第 1806 号。以支票支付运杂费 6 900 元。材料按实际采购成本入账。

㉜ 23 日,从银行提取现金 1 000 元,以备日常开支。

㉝ 24 日,出售给蓝天公司 A 产品 500 件,价款 115 000 元尚未收到,发货单第 0805 号。

㉞ 25 日,用支票支付 24 日销售运杂费 5 250 元。

㉟ 26 日,完工 A 产品 250 件,验收入库,产品入库单第 3803 号。

㊱ 27 日,支付本月水费 2 425 元,其中车间负担 1 490 元。

㊲ 28 日,结算本月电费,其中车间照明耗电 2 270 元,管理部门耗电 1 920 元,款项尚未支付。

㊳ 29 日,发出乙材料 1 200kg,领料单 2806 号,用于 B 产品生产。

㊴ 29 日,支付违约金 5 000 元。

㊵ 30 日,收到蓝天公司账款 120 000 元,存入银行。

㊶ 31 日,收到投资企业分配的现金股利 40 000 元,存入银行。

㊷ 31 日,结算本月应付职工薪酬 110 580 元,其中:生产工人人工费用 77 520 元,并按产品生产工时在 A、B 产品之间进行分配,其中 A 产品 8 000 工时,B 产品 9 000 工时;车间管理人员人工费用 6 840 元;公司行政管理人员薪酬 26 220 元。

㊸ 31 日,摊销长期待摊费用 5 000 元,其中 60% 由车间部门负担,其余由行政管理部门负担。

㊹ 31 日,确认本月应负担的借款利息 3 700 元。

㊺ 31 日,计提本月固定资产折旧 11 500 元,其中车间部门负担 70%。

㊻ 31 日,结转本月制造费用,并按产品生产工时在 A、B 产品之间进行分配。

㊼ 31 日,A 产品 2 000 件全部完工,结转其制造成本。

㊽ 31 日,结转已出售的 A、B 产品的销售成本。

㊾ 31 日,结转本月主营业务收入、主营业务成本、管理费用等损益类账户,计算本月利润总额,并按 25% 的所得税税率计算本年应交所得税费用,确定本年净利润,并结账。

(3) 假定发出材料及库存商品均按加权平均法计价。

3. 要求:

(1) 开设三栏式库存现金日记账和银行存款日记账;开设各有关总分类账户和原材料、生产成本、库存商品明细分类账户,登记各有关账户的期初余额。

(2) 根据 12 月发生的各项经济交易,分别填制库存现金、银行存款收付款凭证和转账凭证,并据以登记各有关账户。

(3) 月末,计算各账户的本期发生额及期末余额。

(4) 进行试算平衡,编制利润表和资产负债表。

习题六

1. 目的:练习汇总记账凭证账务处理程序。

2. 资料:见习题五的资料内容。

3. 要求:

(1) 开设各有关总分类账户,并登记期初余额。

(2) 根据本章习题一所编制的记账凭证,10 天汇总一次,填制库存现金、银行存款汇总收款凭证、汇总付款凭证和汇总转账凭证。

(3) 月终计算各汇总收款凭证、汇总付款凭证和汇总转账凭证的合计金额,并据以登记各有关总分类账户。

(4) 结计各总分类账户的本期发生额与期末余额,并与本章习题一的结果核对。

习题七

1. 目的:练习科目汇总表账务处理程序。

2. 资料:见习题五的资料内容。

3. 要求:

(1) 根据本章习题一所编制的记账凭证,将各科目本期借、贷方发生额半月汇总一次,分别编制科目汇总表。

(2) 根据科目汇总表登记各有关总分类账户。

(3) 结计各总分类账户的本期发生额与期末余额,并与习题五的结果核对。

第十二章

会计工作组织与会计规范

◆ **学习目标** ▮▮▮▮▮▮▮▮▮▮▮

通过本章的学习,学生应了解会计工作组织、会计职业道德、会计机构及会计人员的设置和工作管理的基本知识和基本要求。

第一节　会计工作组织的意义与要求

一、会计工作组织的含义

会计工作是指运用一整套会计专门方法,对会计事项进行处理的活动。会计是通过会计工作对各个单位日常活动实施管理的,所以我们说会计是经济管理的一个重要组成部分,会计具有管理的职能。会计管理是指会计机构和会计人员按照一定的目标,为满足国家宏观调控、企业所有者以及企业管理当局的需要,对企事业单位的资金运动过程及结果进行控制、决策、计划、考核和分析等的总称。

会计工作是一项综合性的管理工作,各单位所发生的各项经济业务,都要通过会计加以反映和监督管理,因而会计工作就与其他经营管理工作有着密切的联系,会计工作也是一项政策性很强的工作,必须按照有关的财经政策、法规、制度的要求办理业务,会计工作还是一项严密细致的工作,会计所产生的数据信息要经过一连串的记录、计算、分类、汇总和分析等处理程序。因此,要做好会计工作,就必须建立专门的会计机构,要有专职的办事人员,并按照规定的会计制度开展日常的会计工作。

会计管理职能作用的发挥离不开会计工作组织的存在及其正常运行。所谓会计工作组织,是指如何安排、协调和管理好企业的会计工作。会计机构和会计人员是会计工作系统运行的必要条件,而会计法规是保证会计工作系统正常运行的必要的约束机制。

二、会计工作组织的内容

为了科学地组织会计工作,就必须明确会计工作组织的基本内容。它是组织好会计工作的前提。会计工作组织的内容主要包括以下几点。

1. 会计机构的设置

会计机构的设置必须符合社会经济对会计工作所提出的各项要求,制定出符合国家管理规定,适合本单位具体情况的内部会计管理制度,以最大限度地发挥会计机构以及每个会计人员在经济管理过程中的应有作用。

2. 会计人员的配备

《会计基础工作规范》第十四条规定:"会计人员应当具备必要的专业知识和专业技能,熟悉国家有关法律、法规、规章和国家统一会计制度,遵守职业道德。"这些都是对会计人员任职资格的具体规定。

3. 会计人员的职责权限

会计人员的主要职责也是会计机构的职责,主要包括进行会计核算和实行会计监督。为了保证会计人员更好地履行其职责,国家的相关法规也明确了赋予会计人员相应的权限。

4. 会计工作的规范

会计工作的规范主要是规范会计信息的提供,而将这些规范加以总结与概括,就形成了会计规范体系。

5. 会计法规制度的制定

法律是由国家最高权力机关——全国人民代表大会及其常务委员会制定的。在会计领域中,属于法律层次的规范主要指《中华人民共和国会计法》(简称《会计法》)、《中华人民共和国注册会计师法》(简称《注册会计师法》),它是会计规范体系中权威性最高、最具有法律效力的规范,是制定其他各层次会计规范的依据,是会计工作的基本大法。

6. 会计档案的保管

会计档案是国家经济档案的重要组成部分,是企业单位日常发生的各项经济活动的历史记录,是总结经营管理经验、进行决策所需的主要资料,也是检查各种责任事故的重要依据。因此,对会计档案应建立严密的保管制度,妥善管理,不得丢失、损坏、抽换或任意销毁。

7. 会计工作的电算化

会计电算化是以电子计算机为主的当代电子技术和信息技术应用到会计实务中的简称,是一个应用电子计算机实现的会计信息系统。它实现了数据处理的自动化,使传统的手工会计信息系统发展演变为电算化会计信息系统。会计电算化是会计发展史上的一次重大革命,它不仅是会计发展的需要,而且是经济和科技对会计工作提出的要求。

三、会计工作组织的要求

对会计工作进行组织和管理要遵循一定的要求,或者说要遵循一定的原则。组织会计工作应符合的要求,是指组织好会计工作、提高会计工作质量和效率所应遵循的一些基本规律。它是组织好会计工作的基本保证。要保证科学、有效地组织和管理会计工作,必须遵循以下几项要求。

1. 统一性要求

统一性要求是指组织会计工作必须按照《会计法》和企业会计准则以及其他相关会计法规制度对会计工作的统一要求,贯彻执行国家规定的法令制度,进行会计核算,实行会计监督,以便更好地发挥会计工作在维护社会主义市场经济秩序,加强经济管理,提高经济效益中的应有作用。

2. 适应性要求

适应性要求是指组织会计工作必须适应本单位经营管理的特点。各单位应在遵守国家法规和准则的前提下,根据自身管理特点及规模大小等情况,制定出相应的具体办法,以适应企业自身发展的需要。

3. 效益性要求

效益性要求是指组织会计工作时,在保证会计质量的前提下,应讲求效益,节约人力和物力。会计工作十分繁杂,如果组织不好,就会造成重复劳动、浪费人力和物力。所以对会计管理程序的规定,会计凭证、账簿、报表的设计,会计机构的设置以及会计人员的配备等,都应避免烦琐,力求精简,引入会计电算化,从工艺上改进会计操作技术,提高工作效率。应防止机构过于庞大、重叠,人浮于事和形式主义,影响会计工作的效率和质量。

4. 内部控制及责任制要求

内部控制及责任制要求是指组织会计工作时,要遵循内部控制的原则,在保证贯彻整个单位责任制的同时,建立和完善会计工作自身的责任制,从现金出纳、财产物资进出以及各项费用的开销等内容形成彼此相互牵制机制,防止工作中的失误和弊端。对会计工作进行合理分工,不同岗位上的会计人员各司其职,使得会计处理手续和会计工作程序达到规范化、条理化。

四、会计工作组织的意义

会计是一项复杂、细致的综合性经济管理活动,会计工作又是一项系统的工作,有系统就必然存在着系统的组织和管理。科学地组织好会计工作,对于顺利完成会计的各项任务,保证实现会计目标,充分发挥会计的职能作用,促进国民经济健康、有序发展等方面都具有十分重要的意义。具体可概括为以下几方面。

(1)科学地组织会计工作,有利于保证会计工作的质量和提高会计工作的效率。

会计是通过对社会再生产过程中的经济活动和财务收支情况进行反映和监督,为管理者以及社会各界提供准确、可靠的会计信息。具体来讲,对于各项经济活动及财务收支,会计是通过从凭证到账簿,从账簿到报表,进行连续的记录、计算、分类、汇总并进一步分析检查的。全部过程包括了一系列的程序,需要履行各种手续,各程序及手续之间环环相扣、紧密相连。在任何一个环节出现了差错,都必然造成整个核算结果不正确或不能及时完成,进而影响整个会计核算工作的质量和效率。所以必须要结合会计工作的特点,科学地设置会计机构并配备高素质的会计人员,认真制定并严格执行会计法规和会计制度,只有这样,才能保证会计工作正常、高效地运行,圆满完成会计的各项任务。

(2)科学地组织好会计工作,有利于加强同其他经济管理工作的协调一致,提高企业整体管理水平。

会计工作是企业单位整个经济管理工作的一个重要组成部分,它既有独立性,又同其他管理工作存在着相互制约、相互促进的关系,可以说科学而完善的会计工作组织,需要其他经济管理工作的配合与协调,同时也能促进其他经济管理工作的顺利进行。因此,只有科学地组织好会计工作,才能处理好会计同其他经济管理工作之间的关系,做到相互促进、密切配合、口径一致,从而全面完成会计任务。

(3)科学地组织会计工作,有利于加强企业单位的内部经济责任制。

会计是经济管理的重要组成部分,而经济管理的一个很重要的手段就是实行各单位的内部经济责任制,所以实行内部经济责任制离不开会计,包括科学的经济预测、正确的经济决策,以及业绩考评等。总而言之,科学地组织好会计工作,可以促进企业单位内部各有关部门管好、用好资金、增收节支,通过提高经营管理水平,达到提高经济效益、取得最佳经济效果的目的。

(4)组织好会计工作,有利于维护财经法纪,贯彻经济工作的方针政策。

会计工作是一项错综复杂的系统工作,政策性又很强,必须通过核算如实地反映各单位的经济活动和财务收支,提高监督来贯彻执行国家的有关政策、方针、法令和制度。因此,科学地组织好会计工作,可以促使各单位更好地贯彻实施各项方针政策,维护好财经纪律,为建立良好的社会经济秩序打下基础。

会计工作是一项要求极高的综合性经济管理活动,科学、有效地组织和管理会计工作,对于贯彻执行国家的法律、法规、维护财经纪律,建立良好的社会经济秩序都具有十分重要的意义。

第二节　会　计　机　构

一、会计机构的含义

所谓会计机构,即各单位从事会计工作的职能部门。广义的会计机构还包括政府财政部门管理会计工作的职能机构。凡是独立核算的会计主体,一般都要单独设置会计机构,并配备必要的会计人员从事会计工作。经济业务规模较小,会计业务比较简单的单位,也要在有关机构中设置专职的会计人员办理会计业务。

设置会计机构主要有以下五个原则:一是要与企业管理体制和企业组织结构相适应;二是要与单位经济业务的性质和规模相适应;三是要与本单位的会计工作组织形式相适应;四是要与本单位其他管理机构相协调;五是要体现精简高效原则。按照上述原则来确定:是否单独设置会计机构;设置什么性质的会计机构;会计机构是分设还是合设;设置几级会计机构;会计机构在企业组织机构中如何定位;会计机构与其他管理机构的分工协调。

同时,根据设置的会计机构制定出符合国家管理规定,适合本单位具体情况的内部会计管理制度,以最大限度发挥会计人员在经济管理过程中的应有作用。

二、会计机构设置的相关法律法规

《会计法》第七条规定:"国务院财政部门主管全国的会计工作。县级以上地方各级人民政府的财政部门管理本行政区域内的会计工作。"因此,国家财政部设立会计司主管全国的会计工作。其主要职责是在财政部领导下,拟定全国性的会计法令,研究、制定改进会计工作的措施和总体规划,颁发会计工作的各项规章制度,管理报批外国会计公司在我国设立常驻代表机构,会同有关部门制定并实施全国会计人员专业技术、职称考评制度等。

地方财政部门、企业主管部门一般设财务会计局、处等,主管本地区或本系统所属企业的会计工作。其主要职责是:根据财政部的统一规定,制定适合本地区、本系统的会计规章制度;负责组织、领导和监督所属企业的会计工作;审核、分析、批复所属企业的财务会计报告,并编制本地区、本系统的汇总会计报表;了解和检查所属企业的会计工作情况;负责本地区、本系统会计人员的业务培训,以及会同有关部门评聘会计人员技术职称等。同时,基层企事业单位的主管部门在会计业务上受同级财政部门的指导和监督。

由上述可见,我国基层企事业单位的会计工作,受财政部门和单位主管部门的双重领导。在每个基层单位内部,一般都需要设置会计工作的职能部门,以完成本单位的会计工作。《会计法》第三十六条规定:"各单位应当根据会计业务的需要,设置会计机构,或者在有关机构中设置会计人员并指定会计主管人员;不具备设置条件的,应当委托已经批准设立从事会计代理记账业务的中介机构代理记账。"会计法的这一规定是对会计机构设置所做出的具体要求,这里包含以下三层含义。

(1) 各单位可以根据本单位的会计业务繁简情况决定是否设置会计机构。会计机构是各单位办理会计事务的职能机构,会计人员是直接从事会计工作的人员,建立健全会计机构,配备数量和素质都相当的、具备从业资格的会计人员,是各单位做好会计工作,充分发挥会计职能作用的重要保证。因此,为了科学、合理地组织开展会计工作,保证本单位正常的经济核算,各单位原则上应设置会计机构。但考虑到单位有大有小,业务有繁有简,《会计法》如果"一刀切",要求每个单位都必须设置会计机构,势必脱离实际。而且,是否设置机构,设置哪些机构,应当是单位的内部事务,不宜由法律来强制规定。因此,《会计法》规定各单位根据自身的情况自行决定是否设置会计机构,是较为适宜的。但是,无论是否需要设置会计机构,会计工作必须依法开展,不能因为没有会计机构而对会计工作放任不管,这是法律所不允许的。

（2）不能单独设置会计机构的单位,应当在有关机构中设置会计人员并指定会计主管人员。这是提高工作效率,明确岗位责任的内在要求,同时也是由会计工作专业性、政策性强等特点所决定的。"会计主管人员"是《会计法》中的一个特指概念,不同于通常所说的"会计主管""主管会计""主办会计"等,而是指负责组织管理会计事务、行使会计机构负责人职权的负责人。《会计法》没有对如何配备会计机构负责人作出具体的规定,主要考虑到在现实中,凡是设置会计机构的单位,都配备了会计机构负责人。但是,对于没有设置会计机构,只在其他机构中配备一定数量专职或兼职会计人员的单位,《会计法》规定应在会计人员中指定会计主管人员,目的是强化责任制度,防止出现会计工作无人负责的局面。会计主管人员作为中层管理人员,行使会计机构负责人的职权,按照规定的程序任免。

（3）不具备设置会计机构和会计人员条件的,应当委托经批准设立从事会计代理记账业务的中介机构代理记账。有关代理记账的问题,将在随后的问题中再进行阐述。

三、会计工作与财务工作的关系

由于会计工作与财务工作都是综合性的经济管理工作,两者的关系十分密切。因而,在我国的实际工作中,通常将处理财务与会计工作的职能机构合并为一个部门。这个机构的主要任务就是组织和处理本单位的财务与会计工作,如实地反映本单位的经济活动情况,以便及时地向各有关利益关系体提供他们所需要的财务会计资料,参与企业单位经济管理的预测与决策,严格执行会计法规制度,最终达到提高经济效益的目的。

第三节　会　计　人　员

会计人员旧时称柜吏,是从事会计工作的专职人员。在我国,会计人员按职权划分主要有总会计师、会计机构负责人、会计主管人员、一般会计;按照专业技术职务划分为高级会计师、会计师、助理会计师、会计员。

会计人员的主要职责:一是进行会计核算;二是实行会计监督;三是参与拟订经济计划、业务计划,考核、分析预算、财务计划的执行情况;四是拟订本单位办理会计事务的具体办法;五是办理其他会计事务。

《会计法》第三十八条规定:"从事会计工作的人员,必须取得会计从业资格证书。担任会计机构负责人的,除取得会计从业资格证书外,还应当具备会计师以上专业技术职务资格或者从事会计工作三年以上经历。"《会计基础工作规范》第十四条规定:"会计人员应当具备必要的专业知识和专业技能,熟悉国家有关法律、法规、规章和国家统一会计制度,遵守职业道德。"这些都是对会计人员任职资格的具体规定。

一、会计人员的主要职责

会计人员的主要职责也是会计机构的职责,具体包括以下几项内容。

1. 进行会计核算

会计人员应按照会计制度的规定,切实做好记账、算账、报账告示工作。各单位必须根据实际发生的经济业务事项进行会计核算,要认真填制和审核原始凭证,编制记账凭证,登记会计账簿,正确计算各项收入、支出、成本、费用、财务成果。按期结算、核对账目,进行财产清查,在保证账证相符、账账相符、账实相符的基础上,按照手续完备、数字真实、内容完整的要求编制和报出财务会计报告。

《会计法》第十条规定,下列经济业务事项,应当办理会计手续,进行会计核算:①款项和有价证券的收付;②有关财务的收发、增减和使用;③债权债务的发生和结算;④资本、现金的增减;⑤收入、支出、费用、成本的计算;⑥财务成果的计算和处理;⑦需要办理会计手续、进行会计核算的其他事项。

2. 实行会计监督

实行会计监督,即通过会计工作,对本单位的各项经济业务和会计手续的合法性、合理性进行监督。对不真实、不合法的原始凭证不予受理,对账簿记录与实物、款项不符的问题,应按有关规定进行处理或及时向本单位领导人报告;对违反国家统一的财政制度、财务规定的收支不予受理。此外,各单位必须依照法律和国家有关规定,接受财政、审计、税务机关的监督,如实提供会计凭证、会计账簿、会计报表和其他会计资料以及有关情况。

建立健全本单位内部会计监督制度。《会计法》第二十七条规定,单位内部会计监督制度应当符合下列要求。

(1) 记账人员与经济业务事项和会计事项的审批人员、经办人员、账务保管人员的职责权限应当明确,并相互分离、相互制约。

(2) 重大对外投资、资产处置、资金调度和其他重要经济业务事项的决策和执行的相互监督、相互制约程序应当明确。

(3) 财产清查的范围、期限和组织程序应当明确。

(4) 对会计资料定期进行内部审计的办法和程序应当明确。

3. 参与拟订经济计划、业务计划,考核、分析预算、财务计划的执行情况

会计人员应根据会计资料并结合其他资料,按照国家各项政策和制度规定,认真编制并严格执行财务计划、预算,遵照经济核算原则,定期检查和分析财务计划、预算的执行情况。遵守各项收支制度、费用开支范围和开支标准,合理使用资金,考核资金使用效果等。

4. 拟订本单位办理会计事务的具体办法

会计主管人员应根据国家有关的会计法规、准则及其他相关规定,结合本单位具体情况,制定本单位办理会计事项的具体办法,包括会计人员岗位责任制度、钱账分管制度、内部稽核制度、财产清查制度、成本计算办法、会计政策的选择以及会计档案的保管制度等。

5. 办理其他会计事务

我国《会计法》规定,会计人员应具备必要的专业知识;总会计师由具有会计师以上专业

技术任职资格的人员担任;国有企业、事业单位的会计机构负责人、会计主管人员的任免应当经过主管单位同意,不得任意调动或者撤换;会计人员忠于职守,坚持原则,受到错误处理的,主管单位应当责成所在单位予以纠正;玩忽职守,丧失原则,不宜担任会计工作的,主管单位应当责成所在单位予以撤职或者免职;会计人员调动工作或者离职,必须与接管人员办理交接手续,一般人员办理交接手续,由会计机构负责人、会计主管人员监交。会计机构负责人、会计主管人员办理交接手续,由单位领导人监交,必要时可以由主管单位派人会同监交。

二、会计人员的主要权限

为了保障会计人员更好地履行其职责,《会计法》及其他相关法规在明确了会计人员职责的同时,也赋予了会计人员相应的权限,具体有以下三个方面的权限。

(1) 会计人员有权要求本单位各有关部门及相关人员认真执行国家、上级主管部门等批准的计划和预算。严格遵守国家财经纪律、会计准则和相应会计制度。如果发现有违反上述规定的,会计人员有权拒绝付款、拒绝报销或拒绝执行。对于属于会计人员职权范围内的违规行为,在自己的职权范围内予以纠正,超出其职权范围的应及时向有关部门及领导汇报,请求依法处理。

(2) 会计人员有权履行其管理职能,也就是有权参与本单位编制计划、制定定额、签订合同、参加有关的生产、经营管理会议和业务会议,并以会计人员特有的专业地位就有关事项提出自己的建议和意见。

(3) 会计人员有权监督、检查本单位内部各部门的财务收支、资金使用和财产保管、收发、计量、检验等情况,各部门应该大力支持和协助会计人员工作。

会计人员在正常工作过程中的权限是受法律保护的,《会计法》第四十六条规定:"单位负责人对依法履行职责、抵制违反本法规定行为的会计人员以降级、撤职、调离工作岗位、解聘或者开除等方式实行打击报复,构成犯罪,依法追究刑事责任;尚不构成犯罪的,由其所在单位或者有关单位依法给予行政处分。对受打击报复会计人员的,应当恢复其名誉和原有职务、级别。"由此可见,任何人干扰、阻碍会计人员依法行使其正当权利,都会受到法律的追究乃至制裁。

三、总会计师制度

总会计师是指具有较高的会计专业技术职务,协助单位行政领导人组织领导本单位的经济核算和财务会计工作的专门人员,是单位行政领导之一。

总会计师的提法源自苏联的计划经济体制,当时是一个既对国家负责,又对厂长(经理)负责的职位。我国在 20 世纪 60 年代初期开始在规模较大的企业试行总会计师制度,而真正确立这项制度是在 20 世纪 70 年代末期(即 1978 年),国务院颁发施行了《会计人员职权条例》,其中就规定了企业应建立总会计师经济责任制,1984 年 10 月,中共十二届三中全会通过的《关于经济体制改革的决定》中再一次强调了企业应设置总工程师、总经济师和总会计师,并对其职责也作了相应的规定,进入市场经济之后,我国企业一般都是在"对总经理负责"这一含义上定位总会计师的职责。国务院 1990 年发布的《总会计师条例》对总会计师的定位是"总会计师是单位行政领导成员,协助单位主要行政领导人工作,主要对单位主要行政领导负责。凡设置总会计师的单位,在单位行政领导成员中,不设与总会计师职权重叠的副职"。

《会计法》第三十六条第二款规定:"国有的和国有资产占控股地位或者主导的大中型企业必须设置总会计师。总会计师的任职资格、任免程序、职责权限由国务院规定。"为了更好地领导和组织企业的各项会计工作,大中型企业应设置总会计师职务,小型企业应指定一名副厂长(或相应级别)行使总会计师的职权。总会计师是企业厂级行政领导人员,《总会计师条例》规定总会计师的主要职责如下。

(1) 负责组织本单位的下列工作:编制和组织预算、财务收支计划、信贷计划,拟定资金筹措和使用方案,开辟财源,有效地使用资金;进行成本费用预测、计划、控制、预算分析和考核,督促本单位有关部门降低消耗、节约费用、提高经济效益;建立健全经济核算。

(2) 负责对本单位财会机构的设置和会计人员的配备、会计专业职务的设置和聘用提出方案;组织会计人员的业务培训和考核,支持会计人员依法行使职权。

(3) 领导企业财务与会计工作,组织资金、成本、利润等的分级管理,对企业财务负责;审查和监督企业各项计划和经济合同的签订和执行。

(4) 协调单位的主要行政领导人制定企业生产经营方针、战略目标和有关决策,提高企业的经济效益;参与新产品开发、技术改造、商品价格的制定等。

一般来说,总会计师应由具有会计师、高级会计师技术职称的人员担任。

四、会计委派制

在新旧经济体制转轨时期,新的体制尚未完全建立,相关的法律体系和社会监督体系还不够健全,致使社会经济生活中出现了一些有待解决的问题。对于国有企业,所有者主体的缺位,国有技术代表人的不具体,对经营者缺乏必要的监督和约束,导致国有资产流失严重。在一些行政事业单位,由于内部控制制度和监督机制不健全,导致预算外资金管理混乱,"乱罚款、乱收费、乱摊派"以及私设"小金库"等问题十分突出,不但造成国家财政收入的流失,而且为各种贪污腐败等经济犯罪行为提供了便利。这些问题反映在会计工作上,突出地表现为"信息失真,秩序混乱,造假严重",法律赋予会计人员的监督职能实际上也难以履行,形同虚设。因此,一方面为了解决经济生活中存在的某些问题需要强化会计监督机制,另一方面现行的会计管理体制又使会计人员行使会计监督职能存在诸多困难,于是人们提出要进行会计人员管理体制的改革,会计委派制也正是在这样的背景下应运而生。

会计委派制是国家以所有者身份,凭借管理职能对企业、事业单位的会计机构负责人和主管会计进行委派的一种制度。其实质是对会计人员管理体制的一种改革,即把现行的会计"单位所有制"改为"国家委派制",政府部门或产权管理部门以所有者的身份,凭借其管理职能,委派会计人员代表政府或产权管理部门,监督国有企业、集体企业和行政事业单位的资产经营或财务收支状况,也包括企业集团对下属企业实行派驻会计人员的体制。

委派会计有以下四种选拔方式。

(1) 向社会公开招考,在职会计优先录取。直接管理的委派会计采用这种选拔方式。

（2）单位推荐,会计局审核,人事部门任免。双重管理的委派会计一般都采用这种选拔方式。

（3）会计管理部门向企事业单位推荐会计人员。

（4）系统内部选拔。

五、会计人员的任免

会计工作者既要为本单位经营管理服务,维护本单位的合法的经济利益,又要执行国家的财政、财务制度和财经纪律,维护国家的整体利益,同各种违法乱纪行为作斗争。针对会计的这一工作特点,国家对会计人员,特别是对会计机构负责人和会计主管人员,在《会计法》和其他相关法规中作了若干特殊的规定,其主要包括以下内容。

（1）在我国,国有经济占主导地位,为了保证国有经济顺利、健康有序发展,在国有企事业单位中聘用会计人员应实行回避制度,也就是说,单位领导人的直系亲属不得在本单位担任会计机构负责人,同时,会计机构负责人的直系亲属也不得在本单位的会计机构担任出纳工作。

（2）企业单位的会计机构负责人、会计主管人员的任免,应当经过上级主管单位同意,不得任意调动或撤换。也就是说,各单位应该按照干部管理权限任命会计机构负责人和会计主管人员,在任命这些人员时,应先由本单位行政领导人提名报给主管单位。

（3）会计人员在工作过程中应忠于职守、坚持原则,如果受到错误处理的,上级主管单位应当责令所在单位予以纠正。会计人员在工作过程中玩忽职守、丧失原则,不宜担任会计工作的,上级主管单位应责成所在单位予以撤换。对于认真执行《会计法》以及其他相关会计法规,忠于职守,做出显著成绩的会计人员,应给予精神上或物质上的奖励。

第四节 会 计 规 范

一、会计规范的含义

什么是会计规范呢? 不同的学者有不同的认识和观点。我国著名的会计学家杨纪琬、娄尔行、葛家澍三位教授在他们主编的《会计原理》一书中解释:会计规范是一个广义的术语,它包括所有对会计的记录、确认、计量和报告具有制约、限制和引导作用的法律、法规、原则、准则、制度等。

陈亚民在《会计规范论》中对会计规范所作的定义:"会计规范是在会计领域内起作用的一种社会意识形态,具有公认性、统一性、客观性、广泛适用和反复适用性;作为一种标准,它帮助会计人员解决如何工作的问题,为评价会计工作提供客观依据;作为一种机制,它是保障和促进会计活动达到预期目的的一种制约力量。"也有学者指出,所谓会计规范,是指协调、统一会计处理过程作出合理选择的假设、原则、制度等的总和。

从上述所列举的定义来看,他们对会计规范的认识有一定的区别,但都指出了会计规范的定义中应说明的内容:会计规范的性质、会计规范的作用、会计规范的内容。

会计规范是关于经济组织（或单位）会计行为的标准或法式。如我国针对企业等经济组织的会计机构及其会计人员的会计核算、会计监督行为所制定的《会计法》，针对企业会计计量、记录和报告行为所制定的企业会计准则，美国财务会计准则委员会针对企业会计确认、计量与报告行为所制定的《财务会计准则公告》及其"解释"等，均属会计规范的内容。

在会计规范体系中，关于企业经济组织的会计确认、计量、记录和报告的规范（企业会计准则或会计制度）是核心会计规范。鉴于企业会计信息在社会经济活动特殊功能，各国政府都十分重视企业会计准则或会计制度的制定。而且，从会计规范的演变历史来看，一旦关于会计组织、会计人员素质、会计职业道德等的基础性会计规范建立健全后，会计规范建设的重点便集中在企业会计准则或会计制度上。美国公认会计原则（GAAP）的制定与发展、我国企业会计制度的改革历程等，均证明了这一点。

二、会计规范体系的目的及意义

1. 会计规范体系的目的

会计规范体系的目的在于对经济组织及其会计人员的会计行为进行约束和引导，使之符合社会经济制度合理安排的需要。从微观角度看，制定科学的会计规范可以保证企业等经济组织所提供的会计信息的真实性，并确保其财产安全完整；从宏观层看，会计规范本身已经成为社会经济制度的重要组成部分，其关系到经济资源能否得到合理配置、经济利益分配格局是否符合公平原则。另外，会计规范不仅是企业等经济组织实施会计行为的依据和标准，同时也是评价企业等经济组织会计行为与会计工作质量的依据和标准。

2. 会计规范体系的意义

会计规范的内容繁杂多样，如果将所有属于会计规范的内容综合在一起表示，就构成一个体系。会计规范体系并不是简单地罗列这些规范的内容，而是将它们按照一定逻辑顺序、层次分明地、有机地联系起来所组成的一个框架结构图。

建立健全会计规范体系，是做好会计工作的前提条件，也是解决目前会计信息失真问题的措施之一，会计规范体系的作用主要体现在以下几个方面。

（1）会计规范体系是会计人员从事会计工作、提供会计信息的基本依据。会计规范体系既包括采用法律形式的具有强制性特征的会计规范，也包括采取自律形式的具有自主性特征的会计规范。会计信息的生产不能是随意的和无规则的，否则会计信息对于使用者来说就毫无意义，甚至会由于其误导作用而成为社会的危害。因此，会计规范体系为设计合理有效的会计工作与行为模式，会计人员对外提供会计信息提供了依据。

（2）会计规范体系为评价会计行为确定了客观标准。会计规范是会计信息使用者评价会计工作和应用会计信息质量的基本依据。由于会计信息的生产与有关各方的经济利益密切相关，而且，会计信息的使用者分布在社会各方，会计信息的使用者必然会关注会计工作的质量，因此，对特定会计行为及其行为结果持肯定还是否定态度，是对还是错，是好还是坏，都要求在全社会范围内有一个基本一致的标准，对会计工作的质量做出评价。

（3）会计规范体系是维护社会经济秩序的一种重要工作。全社会统一的会计规范体系是市场运行规则的一个组成部分,它是社会各方从事与企业有关的经济活动和从事相应经济决策的重要基础,对于国家维护和保证财政利益、进行宏观经济调控、管理国有资产都具有十分重要的作用。

三、我国会计规范体系的内容

按照我国的国情(主要是经济环境),考虑大多数人的传统观念与认识,我国会计规范体系应该选择广义的会计规范体系概念,即凡是对会计进行制约、限制和引导的规范都应作为会计规范体系的组成部分,鉴于此,我国会计规范体系的构成如图 12-1 所示。

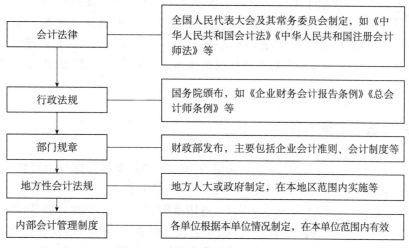

图 12-1 我国会计规范体系的构成

从图 12-1 来看,我国会计规范体系由五个层次构成,按照规范的强制性排列。其中,会计法律是由全国人民代表大会及其常务委员会制定的;行政法规是由我国最高行政机关国务院颁布的;部门规章主要是指国家财政部门根据法律、法规的规定发布的指导会计工作的具体规定;地方性会计法规是由地方人大或政府制定的在本地区范围内实施的各种与会计有关的规范;内部会计管理制度是由各单位根据国家统一的会计制度,结合本单位实际情况而制定的适合本单位使用的规范。

从新中国成立到 20 世纪 70 年代末,我国一直实行的是高度集中的计划经济体制。在这一经济体制下,我国对国有企业执行的始终是单一的会计制度模式,无会计法律可依,没有科学的会计法制体系。20 世纪 70 年代末 80 年代初,为了适应我国经济改革开放的要求,会计工作的法制化、规范化建设工作也开始加快步伐。1980 年 8 月,在第五届全国人民代表大会第三次会议上,不少代表提议制定《会计法》。在随后的 10 月,财政部就召开了全国会计工作会议,并就《会计法(讨论稿)》进行了讨论。1985 年 1 月 21 日,《会计法》经第六届全国人民代表大会常务委员会第九次会议审议通过,并于同年 5 月 1 日起正式实施。

此后,随着改革开放的不断深化和社会主义市场经济体制的逐步建立,社会经济生活的各个领域都出现了许多新的事物,从而也带来了许多新的问题。为了适应新的经济形势,1993 年 12 月 29 日,第八届全国人民代表大会常务委员会第五次会议通过了经修改的《会计法》。修改后的《会计法》改变了会计立法的目的,提出以"维护社会主义市场经济秩序"为会计立法的目的,而且其适用范围进一步扩大至全部企业、事业单位;与此同时,修改后的《会计法》还对会计行为中的法律责任做出了进一步的规定,对相关的违法责任人和执法人的法律责任进行了明确。

20 世纪 90 年代后期,我国社会主义市场经济体制已经确立,国家间的经济交往更加频繁。与此同时,我国的会计规范体系也处在不断的发展和完善之中。1999 年 10 月 31 日,第九届全国人民代表大会常务委员会第十二次会议讨论通过了经过全面修订的《会计法》并决定于 2000 年 7 月 1 日起施行。这一次修订是对《会计法》的第二次修订,经过修订的《会计法》集中体现了"规范会计行为,保证会计资料真实、完整"的立法宗旨,并且在一些重大问题上实现了突破。例如,明确了单位负责人是本单位会计行为的责任主体,对会计行为中的法律责任做出了更加细化的规定,加大了对会计违法犯罪行为的惩治力度等。可以说,再次修订后的《会计法》更好地适应了新的经济发展形势,对于规范会计行为、促进会计职能的发挥起到了重要的推动作用。作为整个会计规范体系的基础,《会计法》是制定其他会计法规、制度的根本依据。

四、我国会计法的主要内容

《会计法》共分 7 章 52 条,分别就立法宗旨、适用范围、单位会计行为责任主体、会计核算、会计监督、会计机构和会计人员、法律责任等问题做出了规定。

第一章 "总则"部分,主要就立法宗旨、适用范围、会计工作管理体制等做出规定。《会计法》的立法目的是"为了规范会计行为,保证会计资料真实、完整,加强经济管理和财务管理,提高经济效益,维护社会主义市场经济秩序"。《会计法》适用于"国家机关、社会团体、公司、企业、事业、单位和其他组织"办理会计事务。《会计法》第四条规定"单位负责人对本单位的会计工作和会计资料的真实性、完整性负责",从而明确了经济组织或单位的会计责任承担者是"单位负责人"。单位负责人是指单位法定代表人或者法律、行政法规规定代表单位行使职权的主要负责人。这一规定是新的《会计法》的一大突破,它明确了企业会计行为的最终责任主体,从而保证了各项会计工作能够顺利进行。此外,总则部分还对会计人员履行职责的法律保障和奖励问题做出了明确规定:"任何单位或者个人不得以任何方式授意、指使、强令会计机构、会计人员伪造、变造会计凭证、会计账簿和其他会计资料,提供虚假财务会计报告;任何单位或者个人不得对依法履行职责、抵制违反本法规定行为的会计人员实行打击报复;对认真执行本法,忠于职守,坚持原则,做出显著成绩的会计人员,给予精神或者物质的奖励。"

第二章 "会计核算"部分,主要对会计核算的内容、会计年度、记账本位币、会计凭证的填制、会计账簿的登记与核对、财务会计报告的编制、会计档案的管理等问题做出了原则性规定。会计核算实际上是指对经济交易或事项所进行的会计确认、计量、记录和报告。《会计法》规定的会计核算范围如下。

(1) 款项和有价证券的收付。

(2) 财物的收发、增减和使用。

(3) 债权债务的发生和结算。

（4）资本、基金的增减。

（5）收入、支出、费用、成本的计算。

（6）财务成果的计算和处理。

（7）需要办理会计手续、进行会计核算的其他事项。

第三章　"公司、企业会计核算的特别规定"部分，在第二章法律规定的基础上对公司、企业的会计核算，特别是对资产、负债、所有者权益、收入、费用和利润等会计要素的确认、计量、记录等问题做出了原则性规定，同时还规定公司、企业不得存在下列不法行为。

（1）随意改变资产、负债、所有者权益的确认标准或者计量方法，虚列、多列、不列或者少列资产、负债、所有者权益。

（2）虚列或者隐瞒收入，推迟或者提前确认收入。

（3）随意改变费用、成本的确认标准或者计量方法，虚列、多列、不列或者少列费用、成本。

（4）随意调整利润的计算、分配方法，编造虚假利润或者隐瞒利润。

（5）违反国家统一的会计制度规定的其他行为。

第四章　"会计监督"部分，主要就单位内部会计监督制度做出了明确规定。《会计法》规定：各单位应当建立、健全本单位内部会计监督制度，单位内部会计监督制度应当符合下列要求。

（1）记账人员与经济业务事项和会计事项的审批人员、经办人员、财物保管人员的职责权限应当明确，并相互分离、相互制约。

（2）重大对外投资、资产处置、资金调度和其他重要经济业务事项的决策和执行的相互监督、相互制约程序应当明确。

（3）财产清查的范围、期限和组织程序应当明确。

（4）对会计资料定期进行内部审计的办法和程序应当明确。

同时，《会计法》第二十八条规定：单位负责人应当保证会计机构、会计人员依法履行职责，不得授意、指使、强令会计机构、会计人员违法办理会计事项；会计机构、会计人员对违反本法和国家统一的会计制度规定的会计事项，有权拒绝办理或者按照职权予以纠正。在本章《会计法》还对单位会计行为的政府监督（财政、审计、税务、人民银行、证券监管、保险监督等部门对各单位会计活动的监督）和社会监督（注册会计师审计）的监督行为主体、行为内容和行为要求等做出了规定。

第五章　"会计机构和会计人员"部分，主要对会计机构的设置、会计人员的配备、会计人员的从业资格与任职条件、稽核制度、会计工作交接等问题做出了规定。例如，《会计法》规定，各单位应当根据会计业务的需要，设置会计机构，或者在有关机构中设置会计人员并指定会计主管人员，不具备设置条件的，应当委托经批准设立从事会计代理记账业务的中介机构代理记账；国有的和国有资产占控股地位或者主导地位的大、中型企业必须设置总会计师；出纳人员不得兼任稽核、会计档案保管和收入、支出、费用、债权债务登记工作；从事会计工作的人员，无须取得会计从业资格证书；担任单位会计机构负责人（会计主管人员）的，应当具备会计师以上专业技术职务资格或者从事会计工作三年以上。

第六章　"法律责任"部分，具体界定了会计违法行为的类别，并对各类违反《会计法》的行为应承担的行政责任和刑事责任做出了详细规定，同时明确了相关行政监管部门的法律责任。《会计法》认定的违反该法律的行为主要如下。

（1）不依法设置会计账簿的。

（2）私设会计账户的。

（3）未按照规定填制、取得原始凭证,或者填制、取得的原始凭证不符合规定的。

（4）以未经审核的会计凭证为依据登记会计账簿或者登记会计账簿不符合规定的。

（5）随意变更会计处理方法的。

（6）向不同资料使用者提供的财务会计报告编制依据不一致的。

（7）未按照规定使用会计记录文字或者记账本位币的。

（8）未按照规定保管会计资料,致使会计资料毁损、灭失的。

（9）未按照规定建立并实施单位内部会计监督制度或者拒绝依法实施的监督或者不如实提供有关会计资料及有关情况的。

（10）任用会计人员不符合《会计法》规定的。

按《会计法》规定"伪造、变造会计凭证、会计账簿,编制虚假财务会计报告,构成犯罪的,依法追究刑事责任;隐匿或者故意销毁依法应当保存的会计凭证、会计账簿、财务会计报告,构成犯罪的,依法追究刑事责任;授意、指使、强令会计机构、会计人员及其他人员伪造、变造会计凭证、会计账簿,编制虚假财务会计报告或者隐匿、故意销毁依法应当保存的会计凭证、会计账簿、财务会计报告,构成犯罪的,依法追究刑事责任。"

第七章　"附则"主要对《会计法》中使用的"单位负责人""国家统一的会计制度"等相关用语进行界定,并规定了《会计法》的施行日期。

第五节　会计职业道德

一、会计职业道德含义

会计职业道德是指在会计职业活动中应当遵循的、体现会计职业特征的、调整会计职业关系的各种经济关系的职业行为准则和规范。

一般社会公德在会计工作中的具体体现,引导、制约会计行为,调整会计人员与社会、会计人员与不同利益集团以及会计人员之间关系的社会规范。它贯穿于会计工作的所有领域和整个过程,体现了社会要求与个性发展的统一,着眼于人际关系的调整,以是否合乎情理、善与恶为评价标准,并以社会评价(荣誉)和个人评价(良心)为主要制约手段,是一种通过将外在的要求转化为内在的,即精神上的动力来起作用的非强制性规范。

会计职业道德的主要构成要素如下。

（1）会计职业理想。会计人员的择业目标,或维持生计,或发展个性,或承担社会义务,或兼而有之。它是会计职业道德的灵魂。

（2）会计工作态度。会计工作的职业特征要求会计人员在从事会计活动时,既认真负责、精益求精,又积极主动、富有创造性。这是会计人员履行职责义务的基础。

（3）会计职业责任。即会计人员担任某项职务或从事某项工作后就应承担(或被赋予)的相应义务。职责与职权相互关联。会计职责是会计职业道德规范的核心,也是评价会计行为的主要标准。

（4）会计职业技能。包括完成会计工作所必要的知识以及所需要的工作能力与经验。它是会计人员圆满完成会计工作的技术条件。

（5）会计工作纪律。保密性、廉正性（正直、诚实、廉洁）与超然性既是维护和贯彻会计职业道德的保证，也是评价会计行为的一种标准。

（6）会计工作作风。它是会计人员在长期工作实践中形成的习惯力量，是职业道德在会计工作中连续贯彻的体现。在工作中严谨仔细，一丝不苟，勤俭理财，严格按会计规范办事，自觉抵制非首先因素的侵袭等，均是良好的会计工作作风。

作为一种意识形态范畴，现代会计职业道德的形成与发展，往往要经历三个阶段：①以会计职业责任和义务为核心，重在社会对个人的"防范"，理论对欲望的"束缚"的他律阶段。②以会计职业良心为核心，会计工作职责转变为会计人员内心道德感与道德行为准则的自律；③职业良心在职业目标的统帅下融为一体，职业道德的他律性与自律性高度统一，外在导向的价值目标是会计职业道德守则，加强会计职业道德教育，能使会计人员增进会计职业修养三位一体，是形成良好的会计职业道德风尚，并卓有成效地保证其他会计规范顺利贯彻实施的重要条件。

二、会计职业道德规范的主要内容

（1）爱岗敬业。要求会计人员热爱会计工作，安心本职岗位，忠于职守，尽心尽力，尽职尽责。

（2）诚实守信。要求会计人员做老实人，说老实话，办老实事，执业谨慎，信誉至上，不为利益所诱惑，不弄虚作假，不泄露秘密。

（3）廉洁自律。要求会计人员公私分明、不贪不占、遵纪守法、清正廉洁。

（4）客观公正。要求会计人员端正态度，依法办事，实事求是，不偏不倚，保持应有的独立性。

（5）坚持准则。要求会计人员熟悉国家法律、法规和国家统一的会计制度，始终坚持按法律、法规和国家统一的会计制度的要求进行会计核算，实施会计监督。

（6）提高技能。要求会计人员增强提高专业技能的自觉性和紧迫感，勤学苦练，刻苦钻研，不断进取，提高业务水平。

（7）参与管理。要求会计人员在做好本职工作的同时，努力钻研相关业务，全面熟悉本单位经营活动和业务流程，主动提出合理化建议，协助领导决策，积极参与管理。

（8）强化服务。要求会计人员树立服务意识，提高服务质量，努力维护和提升会计职业的良好社会形象。

三、会计职业道德与会计法律制度的关系

1. 会计职业道德与会计法律制度的联系

会计职业道德是会计法律制度正常运行的社会和思想基础，会计法律制度是促进会计

职业道德规范形成和遵守的制度保障。两者有着共同的目标、相同的调整对象,承担着同样的职责,在作用上相互补充;在内容上相互渗透、相互重叠;在地位上相互转化、相互吸收;在实施上相互作用、相互促进。

2. 会计职业道德与会计法律制度的区别

(1)性质不同。会计法律制度通过国家机器强制执行,具有很强的他律性;会计职业道德主要依靠会计从业人员的自觉性,具有很强的自律性。

(2)作用范围不同。会计法律制度侧重于调整会计人员的外在行为和结果的合法化;会计职业道德不仅要求调整会计人员的外在行为,还要求调整会计人员内在的精神世界。

(3)实现形式不同。会计法律制度是通过一定的程序由国家立法机关或行政管理机关制定的,其表现形式是具体的、明确的、正式形成文字的成文规定;会计职业道德出自于会计人员的职业生活和职业实践,其表现形式既有明确的成文规定,也有不成文的规范,存在于人们的意识和信念之中。

(4)实施保障机制不同。会计法律制度由国家强制力保障实施;会计职业道德既有国家法律的相应要求,又需要会计人员的自觉遵守。

四、会计职业道德教育

1. 会计职业道德教育形式

(1)接受教育。通过学校或培训单位对会计人员进行以职业责任、职业义务为核心内容的正面灌输,以规范其职业行为,维护国家和社会公众利益的教育。

(2)自我教育。自我教育是会计人员进行自我学习,提高自身道德修养的行为活动。

2. 会计职业道德教育内容

(1)观念教育。通过学习会计职业道德知识,树立会计职业道德观念,了解会计职业道德对社会经济秩序、会计信息质量的影响,以及违反会计职业道德将受到的惩戒和处罚。

(2)规范教育。以爱岗敬业、诚实守信、廉洁自律、客观公正、坚持准则、提高技能、参与管理和强化服务为主要内容的会计职业道德规范是会计职业道德教育的核心内容,并贯穿于会计职业道德教育的始终。

(3)警示教育。通过对违反会计职业道德行为和违法会计行为典型案例进行讨论和剖析,从中得到警示,增强法律意识、会计职业道德观念和辨别是非的能力。

(4)其他与会计职业道德相关的教育。

3. 会计职业道德教育途径

(1)通过会计学历教育进行会计职业道德教育。在学习会计理论和技能的同时,学习会计职业道德规范内容,了解会计职业面临的道德风险,树立会计职业道德情感和观念,提高运用道德标准判断是非的能力。

(2)通过会计继续教育进行会计职业道德教育。在不断更新、补充、拓展会计专业理论、业务能力的同时,通过会计职业道德信念教育、会计职业义务教育、会计职业荣誉教育,形成良好的会计职业道德品行。

(3)通过会计人员的自我教育与修养进行会计职业道德教育。通过自我教育、自我锻炼、自我修养,将会计职业道德规范转化为会计人员的内在品质,规范和约束自身会计行为。

五、会计职业道德的检查与奖惩

(1)财政部门对会计职业道德进行监督检查。检查的途径主要包括:①将会计法执法检查与会计职业道德检查相结合;②将会计从业资格证书注册登记管理与会计职业道德检查相结合;③将会计专业技术资格考评、聘用与会计职业道德检查相结合。

(2)会计行业组织对会计职业道德进行自律管理与约束。

(3)依据会计法等法律法规,建立激励机制,对会计人员遵守职业道德情况进行考核和奖惩。

(4)会计人员违反职业道德,情节严重的,由财政部门吊销其会计从业资格证书。

六、会计职业道德建设组织与实施

(1)财政部门组织和推动会计职业道德建设,依法行政,探索会计职业道德建设的有效途径和实现形式。

(2)会计职业组织建立行业自律机制和会计职业道德惩戒制度。

(3)企事业单位任用合格会计人员,开展会计人员职业道德教育,建立和完善内部控制制度,形成内部约束机制,防范舞弊和经营风险,支持并督促会计人员遵循会计职业道德,依法开展会计工作。

(4)社会各界各尽其责,相互配合,齐抓共管。

(5)社会舆论监督,形成良好的社会氛围。

本 章 小 结

我国会计规范体系主要由会计法律规范、会计职业道德规范、单位内部会计制度构成。本章主要讲解会计法律规范、会计职业道德规范和会计工作管理。会计法律、会计准则和会计制度是会计法律规范最基本的组成部分。

《会计法》是指导全国会计工作的基本法,其权威性最强,是制定其他会计规范的法律依据。会计准则是由国务院财政部门在《会计法》的指导下制定的会计部门规章,是进行会计工作的标准和指导思想,包括企业会计准则和非企业会计准则两个方面。企业会计准则又包括基本准则、具体准则、应用指南三个层次。会计制度是根据会计法和会计准则所制定的具体的规章、方法、程序等。国家统一会计制度按适用范围又可分为企业会计制度和非企业会计制度。

会计职业道德是指会计职业活动中应当遵循的、体现会计职业特征的、调整会计职业关系的职业行为准则和规范。具体包括爱岗敬业、诚实守信、廉洁自律、客观公正、坚持准则、提高技能、参与管理、强化服务。

同时，为做好会计工作，单位必须设置会计机构、配备相应的会计人员，并从内部会计控制、会计档案管理、会计工作交接等几方面加强会计工作管理。

复习思考题

1. 简述会计工作组织的内容及要求？
2. 什么是会计准则？我国现行会计准则由哪几部分组成？
3. 什么是会计制度？我国现行会计制度有哪些？
4. 什么是会计职业道德？其主要内容有哪些？
5. 会计人员的主要职责有哪些？
6. 会计行为规范包括哪些内容？
7. 企业单位设置会计机构和会计人员应符合哪些要求？
8. 简述内部会计控制的内容和方法。

参 考 文 献

[1] 范抒,薛启芳,杜茂华. 基础会计[M]. 上海:上海交通大学出版社,2016.

[2] 陈国辉,迟旭升. 基础会计[M]. 大连:东北财经大学出版社,2018.

[3] 郭道扬. 会计大典(第二卷):会计史[M]. 北京:中国财政经济出版社,1999.

[4] 单昭祥,蒋昕. 新编基础会计学[M]. 2版. 大连:东北财经大学出版社,2014.

[5] 李瑞芬. 会计学原理[M]. 2版. 大连:东北财经大学出版社,2014.

[6] 企业会计准则编审编委会. 企业会计准则实务应用精解[M]. 北京:人民邮电出版社,2019.

[7] 戴德明,林钢,赵西卜. 财务会计学[M]. 北京:中国人民大学出版社,2019.

[8] 财政部会计资格评价中心. 经济法基础[M]. 北京:经济科学出版社,2021.

[9] 财政部会计资格评价中心. 初级会计实务[M]. 北京:经济科学出版社,2021.

参考文献